U0506315

本书得到教育部人文社会科学研究规划基金项目（批准号 12YJAZH175) 资助

亚 非 研 究 文 库

杨晓京 等/著

亚非地区留学研究

中国派遣亚非非通用语留学生状况
与人才战略研究

RESEARCH ON CHINESE OVERSEAS

STUDENTS IN ASIAN AND

AFRICAN COUNTRIES

—A study on the talent strategy and the current
situation of sponsored Chinese students
studying less-commonly-used languages
in Asian and African countries

社会科学文献出版社
SOCIAL SCIENCES ACADEMIC PRESS (CHINA)

总　序

人类起源与文明汇聚之福地

北京外国语大学亚非学院请我为《亚非研究文库》作序，我有双重感受。非洲与亚洲为人类起源与文明汇聚之地，所谓四大文明古国（古代埃及、古代巴比伦、古代印度与古代中国）均位于二洲。中国学者加强亚非研究既是国力强盛的题中应有之义，也令人振奋，此其一。中国学界从事亚非研究已有历史，能人甚多，嘱我作序，颇有诚惶诚恐之感，此其二。

非洲为人类起源之地，此已为考古发掘和研究成果所证实。研究人类起源的古人类学家和考古学家对人类起源探索的证据主要来自三方面。其一，早期进化各阶段的人类化石。目前，在非洲发现的人类起源各阶段的化石最为齐全，相对完备。其二，通过有形的产物、工具和艺术品体现的人类及其各种行为。其三，从 20 世纪 80 年代开始出现的分子遗传学对人类起源的解释。从这三方面看，非洲已被确定为人类诞生地或主要诞生地之一。21 世纪以来的最新两项考古发现——2001 年在乍得发现"图迈"化石和 2015 年在埃塞俄比亚发现远古人类颚骨——更加强了这一论点。

亚洲为多种古代文明的汇聚之地。除中华文明外，这里孕育了拥有苏美尔楔形文字和《汉莫拉比法典》的两河流域文明及后来居上的伊斯兰文明和犹太文明，产生过培育了多种宗教的印度文明、波斯文明以及东亚与东南亚文明。非洲和亚洲自远古以来引领着人类社会走过狩猎文明和农耕文明。近代以来，欧洲依靠坚船利炮征服世界，相继轰开了亚非诸国的大门，古老文明面临新的挑战。可以这样说，19~20世纪是亚洲与非洲同呼吸、共命运的世纪，先后经历了列强瓜分、社会裂变、民族复兴和国家重建的过程。目前，亚非两个大陆正面临重新崛起的新使命。

国人对亚洲近邻的研究素来重视，玄奘所作《大唐西域记》即是明证。梁漱溟先生19岁始读佛典，5年后应蔡元培先生聘请在北京大学哲学门开设印度佛教哲学，25岁时出版《印度哲学概论》。后来，北京大学出现不少名家，如东方学专家季羡林先生、阿拉伯专家纳忠先生、梵语专家金克木先生、东南亚专家朱杰勤等，他们或是博通广识、由博返约，或是求专至极、学养至精。非洲研究虽起步较晚，但多位前辈的开拓业绩令人难以忘怀，如杨人楩先生的操守，葛佶、屠尔康夫妇的执着，吴秉真先生的专精。虽然正常的亚非研究因"文化大革命"戛然而止，但正是前辈们的努力，为后人的研究打下了基础。

在国际形势正在发生巨变的今天，北京外国语大学亚非学院发起出版《亚非研究文库》，可谓顺天时、得地利、聚人和。

近20年来，新兴国家的崛起已成为国际政治经济版图中的一道亮丽风景，诸国中尤以亚非国家为多。中国和印度的发展呈现出持续稳定的态势，并对亚洲乃至世界经济的发展起到重要的引领作用。东南亚国家联盟越走越稳，已成为亚洲舞台上的一股重要力量。虽然西亚和中亚动荡不安，但大国干预说明该地区在国际局势中的重要性。非洲经济近20余年整体呈上升趋势，多个国家的增长速度处于世界前列，2015年又形成了包括26个国家的自贸区。新中国成立后重视亚非研究，但此进程因"文化大革命"而中断。改革开放以后，国家从经济发展所需投资和科技的角度转而重视欧美，欧美国家也能够并愿意为研究提供机会和资助，学术研究向欧美倾斜之势明显。随着国力强盛和战略思路的调整，国家开始重视亚非研究并提上日程。此所谓天时也。

总　序

中国地处亚洲，既有文明古国的文化传统，又为新兴国家的重要成员，还是联合国安理会中发展中国家的唯一代表，更与亚非国家有着长期的友好传统。中国经济持续发展使国家战略布局开始调整，重点之一是依靠发展中国家特别是亚非国家的力量，走共同富裕、共谋发展的道路，在全球治理的基础上建立平等、正义、和谐、共赢的国际新秩序。同时，北京是中国的政治文化中心，各种驻华外交机构和各种国际组织驻华机构常驻于此，学者与亚非使节的接触交流十分便捷。更重要的是，这里的高校科研机构、部委科研机构和民间研究机构（智库）相对集中，国家图书馆和外交部档案馆收藏着从事亚非研究所需的重要档案文书及图书资料。这里国际活动频繁，学术交流活跃。这种优势是无法选择的。此所谓地利也。

中国崛起为学术研究提供了极好的机会，国家对亚非研究开始重视，也在聚集一批年青学人。国家教育部专项资金培育各种地区研究基地，其中大多数属于亚非研究。孔子学院在亚非国家的设立为研究者提供了机会，在海外的中国企业和华侨华人为从事实地考察提供了便利。北京外国语大学被誉为"外交官的摇篮"，建校 70 多年来培养了 400 多名大使和 1000 余名参赞，为中国外交事业输送了大批人才。近年来成立的亚非学院励精图治，获得了教育部专项资金资助以培养国家急需的地区研究人才。近日收到荷兰国际亚洲研究所发来的以"印度药品：国家与村社"为主题的研讨会通知，从主题可以看出人家的研究视野。中国的亚非研究相对落后尽人皆知，怨天尤人无用，唯有急起直追。所谓"急起直追"，不是"学术大跃进"，亦非"智库大比拼"。学术需要积累，需要有识之士通古今、汇博识，独立思考，埋头苦干，持之以恒。北京外国语大学已有外国语专业 67 种。亚非学院立此大旗，具有极强的感召力。此所谓人和也。

究天人之际，通亚非之变，成中国学派。"长风破浪会有时，直挂云帆济沧海。"我相信，亚非研究的春天已经到来。

李安山

2015 年 6 月 23 日于京西博雅西苑

序　言

当今世界，随着经济全球化的快速发展，国际政治格局、经济贸易、文化教育、科学技术等各领域都在发生着巨大而深刻的变化，综合国力的竞争更加激烈。与此同时，中国已成为全球第二大经济体，实现"两个一百年"目标激励着中国人民不断进取。我国全方位加快了对外开放的步伐，"创新、协调、绿色、开放、共享"五大发展理念，"一带一路"倡议等的提出，进一步推进了国内、国际两个大局的统筹，为中国深度参与全球治理提出了新思路、开拓了新视野、搭建了新舞台。因此，加快培养大批具有国际视野、通晓国际规则、能够参与国际事务和国际竞争的国际化人才，已成为国家和人民对教育赋予的重任。

深入推进"一带一路"建设，需要中国与沿线国家全方位的务实合作，形成政治互信、经济融合、文化包容的利益共同体、命运共同体和责任共同体，语言相通是政策沟通、设施联通、贸易畅通、货币流通和民心相通的基础和前提。2015 年 10 月 22 日，习近平主席在伦敦出席全英孔子学院和孔子课堂年会开幕式的致辞中表示，语言是了解一个国家最好的钥匙。这句话精辟地阐释了语言在了解世界、人类文明互鉴和人类和谐发展历史进程中的作用。

亚非地区众多国家地处"一带一路"沿线，其中还有很多是我们的邻国，语种丰富、文化多样、合作需求强烈，加快培养既掌握当地语言，又熟悉双方国情、历史和文化的各领域专业人才尤显重要。随着我国教育改革的全面和深化，针对亚非地区非通用语言人才培养的教学科研实力显著增长，国际化、多元化和信息化程度不断提高，多语种、复合型、中外联合培养、本硕博连续攻读等模式相得益彰，初显成效。同时，扩大向亚非地区派遣留学生，既有利于民心相通，又有利于培养国际急需的专门人才，是非通用语言人才培养的重要补充形式。选派留学人员也不仅局限于语言学习，还要注重将语言学习与经济学、教育学、管理学、社会学、工程科学等相关专业学习紧密结合，为各领域输送急需人才。

当前和今后一个时期，亚非地区非通用语言留学人才的培养工作，要坚持以国家重大需求为导向，以培养质量为核心，创新培养模式，优化服务措施，充分发挥政府、社会、学校和学生各方面资源优势和积极性，释放办学活力，构建有效支撑质量提升的非通用语言留学人才培养体系，为实现国家发展战略目标和世界和平发展做出更多贡献。

陈盈晖

教育部国际司副司长

目　录

目　录

第一章 绪论

一 研究概念阐述和范围界定

对于公众而言，"非通用语"一般也被称为"小语种"。对非通用语的解释有广义和狭义之分，即广义的非通用语是指除英语之外的所有其他外语语种；而狭义的非通用语，则是指联合国规定的六种官方工作语言（汉语、英语、法语、俄语、阿拉伯语、西班牙语）之外的其他语种的统称。[①] 国内对于狭义"外语非通用语"的另一种官方表述，一般是指我国教育部高教司于 2000 年初印发的《关于申报外语非通用语种本科人才培养基地的通知》中所指语种，即除英、法、德、俄、日、西（西班牙）、阿（阿拉伯）7种外语以外的语种。这些外语非通用语一般都是世界上单个国家或地区所使用的语言。[②] 本研究所涉及的外语非通用语是指后者划定的语种范围中的亚非非通用语。

本研究所涉及的范围：主要是对中国向亚非地区派遣非通用语留学生状况进行分析和研究。本书中所提到的"非通用语留学生"主要指在国内高校就读期间派往相关语种国家高等教育机构进行半年及以上期限学习的亚非非通用语学生；"派遣非通用语留学生状况"的研究包括对亚非非通用语留学生派遣状况和留学状况的研

[①] 李茂林：《我国高校非通用语专业建设的现状梳理与特征分析——以国内九大传统外语类高校和教育部直属高校为例》，《大学》（研究版）2014 年第 5 期，第 32 页。

[②] 杨晓京、佟加蒙：《中国非通用语人才培养现状及发展对策研究》，《世界教育信息》2008 年第 5 期，第 58 ~ 62 页。

究；派遣状况包括派遣规模、派往国家、派出时期与时代特征等情况研究，留学状况包括留学生在相关国家高等教育机构留学情况、留学环境、留学效果及其相关性的分析研究。

二　研究价值和意义

21 世纪以来，世界格局已逐步走向多极化，随着全球化的进一步发展和中国国力的迅速提升，作为一个正在崛起的大国，中国以前所未有的深度和广度参与到国际事务当中，国际交往日益密切，与世界各国在经济、文化和教育领域的交流日益加强。与世界各国包括亚非各国在内的各种文明和谐相处，推动建设和谐世界，是我国新时期的国际战略。虽然相当一部分亚非非通用语国家仍然处于发展中国家之列，但长期以来，他们在为改变不发达状况、发展本国的过程中进行了持续的努力。中国在实现中华民族伟大复兴的事业中，除了要努力学习世界发达国家的一流研究成果之外，还要最广泛地吸收和借鉴发展中国家在发展本民族政治、经济、文化过程中的经验教训和文明成果。进一步加强同亚非各国团结合作以及相互支持，将会为中国的和平发展创建长期有利的国际环境和坚实可靠的基础。在推动国际文明对话、民间外交、构建和谐世界以及实施"一带一路"的战略进程中，外语非通用语人才可以起到不可替代的特殊作用。因此大力培养一批具有开阔国际视野、了解各国社会与文化、具有创新意识的非通用语国际化人才，是中国广泛参与国际事务、实现和平发展的时代要求，更是国家战略的需要。而派遣非通用语人员出国留学，是外语非通用语人才培养国际化的重要途径之一。

近年来非通用语人才培养在国内受到较高重视，国家给予大力投入，一批外语非通用语人员通过国家资助、校际交流等渠道赴对象国进修学习，并取得了一定的成效。但由于过去对留学生留学状况、留学对象国高等教育情况等缺乏较为深入的了解和研究，在一定程度上将会影响非通用语人才国际交流质量，制约非通用语人才国际化的发展。为使非通用语人才的培养进一步适应国家、社会的需要，本课题将在对全国亚非非通用语人员出国留学的现状进行调研以及对存在问题进行深度分析的基础上，提出非通用语人才出国留学战略发展的对策建议。

通过对这个问题的全面研究，一方面，可为国家教育主管部门和相关高校参与国家留学项目和校际交流协议的落实等提供重要参考，在一定程度上提高国家公派留学的水平和效益，为国家利益服务；另一方面，本书涉及多个亚非非通用语相关国家，各国的高等教育发展程度、教育教学体制各有特色，集中研究相关各国高等教育具体情况，有助于规范合理地培养非通用语学生跨文化的视角和意识，符合当今世界多元文化共生的主要趋势，是中国增强国际竞争力的必要条件，也能在一定程度上增进中国和对象国间的友谊。通过对具有留学经历的学生进行调研，从而对非通用语人才培养与国际交流提出今后发展趋势的战略性建议，可以为国家和地方培养具备较高外语水平、具有综合的知识结构和国际化视野、高素质、复合型的非通用语专业人才提供重要的借鉴作用，同时对于中国实施和平发展的大国战略，对于对外构建和谐世界的国家目标，对于有效实施"一带一路"发展战略，均可起到积极的推动作用，因而具有深远的现实意义。

三　目前国内外研究状态

1978 年以来，研究中国非通用语留学人员基本状况的文章或在一些书籍中涉及此内容的章节与段落，大致描述了当代中国非通用语留学人员群体的简单状况。但截至目前，尚没有一本总体研究我国在亚非地区非通用语种留学人员群体形成、变化和现状的专门研究报告。本书以亚非地区的非通用语留学人员留学状况为分析样本，以实际数据为依托，战略性地思考和研究新形势下的新情况、新问题、新思路。本书内容还广泛涉及国际政治、国际关系、人才安全、科技政策、教育体制、留学政策等理论体系，并以"一带一路"战略作为全程研究的基本理论依据。本课题研究经一定的积累、策划并准备，计划在比较广阔的领域、宽泛的框架和较长的时间段内，集中讨论并研究中国向亚非地区派遣或输送非通用语留学人员的演变状态和整体状况。所以本课题的研究具有重要的现实意义和理论价值，是一个比较迫切和实际的研究项目。

近年来，一些非通用语教学和研究单位对非通用语种现状先后进行过一定程度的调研。例如，由北京大学梁敏和教授主持完成的《中国地方高等院校非通用语现状调查》（2004）和《我国地方高校外语非通用语种专业结构调整与发展的基本路向》（2004），北京大学姜景奎教授主持开展的"我国高等院校非通用语复合型人才培养研究"（2004）等，对于我国非通用语种人才培养的发展建设起到重要的推动和指导作用。不过对于国外非通用语教学和研究的情况，还仅限于个别专家针对个别专业的评述，如王一丹教授的《德国大学波斯语教学启示》等，尚未有比较全面系统的研究。

对于我国非通用语人才国际化培养模式的研究，国内学者的研究取得了一系列重要成果。如黄秀莲、郑相斌教授的专著《外语非通用语人才开放式培养》（2004），对广西民族学院越南语、老挝语、泰国语和柬埔寨语的长期教学实践进行了理论性的总结，提出了外语非通用语人才的开放式培养模式，即在传统的教学大纲基础上，更重视语言环境和未来职业环境因素对外语人才培养的影响。又如郑锡伟教授的《外语非通用语本科人才跨国培养模式探析——以广西民族大学为例》（2008），则针对现行的外语非通用语人才跨国培养模式存在着刚性过强、学生话语权缺失等不足，提出设计更为柔性的培养模式、课程教学计划和教学管理制度，以促进外语非通用语专业学生更具个性、更有创造力地发展。再如陆经生教授的《大学非通用语种专业人才培养策略和实践》（2012），以上海外国语大学西语系的非通用语人才培养实践为研究对象，提出"以国际化手段培养国际型人才"的策略。另外，李太生教授

第一章　绪论

的《高职非通用语应用型人才培养现状及对策研究》（2009），以我国广西地区的"东盟小语种"人才培养实践为例，总结了南宁职业学院"跨国式工学结合"的国际合作办学模式，提出"国内外教学资源有效整合，学习生活和工作实践有机融合，语言专业实践能力、国际环境适应能力与职业素质基本能力有序结合"的小语种人才培养理念，并认为该校越南语专业课程教学10年改革的内涵和框架（即与越南合作院校、国内外企业"共建实训基地，共享专业师资，共设课程体系"），对于国内其他同类院校的非通用语专业建设具有一定的示范作用和借鉴意义。

另外，孙晓萌教授的《中国的非洲本土语言教学五十年：使命与挑战》（2010），在回顾我国开设斯瓦希里语和豪萨语教学课程的历程，强调"非洲本土语言教学及研究打开了理解非洲文化的一个重要窗口，为增进中非文化交往、促进中非友好关系做出独特贡献"的同时，也比较尖锐地指出，与欧美国家的非洲本土语言教学情况相比，中国在该领域的教学和研究面临诸多挑战。孙有中、刘曙雄、王向远三位教授在"第一届亚非研究学术论坛"（2015）的致辞中不约而同并一针见血地指出，我们对亚非这两个地区的研究是非常不足的，无论对于它们的历史，还是对于它们的现状研究、关注都非常不足；莫斯科国立大学开设160个语种，是世界第一，而包括增设新语种，我们国内开设的非通用语种专业最多不过近70种；亚洲很大，非洲很大，亚洲、非洲加在一起更大，但是我们这个（研究）圈子却很小；中国作为亚洲大国，长期以来在学科建设上严重忽略亚非国家的研究；当一个国家的学术研究摆脱狭隘眼光，研究外国的问题像研究本国问题一样，感觉义不容辞的时候，我们的学术才能真正繁荣。

如上所述，许多从事非通用语教学或研究的教师和专家、学者撰写了很多学术论文，发表了许多真知灼见，多方探讨非通用语人才发展的状况和寻求解决各种问题的方案。但上述研究的对象多针对某一特定国家或区域，从地域广度、留学目的国的数量等方面都还不够宽泛。针对中国在亚非地区的非通用语留学人才培养问题进行的专门、系统性研究，在国内外尚未见有先例。

长期以来，在国内非通用语取得长足发展的新形势下，尤其是在中国和平崛起背景下，尚无检索到有学者对我国在亚非地区的非通用语种留学人才培养、留学、成长等现状进行过系统全面的调查和研究。无论是资料搜集的全面性，还是实证研究性，到目前为止，对该问题的研究仍然不够深入和全面。因此对亚非地区非通用语种留学战略发展建设过程中存在的问题迫切需要进行研究与探讨。随着我国整体实力的快速增长以及外交、外贸以及民间外交活动的迅速拓展，亚非地区非通用语种留学人才培养也得到快速发展，使得对该类留学人才现状的战略性研究更加迫切和尤为必要。

四　研究目标和研究内容

1. 深入了解我国向亚非非通用语国家派遣留学生的基本状况

为全面了解我国亚非非通用语留学人才培养状况和存在的问题，提高留学效益，实现非通用语留学人才培养的战略目标和选择途径，主要以近年来中国非通用语留学人员的动态状况、历史变化与发展趋势、战略地位为主，通过研究留学国家高等教育状况，对已在亚非非通用语国家留学过的学生进行问卷调查和访谈、所留学高校基本情况评价、留学的内容以及上述因素对留学效果等的影响进行分析研究。

2. 研究亚非非通用语国家留学过程中的相关因素对于留学效果的影响

近年来，国家和各高校向亚非地区派遣非通用语留学生数量日益增多，但由于亚非国家与欧美发达国家相比，经济发展水平不平衡，多数国家属于发展中国家，其高等教育水平和状况并非整齐划一，而是呈现多种特色，这必然对留学效果产生不同的影响。因此本课题从留学中的各种因素对于留学效果影响进行深入分析研究，从中找出影响留学效果的主要因素。

3. 提出中国在亚非地区非通用语留学人才培养的战略目标及政策性建议

本研究课题力图在对外语非通用语留学人才培养历史和现状进行全面调研的基础上，论证出国留学对培养具有国际化视野、高素质、复合型的非通用语专业人才的推动作用；借鉴并结合发达国家对非通用语人才培养中国际交流的成功经验，提出在我国和平崛起语境下非通用语留学人才培养的战略目标和选择路径。

本研究课题在实事求是原则指导下，在搜集和占有大量有关非通用语留学人才的文献资料、开展问卷调查、掌握数据并进行客观梳理的基础上，进行广泛分析、深入研究。并在此基础上，提出若干培养非通用语留学人才的新概念、新观点和战略性发展趋势，提出复合型、复语型、国际型非通用语中国留学人才培养的新途径。

五　研究思路与研究方法、研究过程和工作方式

1. 研究思路

在全球化迅速推进，我国综合国力显著提高的形势下，非通用语种的发展面临良好的时代机遇。时代要求我们立足当代又继承民族优秀文化传统，立足本国又充分吸收世界文化优秀成果，准确把握当今世界的发展趋势。中国要真正成为世界意义上的大国，就必须广揽世界文明成果来丰富和发展我们自己的民族文化，博采众家之长，兼收并蓄，为我所用。这就需要有这方面的专家学者从事世界文明成果的研究。我们要进行具有大国气象的学术研究，就必须大力发展非通用语专业。

中国与广大非通用语种国家建立了长期稳固的友好关系，国内大企业纷纷实施海外战略，进行海外投资，越来越多的外资企业和跨国公司也进入了中国市场。随着"一带一路"战略的实施，也将产生对非通用语专业人才较大的市场需求。我国企业要在海外市场牢牢地站稳脚跟，发展壮大，就不能仅仅将语言停留在实用的水平上，必须对所在国特别是非通用语种国家的历史、文化、宗教等

情况进行更加深入的研究，这反过来又促进了非通用语专业的发展和对非通用语专业人才的需求。据相关数字统计，北京非通用语人才的需求量近年来每年都有一定比例增长，有些年度的增长比例甚至达到40%。根据以上情况，本课题拟在以下若干重点和难点方面有所突破、有所创新。

（1）由于资料、文献、经费等方面的困难，有研究者对非通用语人才培养与国际交流进行过小范围的调研，且仅限于校际交流合作等层面。近年来，国内非通用语学科建设方面取得了较大发展，却尚未有对非通用语留学人才培养与国际交流进行系统全面的调查和研究。在国内，非通用语的发展已进入一个历史性发展时期，需要突破各种障碍对非通用语留学人才的培养进行系统的全面调研，这将对非通用语人才培养的战略性发展起到积极的促进作用。

（2）亚非非通用语留学人才培养与国际交流历史与现状的全面调研尚属空白；本课题将填补此项空白。在此基础上，为进一步探讨发达国家非通用语人才培养模式的研究，培养非通用语中国留学生更为宽广的国际化视野，为加强中国的非通用语学科建设提供战略性意见与建议。

（3）本课题还将提出如何将"中国留学生承担传播中国传统文化使命"与"非通用语留学人才承担民间外交责任"相结合，二者相辅相成，使非通用语留学人才的国际化具有更为深厚的民族积淀。

（4）讨论和研究我国向亚非地区派遣非通用语留学人员的群体状况与我国科技政策、留学政策、人事政策之间的复杂关系。

2. 研究方法

（1）文献研究法。本课题研究通过搜集国内外书籍、杂志、报刊、网络等载体信息，对与亚非地区派遣留学生相关的信息和资料进行梳理分析和研究，从中找出规律性和特殊性的问题。

（2）问卷调查法。选取一定数量的调查对象，通过定量统计分析，了解掌握留学生在对象国的留学情况，从不同角度考察中国留学生在亚非非通用语地区的留学状况。

（3）案例分析法。通过对某一个高校派遣留学生状况作为案例进行分析，详细了解掌握相关情况，深入研究留学状况和问题，从中得出留学中的一般性和普遍性规律的问题。

（4）个别访谈法。通过与留学生个人进行交流和沟通，可了解到调查问卷涵盖不了的具有个人体验的情况，弥补调查问卷的不足。本课题采取发放访谈提纲和个别访谈的方式，对曾在亚非非通用语国家留学过的学生进行了解，从而得到从不同方面对留学状况的反映和体验。

3. 研究过程与工作方式

（1）在可以操作的范围内开展对外语非通用语留学人才现状的问卷调查；依托中国驻外大使馆或领事馆的教育处、文化处开展在外中国留学人员状况的问卷调查；开展对中国向亚非地区非通用语国家派遣留学生状况的调查与分析。

（2）客观、系统地对亚非地区非通用语留学人才、国际化人才培养的现状进行分析，总结国际国内的成功经验和教训，并研究存在的相关问题。

（3）论证亚非地区非通用语留学人才国际交流与培养具有国际化视野、高素质、复合型的外语专业人才的必然联系。

（4）就中国在亚非地区非通用语留学人才培养的战略目标提出政策性建议。

六 研究当代留学问题的理论基础与出国留学工作理论构建[①]

出国留学政策在促进我国留学活动的制度化、法制化、正常

---

① 陈学飞：《留学教育的成本与收益：我国改革开放以来公派出国留学效益研究》，教育科学出版社，2003；苗丹国：《出国留学六十年——当代中国的出国留学政策及吸引在外留学人员回国政策的形成变革与发展》，中央文献出版社，2010，第342~349页。

化、平民化以及较快发展方面起到了一定的作用。留学活动较快发展的时期也正是中国和世界迅速跨入日益现代化、全球化和国际化的历史时期，留学活动的重要性也更加突显。但如何认识和解释这种重要性，尤其是中国作为一个发展中的大国，为什么一定要加快发展留学教育、支持留学活动、重视留学人才、维系留学安全、开展留学外交，其中有哪些理论上的依据或合理性、必然性？对此，本书归纳和整理出以下几个方面。

（一）现代化理论[①]

该理论肇始于 20 世纪 50 年代，由于对于各国现代化实践具有现实性指导意义，因而一直是学界关注、研讨的热点，但各国迥然相异的国情与历史背景又决定了现代化的实现没有固定的理论模式可套用。在过去近百年时间里，世界现代化研究出现了数次高潮，涌现出大批理论，并先后形成了经典现代化理论、后现代化理论和第二次现代化理论等重要成果。现代化是一个世界现象，从全球范围来看，现代化主要体现为各国追求、达到和保持世界发展前沿水平的行为与过程。现代化又是一个世界性课题，在世界多极化、经济全球化的时代背景下，各国现代化进程表现各异而又相互借鉴，汇聚为多元与共识的命运共同体。从历史经验与价值取向上看，现代化应体现民族性与世界性的统一。一方面，现代化是不同民族和国家从近代向现代转型中文化形态、政治体制及经济社会发展模式的多元选择；因此，现代化应体现民族性和多元性的内涵。另一方面，在经济全球化趋势日益深入的今天，不同民族和国家的发展模式都与世界经济、政治、文化的整体格局密切关联。

现代化不仅是 20 世纪国际学术界热衷探讨的一个主题，也是世界各国与民众共同参与的社会实践，更是近现代以来中华民族几代

---

① 何传启：《现代化研究的十种理论》，《中国社会科学报》2015 年 5 月 29 日，第 A5 版；朱荣贤：《现代化理论研究综述》，《学术论坛》2005 年第 10 期（总第 177 期），第 15～17 页；《现代化：中国与世界》，《人民日报》2016 年 1 月 17 日，第 5 版。

第一章　绪论

人的理想和追求，特别是自 20 世纪 50 年代以来，实现现代化一直是我国的奋斗目标。在这一历史进程中，不断派遣留学人员即是其中的一个重要主题。历史证明，再好的发展模式，如果脱离了土生土长的社会现实，也是好看而不中用的，唯一正确的做法就是借鉴别人的、创设自己的。因此，中国的现代化进程，离不开广大留学人员的作用。在未来的几十年间，即到 2050 年前后，我国的战略目标是要达到世界中等发达国家的水平，即基本实现现代化。要基本实现现代化，除了一定的物质条件之外，最重要的是要有大量的具有国际视野和经验、能够为实现国家现代化而持续奋斗的领导管理人才和专业技术人才。而培养这类人才的一条重要渠道就是发展留学教育。因此只要国家的现代化目标不改变，就需要留学教育的发展。即使我国实现了第一次现代化，还必将向第二次现代化迈进，也仍然要向世界各国学习。留学活动的实践表明，留学教育随着中国现代化事业的发展而变得越来越普及，各类留学人员规模将会持续扩大。因此政府在留学教育中的规划、管理、协调和服务的责任也必将更加繁重和艰巨。

中国科学院一项研究报告提供的数据显示，2012 年在人口超百万的 131 个国家中，我国尚处于"发达"与"中等发达"之后的"初等发达"国家之列，处于发展中国家的中间水平；第一次现代化指数达到 96，排在上述 131 个国家中的第 58 位。该报告还根据"国家现代化指数"的年均增长率预测，我国可能在 2020 年完成第一次现代化，全面建成小康社会；2040 年左右超过世界平均水平，成为中等发达国家，基本实现现代化；2080 年左右成为发达国家，全面实现现代化。强国必先强教。教育现代化是提高国民素质和社会文明程度的根本途径，是国家现代化的重要基石。教育现代化的内涵十分丰富，不同时期所强调的工作重点也各有侧重，但其关键要素是教育质量。教育质量是衡量一个国家教育现代化水平的核心指标，因此提高教育质量是推进教育现代化的重中之重。但是我国整体教育质量相对较低却是一个不容忽视的客观事实。

党的十八大以来，习近平总书记多次强调，我们不能照搬发达国家现代化模式，必须走自己的道路，对人类有所贡献。作为一个人口比欧盟、美国、日本、俄罗斯之和还要多的发展中国家，新中国成立以后，中国人民用自己的心血和智慧，从理论和实践上不断深化对现代化建设规律的探索，取得了重大成就，积累了丰富经验；在经济发展、社会进步和政治外交等各个领域，已基本摸索出一条走向现代化的成功之路，这条道路是在高度竞争的国际环境中形成的，具有重要而深远的意义。一要拒绝全盘照搬西方模式，特别是民主原教旨主义、市场原教旨主义和西方中心主义；二要结合中国自己的传统基因、民族特色，同时汲取各国之长。因此，中国现代化之路是对西方模式，特别是美国模式的超越。一是使中国成功进行了工业革命、技术革命和社会转型，保证了人民生活水平的显著提高；二是使中国成功应对 1997 年亚洲金融风暴和 2008 年美国引发的全球性金融危机；三是使中国社会的各个方面充满活力，保证整个国家处于团结稳定的局面。①

（二）世界体系与经济全球化理论②

1. 世界体系理论

这一理论产生于 20 世纪 70 年代中期。沃勒斯坦的世界体系理论试图用"中心边缘依附关系、世界劳动分工和阶级冲突"等变量来分析世界体系的历史演变，其核心是，世界经济和劳动分工将世界分成三个地带：中心支配地区、处于依附地位的外围及半边缘地区、边缘地区。但是，国家经济地位地理分布是可变的，中心和边缘地区不是固定的，边缘地区可以成为中心地区，中心地区也可以变成边缘地区。它不像现代化理论那样只注重单个国家的现代化或是只以单个国家作为研究的单位，而是用体系观点来分析整个世界及其组成部分的发展与变化。该理论认为，当今世界经济体系只有一个，每一个国家都是这个体系的一个组成部分，都是组成世界

---

① 张维为：《从中美比较看中国道路的意义》，《求是》2015 年第 15 期。
② 刘鸣：《以世界体系理论与全球化理论解读国际体系转型》，《现代国际关系》2009 年第 1 期，第 48~55 页。

第一章 绪论

体系的一个单元,只是不同国家在这个体系中所处的位置不同而已。历史经验充分证明,闭关锁国,拒绝融入国际社会,国家就将落后并被边缘化,而对外开放,融入世界体系,国家才会发展强大。只要中国改革开放的基本国策不变,不断地、更大量地向世界各地派遣各类留学人员,就应当是今后相当长的历史时期内的战略选择。

同样从"中心与边缘理论"的层面观察,中国力量的崛起已经触发了大国之间的战略竞争,引起美国战略上的焦虑。中国一方面在建构新的中心,与周边亚洲国家建立睦邻、安邻和富邻关系,削弱美国的主导性和双边军事联盟的作用;另一方面也在逐步渗入西方的"中心地区—心理战略空间"和传统的势力范围,在拉美、非洲和美国国内进行经济与资源的拓展与布局。与此同时,人民币国际使用程度持续保持较快增长,贸易与金融双轮驱动模式更加突出,国际接受程度大幅提升。根据有关研究团队测算,客观描述人民币在国际经济活动中实际使用程度的综合量化指标"人民币国际化指数"(RII),在2014年底已达到2.47%,较之2009年底的0.02%,于5年间增长了120余倍。此外,美元、欧元、英镑和日元这四大主要货币的国际使用份额较前一年度有明显下降,如2014年底日元国际化指数回落至3.82%。因此只要没有重大不利事件发生,人民币国际化程度或可在两年内赶超日元,从而成为第四大国际货币。我国目前正在积极推动的"一带一路"战略也将为人民币国际使用创造更多更好的机会,使人民币国际化继续保持又快又稳的发展态势。①

2. 经济全球化理论

进入20世纪90年代,世界的政治经济格局发生了急剧的变化。其中经济领域发展的最突出特征就是全球化趋势迅猛如潮。早在1986年,西方经济学家就曾富有远见地提出了"全球化"概

---

① 刘张尼:《人民大学报告:人民币国际化程度或两年内赶超日元》,2015年7月18日,中新网。

念，到了 90 年代，全球化几乎成了家喻户晓的名词和口号。联合国开发计划署在 1999 年的《人类发展报告》中称："经济全球化不仅意味着资本和商品在国际上的自由流动，它同时使各国人民生活在一个不断缩小的空间、不断缩小的世界里，使各国人民之间的相互依赖与日俱增。"

一个时期以来，欧盟影响上升、俄罗斯艰难复兴，在国际体系中的力量与影响分别不断提高。另外，新兴国家的影响正在上升。根据高盛公司预测，"金砖四国"巴西、俄罗斯、印度和中国的经济总量在未来 40 年内将超过 7 个工业化国家中的 6 个（除加拿大）。它们在世界经济中的崛起和东亚地区在经济增长率与生产方面拉动世界经济增长的作用已显现出来。以"展望五国"越南、印尼、南非、土耳其和阿根廷为代表的亚、非、拉一大批经济快速增长的中小发展中国家也在崛起。这些国家的共同特点是，都不属于西方文化圈，大体采用了政府主导的市场经济模式，代表着世界"政治多极、文化多元"的演进特征。

正如俄罗斯总统普京 2015 年 7 月 10 日所指出的那样：中国以前是，今后也依然将是世界经济的火车头，并希望中国企业能为西伯利亚和远东的发展做出贡献。普京认为，当前金砖国家都很强大，具备战略发展前景，将成为世界及世界经济的引领者。普京还表示，当前美国的高额外债是整个世界经济的严重问题；美国的国内生产总值是 17.8 万亿美元，而债务却为 18.2 万亿美元，外债竟然能超过国内生产总值；这不仅是美国，也是整个世界经济的严重问题。[①]

我国的改革开放，正是不断适应着经济全球化的大趋势，其结果是使我国的经济开始深深地融合于全球经济之中。经济全球化不仅为我国的发展提供了无限广阔的空间和机遇，同时也使我们面对和必须接受重重挑战。在这些挑战中，最严重的问题之一是国内各

---

① 王修君：《普京：中国仍是世界经济火车头 领导层冷静应对股市》，2015 年 7 月 11 日，中新网。

类人才储备不足，某些领域的人才更是十分奇缺。这些人才的培养仅靠国内目前的教育和培训机构是远远不够的，还必须以前所未有的雄心、魄力和胆略，尽最大可能利用国外的有利条件培养留学人才，同时还要想方设法积极地引进海外留学人员和外国专家。因此，留学人才培养和使用的国际化也必将是我国的一项长期坚持的战略方针。

全球化不仅是资本和商品的全球化，也是教育和文化的全球化。"走出去"和"请进来"的教育与文化交流是求同存异和超越狭隘的最好方法。人类社会的各个文明依附在一个全球文化共同体之中，从而显示出其内在的多元性。通过教育与文化交流的形式，让更多的中外年轻人互相了解尤为重要。因为年轻人代表着中外关系的未来。试想，若干年后，在中外合作的各个领域都将有大批互相了解对方文化的精英，这应该是一笔宝贵的财富。① 作为一个发展中国家，中国实际上已经从二战后的国际经济系统之中受益匪浅，并对现有的国际经济系统广为赞赏，中国不会摒弃已经形成的全球经济新系统，更不会破坏发达国家在国际经济系统中的影响力，而是希望借助各种途径强化自身，参与到现有系统中去。②

（三）"一带一路"理论③

2013 年 9 月、10 月，习近平主席分别在访问哈萨克斯坦、印度尼西亚时，提出共建"丝绸之路经济带"和"21 世纪海上丝绸之路"（即"一带一路"）的战略构想，展示了 21 世纪中国的国际担当。"一带一路"是党中央、国务院根据国内国际形势深刻变化，统筹国内国际两个大局，推动构建以合作共赢为核心的新型国际关系、推动国际秩序和国际体系向更加公正合理方向发展、推动

---

① 曹尔寅：《中美教育交流：走出去，也要请进来》，《光明日报》2015 年 8 月 2 日，第 6 版。
② 《王勇：中国赞赏现有的国际经济体系》，2015 年 7 月 31 日，中国经济网。
③ 李亚平：《全面提升"一带一路"经贸合作水平》，《经济日报》2015 年 7 月 9 日，第 14 版。

建设人类命运共同体做出的重大决策，对于我国构建更高层次的开放型经济新体制，形成全方位开放新格局，具有重大深远的意义。"一带一路"顺应时代要求而生，正在被越来越多的国家和地区接受，一个古老大国的胸襟和风范在造福中国人民的同时，也必将造福更多的国家和人民。中国与更多国家携手建设"一带一路"，形成内外联动、海陆统筹的对外开放新布局，使古老的"丝绸之路"延伸至现代版的国际"大合唱"。这一战略构想的目的是，有效促进亚欧区域互动、实现沿线各国互利共赢，必将对当前和未来世界经济版图产生重要影响。

实现这一战略构想，需要加强沿线各国的合作共建，推动区域实现共同繁荣。一是政策要沟通。加强政策沟通是"一带一路"建设的重要保障。取得推进"一带一路"建设的共识，构建沿线国家多层次政府间经济发展战略、宏观经济政策、重大规划项目对接的机制，形成趋向一致的战略、决策、政策和规则，结成更为巩固的"命运共同体"。二是设施要联通。基础设施互联互通是"一带一路"建设的优先领域。推动沿线各国加强基础设施建设规划、技术标准体系对接，共同推进交通、能源、信息等国际骨干通道建设，突出抓好区域间互联互通，打通缺失路段，畅通瓶颈路段，提升通达水平，把活跃的东亚经济圈、发达的欧洲经济圈和经济发展潜力巨大的中间广大腹地国家结成携手发展的"利益共同体"。三是贸易要畅通。投资贸易合作是"一带一路"建设的重点内容。中国将积极同沿线国家和地区共同建设自由贸易网络体系，拓宽贸易领域；共同优化产业链、价值链、供应链和服务链，促进沿线国家和地区产业互补、互动与互助；共同探索新的开放开发之路，形成互利共赢、多元平衡、安全高效的开放型经济体系。四是资金要融通。资金融通是"一带一路"建设的重要支撑。深化金融合作，推进亚洲货币稳定体系、投融资体系和信用体系建设。加快中国与沿线国家和地区本币互换和本币结算的步伐。共同推进亚投行、金砖国家开发银行筹建，充分发挥丝路基金以及各国主权基金在"一带一路"重点项目建设中的资金引导作用。在世界舞台上，一

第一章 绪论

场"化蛹为蝶"超越意识形态的金融开放合作大戏正在进行。五是民心要相通。民心相通是"一带一路"建设的社会根基。中国更高层次的开放是获得包括沿线国家和地区在内世界各国的文化认同。要使"一带一路"建设得到更多国家和地区的响应，必须传承和弘扬"丝绸之路"友好合作精神，推动不同文明交流碰撞，汇聚和释放文化促进发展的强大正能量，实现更有效率、更具包容性的增长。

中国企业走出去，中国对外投资力度加大，是当今世界经济一道亮丽的风景线。过去十年间，中国在境外市场的非金融投资额增加了 12 倍；同期美国仅增加了 75% 。尽管最瞩目的投资对象是非洲的资源，但实际上近十年来中国投资的最大目的地主要还是集中于美国、澳大利亚、加拿大和巴西等国。德国墨卡托中国研究中心和美国研究机构荣鼎咨询联合发表的一份报告预测，到 2020 年，中国将成为世界上最大的跨境投资者，中国的全球离岸资产将增至现有水平的 3 倍，即从截至 2015 上半年的 6.4 万亿美元增至近 20 万亿美元；该报告认为，中国已经是一个重要的全球投资者，并有望成为未来 10 年全球外国直接投资增长的最重要驱动因素；这其中包括对亚非地区和"一带一路"沿线国家的投资日益增加。如我国铁路公司于 2015 年 4 月在非洲签订价值 55 亿美元的合同，标志着"一带一路"战略取得最新成果。又如，2011 年中国同亚洲各国贸易额为 1.2 万亿美元，首次超过了中美、中欧贸易的总和。2014 年，我国与"一带一路"沿线国家的货物贸易额达 1.12 万亿美元，占我国国际贸易总额的 1/4，其中在海上丝绸之路沿线，中国与东盟的贸易额已由 2001 年的 400 亿美元增加至 2014 年的 4800 亿美元，年均增长率为 21.1%；预计未来 10 年，我国与沿线国家贸易额将翻番，人员和货物流通需求规模也将空前增长。因此在我国《2015 年重点推进的民航大中型项目清单》中，规划重点推进的总投资为 5000 亿元的 193 个大中型项目中，落实"一带一路"的战略项目就占到 51 个，总投资 2000 亿元，占 40%。据分析，整个东南亚地区在 2011～2020 年大概有 1.5 万亿美元基础设施投资，但截至 2015 年的进展并不理想，因此有进一步落实和拓展的空间。① 据估算，"一带一路"建设将涵盖包含亚洲在内的 26 个国家和地区，合计 44 亿人口，将产生 21 万亿美元的经济规模；仅在公路、铁路、港口、油管、桥梁、输电网路、光缆传输等基础设施互联互通上，就将衍生庞大商机。② 据测算，2010～2020 年，亚洲发展中国家基础设施投资总需求高达 8 万亿美元，年平均投资约需 7300 亿美元。亚洲地区基础设施相对薄弱，需要进行大量投资，而世界银行、亚洲开发银行等现有多边开发银行在亚洲基础设施领域的年度投资规模仅为 100 亿～200 亿美元，难以满足上述需求。在此背景之下，"亚洲基础设施投资银行"应运而生。我国提出设立亚投行的倡议，不仅有利于支持全球复苏，促进区域基础设施建设和经济发展，也是中国承担更多国际责任、补充和完善现有国际经济体系的重要建设性举动。③ 作为"一带一路"宏大战略实施的重要支撑，亚投行为"一带一路"沿线国家基础设施建设、资源开发、产业合作等有关建设项目提供投融资支持，是体现我国作为一个负责任大国所提倡的开放包容、透明公正理念的平台。④

"一带一路"从中国来讲具有三大担当，对世界而言负有三大使命：探寻后危机时代全球经济增长之道；实现全球化再平衡；开

① 《俄媒：中国依靠自身经济实力发展全球战略伙伴关系》，2015 年 6 月 28 日，参考消息网；管克江、冯雪珺、王如君、黄培昭：《国外机构报告预测，中国将在 2020 年成为世界最大跨境投资者 中国对外投资书写新机遇》，《人民日报》2015 年 6 月 28 日，第 3 版；《中国铁建在非洲签下 55 亿美元合同》，2015 年 4 月 29 日，中国日报网；李心萍：《民航投资两千亿建设"一带一路"》，《人民日报》2015 年 6 月 28 日，第 2 版；《国侨办：华商参与"一带一路"建设有五大独特优势》，2015 年 6 月 29 日，中新网；《推动亚洲文明对话 共建亚洲命运共同体——"亚洲文明对话"座谈会会议综述》，《光明日报》2015 年 6 月 29 日，第 16 版。
② 罗兰：《命运共同体"拉手"经济一体化 推进"一带一路"助力亚洲互联互通》，《人民日报（海外版）》2015 年 6 月 29 日，第 2 版。
③ 杨亮：《亚投行：开放包容 互利共赢——写在〈亚洲基础设施投资银行协定〉签署之际》，《光明日报》2015 年 6 月 30 日，第 16 版。
④ 曾赛星：《中国建造如何在"一带一路"唱响品牌》，《文汇报》2015 年 7 月 3 日。

创 21 世纪地区合作新模式。中国倡导并推动的"一带一路"建设，顺应了时代发展潮流，体现了中国促进区域和全球经济共同发展、共同繁荣大智慧，展现了中国的大国担当。时代和历史的发展将证明，中国的"一带一路"发展倡议将把沿线国家和世界引向美好的未来。正如《推动共建丝绸之路经济带和 21 世纪海上丝绸之路的愿景与行动》所指出的："共建'一带一路'旨在促进经济要素有序自由流动、资源高效配置和市场深度融合，推动沿线各国实现经济政策协调，开展更大范围、更高水平、更深层次的区域合作，共同打造开放、包容、均衡、普惠的区域经济合作架构。共建'一带一路'符合国际社会的根本利益，彰显人类社会共同理想和美好追求，是国际合作以及全球治理新模式的积极探索，将为世界和平发展增添新的正能量。"①

（四）高等教育大众化与高等教育国际化理论②

进入 20 世纪以来，伴随着迅速的工业化，科学技术的急速发展，以及社会的深刻变革，高等教育领域出现了两种主要的发展趋势，即高等教育大众化和高等教育国际化。大众化教育和国际化的推进，给中国高等教育的发展带来了前所未有的发展空间，一方面高等教育的规模得到迅速扩大，另一方面，高等教育国际化促使我国高等教育的教育质量和办学水平得到提升。可以说，大众化与国际化，是实现中国高等教育规模与质量协同共进的标志。与此同时，基础教育国际化的进程正在逐渐展开。

1. 高等教育大众化

高等教育大众化是指一个国家或地区为所有适龄青年提供高等教育的普遍程度。1973 年，美国教育社会学家马丁·特罗在巴黎"中等后教育的未来结构研讨会"上发表《从精英向大众高等教育转

---

① 王义桅：《"一带一路"的中国担当》，《前线》2015 年第 7 期。
② 王建华：《高等教育大众化与国际化》，《浙江统计》2006 年第 7 期，第 18 页；杨黎明：《高等教育大众化理论的产生、发展及意义》，《高教研究》2008 年第 3 期，第 9~13 页。

变中的问题》一文，提出了"高等教育发展阶段论"，指出高等教育的发展存在三个阶段，即精英、大众和普及。他提出：当一个国家大学适龄青年中高等教育入学率在 15% 以下时，属于精英或英才高等教育阶段；15%～50% 为大众化高等教育阶段；50% 以上为普及化高等教育阶段。这一理论得到经济合作与发展组织（OECD）、卡内基高等教育审议会（CCHE）等机构的积极评价与高度认可，并在国际高等教育界产生很大影响，后被许多国家作为制定高等教育发展政策的重要理论依据之一。高等教育"大众化"是社会发展到一定历史阶段的必然产物。当一个国家在经济和社会生产力发展到一定程度之后，因经济发展加快了教育大众化的步伐。特别是 20 世纪 80 年代以来，教育大众化成为多数国家的一项国策。

世界上发达国家的高等教育早已陆续进入大众化阶段，以美国和加拿大等为代表的发达市场经济国家在率先进入了高等教育普及化阶段基础上，高等教育毛入学率超过了 80%。我国高等教育发展速度较慢，1998 年毛入学率只有 9.8%。1999 年开始的 4 年"超常规发展"后，我国高等教育毛入学率不断提升，2002 年时已达 15%，达到高教大众化理论所认定的高等教育进入大众化阶段的"临界点"。因此，许多学者都认为中国已经进入了高等教育大众化阶段。2005 年，我国高教毛入学率达到 21%。至此，即使按照我国一部分学者认为的"中国高教毛入学率要达到 20% 才标志着进入大众化"的观点，单纯从数字上看，当时的中国高等教育已无可争议地进入了大众化阶段。2015 年，我国高等教育毛入学率达到 40%，超过中高收入国家平均水平，[①] 不过这也意味着，在我国每 10 名 18～22 岁的青年人中，只有 4 名能够接受全日制高等教育。

我国已经跨入高等教育大众化的门槛，反映出我国高等教育发展和民众接受高等教育程度的提高。但是高等教育大众化带来的优势除了数量增长和高等教育的规模扩张之外，还显得隐性与不确

---

① 董洪亮、张烁、丁雅诵：《我国高等教育毛入学率达 40%》，《人民日报》2016 年 1 月 16 日，第 6 版。

定，甚至很大程度还只是数字意义上的"大众化"；而存在的各种问题却实实在在地呈现在世人面前：资源短缺、投入不足、校舍拥挤、质量下滑、结构不合理、教育观念滞后、管理体制保守、就业率下降、与社会经济发展脱节等，大众高等教育的水平与发达国家的高等教育相比尚有较大的差距，在国际竞争中难以吸引国外优秀人才并导致国内优秀留学人才的大量流失，在高等教育国际化竞争中处于不利地位。

过去一个时期，我国花了很多时间、精力、财力，建新校区、盖新大楼、买新设备，扩大规模，争取项目，但这些终究都是外延性的，只是提高质量的必要条件；现在我们要把时间、精力和资源更多地用在内涵建设上，实实在在地把质量作为新时期教育工作的主题；整体提高 50 多万所学校、2.6 亿名学生庞大教育体系的质量和水平，全面提升 13 亿人口的人力资源开发水平，相应的任务十分繁重，十分艰巨。[①] 我们欣喜地看到，十八大以来，我国教育普及程度快速提高，教育公平政策体系初步建成，教育内涵发展稳步推进，教育改革有序展开，教育经费投入取得历史性突破，我国教育总体发展水平跃居世界中上行列，与发达国家教育差距进一步缩小。

2. 高等教育国际化

高等教育国际化是高等教育发展的另一重要理论体系。所谓高等教育国际化是指一个特定国家高等教育面向国际发展的动态和渐进的过程，是把国际的、跨文化的、全球的观念融合到本国高等教育中的过程。其基本特点主要表现为开放性、交流性、共享性、通用性、互利性；基本内容包括观念与知识的国际交流，各类人员的国际流动，教学资源的国际合作，课程设置的国际性等。现代意义上的高等教育国际化是指 20 世纪 60 年代以来所初步形成的高等教育国际化潮流，它是由世界政治格局的转变、经济全球一体化趋势

---

① 《中国教育总体发展水平居世界中上行列》，2016 年 1 月 15 日，人民网；《2016 年教育主题词是质量》，2016 年 1 月 15 日，中青网。

的加强以及国际互联网等信息技术的发展推动汇集而成，是经济全球化进程的必然产物。第二次世界大战后，以知识为基础的世界经济竞争中提供人才与科技优势的国际化，成为制胜源泉和长期保持国际竞争力的因素。各国政府不断采取行动，扩大高等教育的对外交流，进行对海外人才的争夺，极大地推动了高等教育国际化的进程。尤其是 20 世纪 90 年代以来，经济全球一体化成为高等教育国际化重要的推动力。而网络社会与信息社会的兴起与推动，跨国和跨地区的网络教育正逐渐形成，各国之间的交流与合作变得日益频繁，使得高等教育国际化进程日益加快，形成高等教育国际化的潮流。

学界一般认为，我国内地的高等教育国际化进程起始于 20 世纪 70~80 年代，当前中国高等教育国际化的发展速度正日益加快。对发展中国家的中国而言，及时把握高教国际化带来的发展机遇，以新思路推进国际化进程，有利于借鉴发达国家强大的教育投入和先进的教育资源与模式等来发展本国的教育事业，缓解教育资源的不足，可能会以相对低的成本和投入，促进高等教育大众化进程的合理、健康、有序发展，加快促进我国高等教育大众化的战略布局。从某种意义上来说，高等教育大众化是"内向性"发展，是高等教育制度与体系为了满足本国的经济与社会发展的要求，面向原先"被排斥"在高等教育之外的"大众"学生开放资源；而高等教育国际化则是一种"外向性"发展，是在谋求增强国际上学术、教育交流与合作需求的同时，面向难以或未能进入公派留学序列而"被排斥"在接受境外高等教育之外的"大众"学生开放政策，促进自费出国留学人数快速增长。

已先期实现高等教育大众化的西方发达国家，当其因出生率下降而引起生源不足、教育资源过剩时，高校本能地将发展延伸到国外的教育市场。在高等教育国际化进程中，发达国家凭借其雄厚的经济实力和高质量的教育优势在国际教育市场中争夺大量生源，并到国外寻找合作办学的机会，通过投资办学，提供服务，在高等教育国际化进程中获取丰厚的经济利益，进而促使其更进一步推进高等教育国际化的进程，形成良好的国际化发展态势。而发展中国家由于高等教育发展水平不高，在国际竞争中往往处于不利地位。

当前，我国高等教育大众化与国际化并存，在大众化高等教育的发展进程中，我国也同时逐步尝试走高等教育国际化的道路。随着终身教育理念、合作办学、开放办学模式被逐渐引入，学生与教师方面的国际流动日趋频繁，教学与科研领域的国际合作逐步深入，体制与机制层面的国际借鉴不断融合。因此可以说，国际化已经不仅是我国高教发展的口号，它已逐渐成为大众化高等教育进程中一项具体的实践。从这个意义上来说，未来高校间的竞争，必定是国际化的竞争。但还应清醒地认识到，高教国际化是一把双刃剑，它带来机遇的同时也使我国高等教育面临人才资源流失、教育市场份额竞争激烈的巨大挑战。因此必须采取积极有效的应对措施，抓住高教国际化发展大有作为的重要战略机遇期，加快高等教育的发展与水平的提升，不仅在数量和规模上获得巨大发展，而且在质量和效益上得到显著提高，进而实现高等教育的大众化与国际化的衔接。

"国际化"不是"西方化"。在我国高等教育国际化的进程中，关注亚非地区、关注周边国家、关注"一带一路"沿线，本应是不可或缺的内容与方面。但是改革开放以后，我国高教国际化的视野往往主要集中于西方发达国家，以至于中西方之间的沟通和了解不断加深。不过相对于我们对发达国家的关注和了解而言，美国对中国的了解明显不足，如美国有很多大学校长甚至都没来过中国，但却几乎找不到没去过美国的中国大学校长。与此同时，尽管我们越来越多地强调亚非和周边外交，但针对有关非西方世界尤其是我们周边国家的研究，从区域研究的角度来看，长期以来都显得非常薄弱：缺乏系统的学术积淀和健全的学术梯队，即便是已有的相关教学与科研单位，在人才规模、体系建设和师资生源等方面，仍然是"时常捉襟见肘，面临诸多不足"；针对这些区域的学术研究、学科建设和人才培养，目前的状况远远跟不上"一带一路"建设对我国高教国际化提出的智识要求。[①]

鉴于中国与亚非地区非通用语国家关系的重要性，培养一批在不同行业、能够熟练掌握当地语言并且理解当地文化的中国人，事关我国的国家利益。因为只有能够以对象国的方式了解对象国，才可能比较清楚、有效、充分地对当事国做出积极回应。由此可见，中国政府下大力气推动亚非地区非通用语人才的培养，实为对我国青年一代的战略性投资。[②]

（五）人力资本与人才流动理论[③]

1. 人力资本理论

西方理论界的诸多学者为人力资本理论的发展做出了很大贡献。著名的古典经济学派代表亚当·斯密（Adam Smith）在其1776 年出版的《国富论》中初步提出了人力资本的思想。他认为：固定资本中包含所有居民或社会成员获得的有用的能力。这种才能是通过包括教育、学校和学徒过程获得的，一般都需要付出现实的成本，因此，它可以被看作是固定在个人身上的、已经实现了的资本。他建议由国家"推动、鼓励，甚至强制全体国民接受最基本的教育"。进入 20 世纪后，西方经济学界对人力资本问题的研究取得了新的进展。美国经济学家欧文·费雪（Irv ing Fisher）在 1906 年出版的《资本的性质和收入》一书中首次提出人力资本的概念，并将其纳入经济分析的理论框架中。其后的研究者对前人在人力资本领域的思想进行挖掘和发展，开创了现代人力资本理论的研究，形成了人力资本理论。20 世纪 50 年代，美国芝加哥大学和哥伦比亚大学的经济学家们从这两个视角对教

---

① 《"一带一路"给我们的智识挑战》，2015 年 7 月 15 日，中央欧亚通讯，原载《经济科学》；黄金鲁克：《留学不一定要在洛杉矶——访威久国际教育集团总裁王伟》，《中国教育报》2015 年 7 月 15 日，第 12 版。

② 韩显阳：《中美两国教育合作"在路上"》，《光明日报》2015 年 8 月 2 日，第 6 版。

③ 宋思远：《加强通用人力资本和专用人力资本积累 为经济转型升级提供支撑》，《人民日报》2015 年 7 月 7 日，第 7 版；王明杰、郑一山：《西方人力资本理论研究综述》，《中国行政管理》2006 年第 8 期，第 92~95 页。

育与工资的差别、劳动力市场问题进行了研究，从而形成了现代意义上的人力资本理论。该理论认为，一国经济社会的发展，除了取决于土地、劳动力、经费投入等因素外，更有赖于通过教育培训等途径对人力资源的开发。在工业经济时代，物质资本是对经济社会发展具有决定意义的战略资源，而在知识经济迅速发展，人类日益走向全球化的时代，众多的掌握先进知识、技术、具有创新能力的人才已经成了制约整个社会发展的一种战略性资本。人才是科技进步和经济社会发展最重要的资源，而这些人才是要依靠留学教育才能培养出来的。

人力资本可分为通用人力资本和专用人力资本两类，通用人力资本指的是员工所具备的能够跨企业运用的工作能力，而专用人力资本指的是员工所具备的只能为某个企业服务的工作能力。将我国巨大的人力资源转化为人力资本，需要从通用人力资本和专用人力资本两个方面加强人力资本积累，进而为我国经济顺利实现结构调整和转型升级提供人才保障。出国留学对于两类人力资本的积累都具有重要的意义。特别是在经济全球化深入发展、我国经济越来越融入世界的背景下，必须加大国际通用知识教育的比重。如果培养出来的人才欠缺国际通行的知识基础，我国在国际化中就会面临人才匮乏的局面。

在我们这个时代，由于知识无限增长的巨大效应，无限供给的人力资本克服了自然资源稀缺对于经济发展的制约，正成为经济增长的主导力量，人力资本的崛起和在经济发展中的作用也日益增大，这是人类经济社会发展的必然趋势。当前，随着整个经济社会由传统经济向知识经济演进步伐的加快，人力资本理论的现实意义越来越突出。事实证明，出国留学教育是一项有较高回报率的投资，特别是国家公派留学更是一项关系国家未来长远发展的战略性投资，是我国融入国际社会，加快现代化步伐，进行"一带一路"建设的正确选择之一；"支持留学、鼓励回国、来去自由、发挥作用"的当代中国留学政策，则是人力资本与人才流动理论在中国道路语境下的发展与创新。

　　"一带一路"建设是一项长期的、综合性的、立足于区域和当地经济发展的战略性活动，遵循"互联互通"政策符合我国一贯提倡的构建更为平等的"世界政治—经济新秩序"的主张，强调的是一种"互利互惠、平面化、网格化、多中心化和去意识形态化"的合作模式。因此在实践上需要与各个不同的国家、文化和社区密切地打交道。在这个意义上，我们需要很多了解、懂得和熟知当地情况的留学人才，而只有通过当地语言的沟通和桥梁作用，才能了解更重要的历史、政治、文化和社会方面的知识；同时不仅仅只是专注学术研究的留学人才，更重要的是具有当地常识性知识的留学人才，尤其是有精力和活力的青年留学人才。①

　　2. 推拉理论

　　对于人才在国际上流动或人才外流的现象，学者们曾尝试从国际的、社会的、民族的、个人的或从政治的、经济的、文化的、心理的角度加以诠释。从马奇和西蒙模型到赵曙明的人才流动组合决策模型，从勒温的场论到中松义郎的目标一致理论，从配第—克拉克定律到人才结构调整理论，无不彰显着人才流动研究的丰硕成果。其中所谓"推拉理论"是一个影响较大的理论。这种理论把人才流出国的各种不利因素统称为"推"的力量，而把人才接收国的各种有利因素统称为"拉"的力量。国际著名比较教育学家、推拉理论的首创者之一菲力普·阿尔特巴赫曾指出：从中世纪开始，一直存在着人才流动现象。由于种种原因，学者们陆续到国外工作。国内机会少，条件差，加之种族的、宗教的歧视，所有这些都是促使学者们到国外工作的"推动"因素；而较高的薪水、设备良好的实验室和图书馆、更令人满意的教学职责、学术自由，以及处于"中心"位置的感觉，所有这些则是促使学者们到国外工作的"拉动"因素。现在所谓的人才外流，是一个非常复杂的现

---

① 《"一带一路"给我们的智识挑战》，2015 年 7 月 15 日，中央欧亚通讯，原载《经济科学》。

象，因为在国外工作的学者们时常回国工作，或同国内的学术界保持着联系。

对于人才流动现象所持的态度与看法，研究者的观点不尽相同，大体有以下四种。

一是国际主义的观点，认为在"世界是一个整体"的前提下，高端专业人才向他国流动、迁移不过是人才资源在国际范围内的重新调整。高级专业人才在国际上的流动可以促进经济、科研、教育和文化上的交流，增进各国间的了解。这种迁移不仅促进了世界和平，而且推动了世界范围内的人类社会的发展。

二是互惠观点，认为人才外流是国与国之间的"互惠"，正如国际贸易一样，输入国因人才的流入而获益，但输出国不仅可获得大批侨汇的收入，同时亦可减少学非所用的问题。更重要的是，该国无须负担大量经费，用以培养及雇用此等人才，而且这些人才和他们所拥有的知识必要时仍可为其母国所用。

三是动态平衡的观点，认为人才外流与回归是一个较长时期的动态平衡的过程。如果仅以 3~5 年的眼光来看，许多人才可能是流走了，但如果用 10 年甚至更长时段的眼光来看，大量的人才可能又会回归。印度、韩国以及中国台湾地区过去 50 多年的发展就是实证。像中国这样的发展中大国，迫切需要的是真正有用的人才，需要的是一批将帅人才，而这样的人才一般是要在获得博士学位以后，再经过 10 年左右的实践磨炼才能成长出来。因此不应当用短视的眼光而是应当用长远的眼光来判断和看待人才的外流与回归问题。

四是民族主义的观点，认为人才外流对于发展中国家是一个严重的问题。人才外流只会对发达的富国有利，对于不发达的穷国则是无法估量的损失。它将削弱发展中国家发展的动力和潜力，使他们在国际竞争中长期处于劣势。

上述关于人才外流的四个观点给我们的启示如下。

人才的国际性流动是一种由来已久的社会现象，并且有不断增强的趋势。在中国逐渐融入国际社会的过程中，国家采取"支持留学、鼓励回国、来去自由、发挥作用"的留学政策,是一项审时度势、与时俱进的明智之举。

人才外流是发展中国家在对外开放的过程中不可完全避免的现象。在当代它又呈现出更为复杂的状态。因为人才外流并不等同于人才流失。不少居留在外的学者又都在以各种方式为国服务,虽然这种服务一般都是间接的。就直接回祖国做贡献而言,国家公派留学人员的比例是最高的,而自费留学人员的比例一直比较低。在这种情况下,国家公派留学的独特作用就愈显突出。

促使人才外流的"推力"和"拉力"是在特定条件下形成的,随着条件的改变,推力和拉力也会相互转化。因此,要减少留学人才外流,吸引在外留学人员(主要是自费留学人员)回国和为国服务,最根本的是改善本国的条件和环境,使推力转变成拉力。从根本上解决人才外流的问题,取决于中国经济实力的增长,综合国力的加强,社会平稳与和谐地发展,公民生活水平的不断提高,教育、科技与管理水平的优化,民主与法制环境的建设。

正是基于上述理论的体系与观点,长期研究中国留学政策的国内专家于2007年前后首次提出并论证了"中国留学人才安全"的理论观点。该观点认为,当今世界,国际上的人才争夺进一步加剧;在充分肯定我国吸引海外高层次人才回国创新创业取得一定成绩的同时,必须清醒地认识到,我国优秀的在校学生(包括中学生)、高层次人才和在外留学的尖子人才一直是西方发达国家猎取的重要对象,在吸引和使用留学人才方面我们面临着更加艰巨的使命与重任,因此在加快培养具有国际化视野的留学人才的同时,需要继续广开进贤之路、广纳天下英才,加快推动我国由人才大国向人才强国迈进的步伐。

(六)留学安全与留学外交理论

综观理论学术发展史,凡是有生命力的思想、观点和概念都会聚焦在理论和现实的交汇点上,也必然都是从理论、现实和二者的互动中选择最佳要素及其组合来作为研究的基点。理论研究首先要具有准确性，即研究的课题应该有明确的定位和精确的指向；其次要具有创新性，即立意新、观念新、材料新，并能够对研究的课题进行新的发掘；而深刻性则是无穷尽的，时代的不断发展、认识能力的持续提高，为深刻揭示事物的本质和规律提供了广阔空间。凡是有责任心的理论研究，从选题开始就是关注题目的现实意蕴，找出理论与现实的最佳结合点，最后达到回应现实需要、说明和引领实践的目标。这样不仅能把理论的深层寓意在实践的层面上释放出来，而且能够回应社会与公众的现实关切，激起人们的共鸣。总之，理论研究是抓住两个方面，从理论上高起点立意，又紧紧扭住现实问题不放，把研究的注意力始终放在理论与现实的交汇点上。唯其如此，才能创造出无愧于时代、无愧于社会、无愧于人生的传世精品。①

当代中国的出国留学工作理论，正是对 66 年来我国出国留学实践活动及其客观规律的系统性总结。在不同社会体制和政治制度下，出国留学活动既遵循一般规律，也具有特殊规律。新中国成立以来，在社会主义事业发展和建设的实践中，中国道路的出国留学事业取得了很大成就并发挥了积极作用。但留学工作的理论建设却相对滞后，不仅难以满足适应时代、总结规律和指导实践的需要，而且在其发展进程中也有过成为西方国家指责和攻击我国留学制度与政策的实际教训。因此，迫切需要系统研究我国出国留学事业发展的现实活动、成功经验、相关教训和基本规律，以当代中国出国留学的系统问题为导向，建构我国出国留学工作的理论体系。

1. 建构我国留学工作理论体系的必要性②

支持和鼓励出国留学是世界各国的共同选择，因为任何国家都

---

① 张奎良：《聚焦理论与现实交汇点》，《光明日报》2015 年 7 月 16 日，第 16 版。
② 曹征海：《中国特色社会主义新闻传播理论的建构》，《光明日报》2015 年 7 月 2 日，第 1 版。

无法否认出国留学活动的积极意义。但由于现实国情、文化传统、历史根基、科技水平等因素的差异，世界上并不存在某种放之四海而皆准的留学理论与留学模式，每个国家都有权选择适合自己的留学路径和留学政策。我国选择了不同于西方的现代化之路，赋予现代性以中国内涵，同时书写了具有中国特色的当代留学新篇章。特别重要的是，新中国成立以来的留学发展与实践是在非常独特的传统、国情和社会状况中展开的，我们走了一条与西方不同却更加成功的出国留学之路。"中国道路"和"中国模式"已经成为国内外学者和政治家们聚焦的一个话题，并普遍认定社会主义基本制度是取得成功的根本保证；毛泽东时代的成就与改革开放的成功相辅相成，不可割裂；渐进自主，不盲从西方的改革战略，形成了独特的发展道路。其中包括我们特有的留学发展道路、留学发展理论和留学制度建设等独创性贡献，这些都构成了中国道路与模式的独特内容和独创价值。①

理论来源于实践，理论的生命力在于不断随着社会实践的演进而有所创造和发展，留学理论也不例外。1949 年以来，新中国的出国留学实践发展从小到大、从弱到强，留学理论的创造与创新同样有一个从无到有的过程。在我国日益走向国际舞台中心、出国留学人员特别是自费留学人员日益增多、文化软实力日益成为综合国力竞争重要因素的时代背景下，建构中国特有的留学理论迫在眉睫、势在必行。特别是 1978 年以来，出国留学事业取得空前发展，有必要增强理论自信，提出并研究留学工作理论，填补该领域的理论空白。这不仅是对中国社会主义建设与发展理论体系的贡献，也是对世界相关学科发展建设的贡献。经济学、人才学、教育学、外交学、国际政治、国际关系等国内外可借鉴理论成果的基本观点、基本原理和基本方法，为我国出国留学工作理论的形成奠定了坚实的理论基础。理论的意义还在于指导实践。留学工作理论来源于数

① 陈曙光：《西方不能为话语真理性担保，增强构建中国话语的自信（热点辨析）》，《人民日报》2015 年 7 月 8 日，第 7 版。

第一章　绪论

百万留学人员数十年的留学实践，是对中国特色出国留学实践经验的概括和总结，其理论意义是为坚持和发展新的留学实践提供理论引领。

中国是由共产党领导的社会主义国家，需要在留学工作中始终坚持"党管留学人才"的原则不动摇；中国是迅速崛起的大国，出国留学总趋势属于卖方市场，迅速崛起就不免"树大招风"，因此就需要深刻研究和掌控留学活动发展的动向、规律与效益；中国还是处于深刻变革中的发展中国家，留学活动中的许多问题不会是一朝一夕可以解决的，需要相关理论引导留学实践，解读留学现象、疏导留学倾向、化解留学矛盾、维护和保障留学安全、开展和推动留学外交；中国更是具有悠久文明的国家，需要通过民间外交等方式讲清楚中华民族的悠久历史、灿烂文化和精神基因与文化传承，让世界真正了解中国是一个什么样的国家、中华民族是一个什么样的民族。至此，一个以"党管留学人才、留学安全、留学外交、留学经济、留学政策"为主要内容的中国留学理论体系的框架，已经基本形成。

一方面，中国是一个留学市场异常活跃的国度，数十年来丰富多彩的出国留学现象表明，留学事业常青、留学实践常新、留学人员常增、留学问题常有、留学话题常谈。另一方面，从一个时期以来留学市场的舆论导向来看，国内外的教育、培训或中介机构，早已涌现出强烈的逐利化倾向，编故事、造数据、炒热点、博眼球、争生源；不少机构甚至假借"国际""智库""皮书""研究"之名搞"虚假发布""有偿发布""商业发布"，或通过"伪专家"之口发布一些堂而皇之的"伪命题""伪皮书"；而发布的内容却往往充斥着大量已经过时并完全丧失新鲜度的论点、论据和数据，毫无新意、毫无亮点、毫无创新，只不过是一些具有明显功利背景而用以创造商机的"发布秀"，误导舆论、忽悠公众，造成不良社会影响。当前中国的国情特点和留学活动的生动实践，必然催生出中国自己的留学理论体系；社会主义留学理论体系也需要重视留学活动和留学管理的规律性研究，以不断适应出国留学快速发展的时代要求。①

近年来，有关出国留学人员学历层次比例不断变化与调整的数据不绝于耳。但截至目前，除有少数国家的相关机构会有年度国际学生详细数据定期公开发表的情形之外，确实很难看到我国整体出国留学权威数据的披露与公布，人们所能见到的不是相互抄袭、支离破碎、残缺不全、自我炒作，就是胡编滥造的一些"伪命题"。一个时期以来，经由一些"伪数据、伪研究、伪智库、伪专家"拼凑出来的"伪命题"之所以有一定的市场，就在于信息爆炸的时代每天都会释放海量的信息和数据；这些信息和数据真假难辨、良莠不齐，加之碎片化的阅读方式，往往误导媒体和读者在很多时候难以辨别一个概念、一个数据或一个命题的真实性、可靠性、可信性。指望那些靠坑蒙拐骗起家的"伪专家"自觉、自律、自爱、自控、自觉，那是完全不可能的事情。而为了防止媒体与公众的误判，作为留学政策和留学理论的研究者，就有责任和义务，在留学实践中恪守"客观、准确、公开、诚信"的原则，倡导"多说真话实话，少说空话套话，不说大话假话"的风气，为社会和公众在留学理论的框架和体系内正确解读留学过程中的各种现象、数据和问题。②

2. 留学安全③

国内研究出国留学问题的专家认为：所谓"留学安全"，原则上是指学生、学者在境外留学或访问研究期间的生活和学习不受威胁

---

① 赵文松、尹世昌、吕毅品、贾玥：《境外注册、境内活动"国际协会"不国际——探寻喧哗背后的真相》，《人民日报》2015 年 7 月 13 日，第 4 版。

② 苗丹国：《中国在澳大利亚、新西兰、德国、芬兰、法国留学人员状况的调查报告》，2014 年 11 月 9 日完成。

③ 苗丹国：《人才国际化与中国留学人才安全》，《中国教育报》2006 年 8 月 30 日；李光贞、苗丹国：《留学安全问题与中国留学安全战略的构建》，《中国高教研究》2012 年第 8 期；苗丹国：《出国留学六十年——当代中国的出国留学政策与引导在外留学人员回国政策的形成变革与发展》，中央文献出版社，2010，第 578～587 页；苗丹国：《中国自费留学发展报告》，高等教育出版社，2012，第九章《留学安全现状与安全留学研究》；林春茵、张艳：《专家：假冒产品无人投诉 中国创新环境非常艰难》，2015 年 7 月 8 日，中新网。

性干涉或影响，能够正常获得真实可靠的学历学位证书。除了传统观点认定的地震、飓风、海啸等自然灾害和意外伤害等，"留学安全"已从单纯的"人身安全"内涵，扩展至留学生心理及学习安全等范畴。因此当代"留学安全"的主要内容大致应该包括：维护留学者人身和个人财产安全、不受刑事犯罪威胁；留学者不参与刑事犯罪，不从事危害中国国家利益的活动，维系留学目的国政局稳定、环境安全、食品安全；留学期间身心健康、居住状况适宜、打工期间不受剥削、不受歧视或偏见；留学全程预防留学中介陷阱、识别非法无证学校；诚信留学、真实留学，不掺假、不造假，获得真实学历学位证书；对自然或人为因素造成的突发事件，留学者有自我保护手段并享有制度性应急保障措施等。无论"留学安全"的内涵是否扩容或增加，留学者的人身安全仍然居于首要位置。

　　中国公民出国留学活动的快速发展，对中国的教育、文化、科技、社会以及个人生存状态的变化与进步都带来了前所未有的机遇和挑战。随着留学者总体数量的不断增加，中国学生在外留学期间的安全问题显得越来越突出，逐渐成为一个新的话题，并开始摆在学生家人以及各级主管部门和社会公众面前；近年来，海外留学安全问题已经在各个方面得到反应；重视、关心、研究留学安全，已经成为一个崭新的课题。中国公民海外留学安全已经引起社会各界特别是留学生家长的高度关注，留学安全成为中国家长和学生考虑海外留学的影响因素之一。中国留学生的海外安全既与整个国际安全环境和留学所在国的安全形势有关，也与留学生自身安全意识的养成以及防范与应对能力的培养相关联。留学生在留学期间发生的不测和风险，会给留学生学业顺利进行或财物安全带来损害，严重的则会危及留学者的生命，因此留学安全是留学过程中必须高度关注的问题。

　　国内研究出国留学问题的专家同时指出，尚无足够的证据表明，中国学生在外留学的安全性风险水平要明显大于在国内读书期间安全系数的程度；更没有哪位家长或留学生以为安全问题与其自身的留学活动毫无关联。关键在于要使我们的广大留学生及其他们的家人充分了解到，当前我国留学生安全的基本状况，我国留学生发生安全问题的主要类型，影响留学安全的若干因素、主要原因以及安全留学的基本保障和规避留学风险的基本知识。

随着中国留学人员数量的不断增长、群体不断扩大、规模不断膨胀，留学安全问题日益凸显。且其"安全的范畴"以及需要对其关注和研究的深度、力度和广度，已不断扩大到足以形成一个自成体系的"留学安全"理论。随着中国大陆出国留学人员数量于2015年底突破400万人，因留学安全问题给国家安全、人才安全以及留学人员人身与财产安全造成的威胁和损失与日俱增。构建"中国留学安全"理论体系是应对这种趋势的必要措施，是保障我国出国留学事业健康有序发展的重要选择。

在我国经济尚欠发达、民主政治改革尚待进一步深入完善的今天，我国留学文化安全也面临着严峻的挑战，主要表现在以下几个方面：一是留学人员大量接受西方文化的影响，容易产生行为方式上的崇外主义倾向；二是西方文化的霸权行径，容易使留学人员产生价值观上的功利主义倾向；三是社会转型期思想上的盲目性，使留学人员容易产生信仰上的多元化和离散化。加快建立"中国留学安全理论体系"，对于我国留学事业的健康发展，对于保障我国留学人才队伍的可持续增长，对于不断提高留学人才为国家做出贡献的能力，都具有十分重要的现实意义和深远的影响。不可否认，冷战结束以后，我国的国际安全环境得到极大改善，与各个留学目的国的关系都得到发展，传统安全的威胁在降低。但是，包括留学安全在内的经济、社会、教育、环境等领域的非传统安全问题却日益凸显，并成为中国的新威胁。

2006年，我国学者首次提出"留学人才安全"的概念。其相关文章指出，所谓"留学人才安全"是指"在不威胁、不损害留学人员输出国经济发展和社会进步的前提下，出国留学人员合理、适度跨国流动"的一种状态。这位研究者认为，作为"创新驱动"四大支柱"人才、经费、目标和环境"之一的人才支柱，也始终是各国创新发展关注的首要因素。近年来，虽然中国内地的劳动力

第一章 绪论

人口数量在逐年下降，但是具有一定学历的科技人口数量却逐渐上升。有统计数据显示，大陆地区有近 9000 万的科技人力资源，每年大学毕业生超过 700 万，正不断成为潜在的创新人力资源。但是问题却在于我国的人力资源"大而不强、多而不硬"，我国的教育体制也还没有准备好为"大众创业、万众创新"源源不断地提供人力资源的支持。所以一方面是出现大学生难就业的问题，另一方面则是比较优秀的留学人才更显弥足珍贵。依据国务院 2015 年 5 月颁布的《中国制造 2015》中提出的既定目标，2020 年中国要进入创新国家行列，据此，在留学人才安全方面更需保持足够警醒。

2009 年，该学者又根据山东师范大学李光贞教授的先期研究成果"部分中国留日博士论文涉及国家安全"，再次提出"中国留学生课题安全"的概念，即中国留学生在留学目的国家所从事的任何学术研究，都不应涉及有可能威胁到中国国家安全的内容；应避免以我国国家战略、能源、气候、矿山、地质构造等外国研究者无法得到第一手资料的高度敏感领域为研究对象，以免对我国国家安全造成危害。2012 年初，该学者又进一步提出了留学政治安全、留学文化安全和留学学历学位安全等概念。

至此，全新的"留学安全"理论体系基本形成。就主权国家而言，"留学安全"可以表述为，其国民的出国留学活动不应对本国的任何领域造成任何威胁和危险。与其他涉及安全的概念一样，留学安全也包含主、客观两个方面：主观上指主权国家的出国留学活动现状不存在威胁，即该国留学人员群体保持相对的独立性和完整性；客观上指留学人员个体的生存状态，即留学者于留学期间在心理上不存在恐惧、害怕和担心等。习近平主席在欧美同学会成立 100 周年之际强调，要把做好留学人员工作作为实施科教兴国战略和人才强国战略的重要任务，使留学人员回到祖国有用武之地，留在国外有报国之门。[①] 而留学安全理论体系的形成与确立，正是实现上述"重要任务"的基本保证。

---

① 《欧美同学会成立百年　习近平发表讲话》，2013 年 10 月 21 日，新华网。

狭义的"留学安全"是指学生、学者在境外留学或访问研究期间的生活和学习不受到威胁性干涉或危险性影响的一种状态。除了传统观点认定的地震、飓风、海啸等自然灾害和意外伤害等，目前"留学安全"已从单纯的"人身财产安全"内涵，扩展至留学生的心理安全及学习安全等更宽泛的范畴，包含留学人才安全、留学文化安全、留学课题安全、学历学位安全、留学政治安全等更广义、更宽泛、更重要的多方面内容；各因素之间相互关联、相互促进，构成了一个不可分割、相互支撑的有机统一体。"留学安全"问题是伴随着改革开放以及全球化过程中，我国与他国之间的教育交流而产生的。"留学安全"是一种特殊的安全形态，相对于经济安全、政治安全和军事安全的直接性、表面性而言，"留学安全"有其固有的特征，如隐蔽性、复杂性、渗透性、广泛性等。

对于广大中国留学人员而言，"安全留学"可以概括为：在实施出国留学的全过程中，既要遵循留学目的国相应的生活准则、行为规范、道德标准和法律法规，也必须严格遵守中国国家法律、不危害中国国家利益，从而比较顺畅地达到"留学安全"之目标。综上所述，当代"留学安全"的主要内容大致包括：留学人员的人身和个人财产安全，不受刑事犯罪威胁，不参与刑事犯罪，不从事危害国家利益的活动，留学目的国政局稳定、环境安全、食品安全，身心健康、居住状况适宜，工作期间不受剥削、不受歧视或偏见，预防留学中介陷阱、识别非法无证学校、警惕"问题学位"证书，对自然或人为因素造成的突发事件有制度性的应急保障措施，所从事的任何学术研究的课题均不得泄露国家机密、不得危害国家利益，能够有效地为祖国工作或服务等。

"中国留学安全"理论体系的核心思想、主要内容和基本思路如下。"中国留学安全"理论体系的核心思想是习近平主席于2014年10月提出的"支持留学、鼓励回国、来去自由、发挥作用"十六字方针。对于中国留学人员而言，所谓"留学安全"可以扼要地概括为：实施出国留学活动的人员在确保人身财产不受到威胁的前提下，既要遵循留学目的国相应的行为规范和法律法规，也必须严格遵守中国法律；其行为不得危害中国国家利益，进而顺畅地达到"留学安全"保障下的学历学位与学业之目标。留学学历学位安全，即防范留学中介陷阱、识别非法无证学校、拒绝"问题学位"证书，以便学生获得的境外学历达到"真实、合法、有效"的状态。留学课题安全，即中国在外留学人员所从事的任何研究、课题、论文和讨论等，都不应以损害、危害中国国家利益为前提和条件。留学政治安全，即我国留学人员不应从事、参与可以或可能给中国国家利益以及留学目的国造成威胁的任何政治性活动。中国留学生人身财产安全，即不受刑事犯罪威胁和不参与刑事犯罪、最大限度地减少交通事故和其他人身伤害事故。留学文化安全，即在留学网络安全、留学文化安全和留学生的宗教信仰安全等方面，不受到任何伤害和威胁。

3. 留学外交①

新中国成立以后以及 1978 年以来，我国的出国留学活动为国家的经济建设、社会发展、科技进步和教育改革提供了丰富的人才资源支持；改革开放延续了新中国成立后中国特色出国留学工作的政策机制与制度建设。随着我国出国留学政策的不断完善和发展，人民生活水平的不断提高，我国的出国留学规模不断扩大，在外留学人员数量不断增加，并逐步形成一支独特的民间外交力量，为祖国的社会、科技、经济和教育的发展与建设以及对外宣传做出了积极贡献。

基于上述留学活动的实践与成果，我国学者于 2012 年底首次

---

① 苗丹国、杨晓京、管秀兰：《我国自费出国留学事业的时代特征、基本经验与政策建议》，《世界教育信息》2012 年 11 月 6 日；苗丹国：《如何看待中国出国留学现状——对当前若干留学问题的观察与思考》，《中国教育报》2014 年 1 月 17 日，第 8 版；赵珊：《国家旅游局长担任国家主席特使出访外国，这在新中国是第一次——旅游外交，立体讲述中国故事》，《人民日报（海外版）》2015 年 7 月 3 日，第 15 版；苗丹国：《出国留学与留学外交》，《中国教育报》2015 年 10 月 1 日，第 8 版。

提出了"留学外交"这样一个新的概念。其基本含义是指，"随着中国出国留学人员数量的不断增加，长期累积的在外留学人员以及留学回国人员总量稳步增长，其逐渐形成的正能量已成为我国公共外交力量、民间外交势力的一个重要组成部分，并日益承担起独特涉外软实力的作用"。作为公共外交或民间外交的一部分，留学外交也是通过作用于国外民众的感性心理，从而改善他国的对华态度，赢得理解与支持，使中国在国际舞台上，政治上更有影响力、经济上更具竞争力、形象上更有亲和力、道义上更有感召力。通过留学外交可以更直接、更广泛地面对外国公众，从而更有效地增强中国文化的传播力和影响力，改善国际舆论环境，维护国家的利益，表达真实的国家形象。因此，留学外交的重要性日益凸显，成为塑造国家形象、争取国际理解、实现全球战略的有效外交形式。

我国广大在外留学人员在留学实践的过程中广泛地参与国家间的合作与交流，在增进中国人民同各国人民之间的了解和友谊方面发挥着重要作用。数十年来的留学活动实践甚至教训反复证明，数百万中国留学人员正是善于挖掘出我国民间外交智慧的主要软实力，并将在今后的中国民间外交活动中发挥着越来越大的作用。2013年10月21日，习近平总书记在欧美同学会成立100周年纪念大会上对广大留学人员提出了"四点希望"和新时期出国留学工作的"十六字方针"，即"坚守爱国主义精神，矢志刻苦学习，奋力创新创造，积极促进对外交流"和"支持留学、鼓励回国、来去自由、发挥作用"。其中"促进对外交流"和"发挥作用"都明确表达了开展"留学外交"的战略意图。即"广大留学人员既有国内成长经历又有海外生活体验，既有广泛的国内外人际关系又有丰富的不同文化交流经验，许多外国人通过你们了解中国、认识中国，许多中国人通过你们了解世界、认识世界。希望广大留学人员充分发挥自身优势，加强内引外联、牵线搭桥，当好促进中外友好交流的民间大使，多用外国民众听得到、听得懂、听得进的途径和方式，讲述好中国故事，传播好中国声音，让世界对中国多一分理

第一章 绪论

解、多一分支持"。①

国家间的合作涉及多层面、多领域、多渠道、多方位,而留学外交的便利在于,出国留学活动是我国与其他国家合作最早、共识最多、见效最快的领域之一。根据我国教育部统计并公布的数据,1978~2015年的出国留学总人数,已达到400多万并遍布180多个国家和地区。此数据表明,新中国成立近70年来,出国留学事业从小到大、从弱到强,出国留学行为已不单单是接受国外教育、获取境外文凭,而是可以在民间外交舞台上扮演越来越重要的角色,能够在外交、经济、人文等国家间合作中发挥独特优势。"留学外交"这一理论的提出,充分体现了国家和公众对出国留学事业的期待,即期望数百万留学人员更闪亮地走上民间外交舞台,更强大地发挥留学生在国际交流与合作中的综合优势,更倾心地服务于国家与民族的根本利益及经济社会发展的战略需求。

留学外交登上国际舞台的前提是留学事业要有较大的发展。回顾过去66年的发展,我国的出国留学事业实现了从"国别较少、公派为主、人数不多"向"国别最多、自费为主、规模稳增"的历史性跨越。留学中介行业甚至已发展成为综合性的现代化服务产业,且与之相关的教育或培训市场需求也大幅提升,这既是民富国强、留学发展的表现,也是教育国际化综合功能优势的集中显现。特别是进入21世纪以来,中国留学生不但表现出具有强大的国际教育购买力,而且留学记录越来越好,在国际上的信誉度也越来越高。随着中国留学生的脚步走向地球的每一个角落,中国与世界各国的教育交流交往日趋活跃。当今世界,世人从来没有像今天这样,以如此关切的目光、如此复杂的心态,甚至是如此期待的情绪,来审视和解读中国留学生带来的种种变化与影响。

"国之交在于民相亲,民相亲在于人来往。"在国际关系中,

---

① 《欧美同学会成立百年 习近平发表讲话》,2013年10月21日,新华网。

利用教育交流促进国家关系发展的例子不胜枚举，教育交流作为民间外交的重要载体，有力增进了民众间的相互了解和彼此信任，因此往往能发挥常规外交难以达到的效果。对于中外文化间存在的"不对称"认知，广大留学人员能够相对深入对象国社会，了解中外文化的差异，交流彼此国家传统中的认识论、思维方式和价值观等，从而为走向中外文化的沟通融合，减少相互间曲解和误会，进而超越各自特有的话语障碍，搭建彼此共享的认知体系。[①] 与此同时，以出国留学活动，即以广大留学人员"走出国门"为先导的教育国际交流还直接带动了交通、贸易、金融、培训等多个领域的发展，同时也带动了对外对内投资、货物进出口、技术进出口、服务进出口，逐步推动国内许多行业成为促进对外开放、推进国际化发展的新增长点。当很多国家本土经济提振乏力之时，恰恰是中国留学生为之提供了教育发展的财政支撑。

近 70 年来出国留学实践活动的经验和教训表明，作为民间外交、公共外交的一部分，留学外交更富有弹性、更注重灵活、更加植根于民众：在双边关系良好时，教育交往、派遣留学生可以成为发展国家关系的稳定剂和加速器；在双边关系暂不顺畅时，教育交往、派遣留学生可以成为改善国家关系的减震器、润滑剂；在双边尚无正式外交关系时，可以先行开展教育交往、互派留学生，使民众交往成为国家关系正常化的导航仪和铺路石。当代中国的出国留学活动已经成为发出中国声音、讲好中国故事、加强与世界联系的重要平台。中国留学生是直接打开留学目的地国家的窗口，能让外国人更加直接、形象地了解中国政策、国情、民生。留学与外交的融合发展，有利于打造多渠道、多向度的民间外交模式，有利于向世界立体式、全景式地描绘中国的形象。

---

① 田辰山：《克服"不对称认知"是对外话语体系建设的关键》，《光明日报》2015 年 7 月 21 日，第 7 版。

第二章 中国亚非非通用语留学生派遣状况研究

　　我国的亚非非通用语专业有着悠久历史和曲折的发展经历。从历史而言，我国的非通用语种教学研究起步较早，北京大学的印度学教学与研究始于 1917 年，开设最早的亚非非通用语是北京大学的印地语（1942 年）和 1946 年开设的梵巴语、朝鲜语和泰语。[①] 新中国成立前，一些院校就开始了非通用语的教学和研究活动，并取得了令人瞩目的成绩，尤其以北京大学的印地语专业最为突出。新中国成立以后，为了适应国家开展与第三世界国家外交关系和经贸交流的需要，全国有多所高校开设了亚非非通用语专业，培养了大批的非通用语人才，为我国的对外关系发展做出了巨大的贡献。经过几十年的发展，截至 2014 年，全国共开设亚非非通用语 28 种。[②] 近年来，一些非通用语种教学单位又陆续开设和正在准备开设新的亚非非通用语专业，包括首次在我国开设的非洲语种埃塞俄比亚的阿姆哈拉语、南非祖鲁语等。全国亚非非通用语专业的设置分布较广，但是集中开设亚非非通用语专业并形成语种群的院校则数量有限，主要为教育部批准设立的非通用语种本科人才培养基地，包括北京大学（12 种）[③]、北京外国语大学（28 种）[④]、中国传媒大学（16 种）[⑤]、上海

---

① http：//www. olc. pku. edu. cn/show. php？ id = 5544.

② http：//old. moe. gov. cn/publicfiles/business/htmlfiles/moe/s3882/201210/xxgk_143152. html.

③ http：//sfl. pku. edu. cn/list. php？ catid = 2.

④ http：//www. bfsu. edu. cn/overview.

⑤ http：//sis. cuc. edu. cn/web/undergraduate01. htm.

外国语大学（8 种）[1]、广西民族大学（7 种）[2]、广东外语外贸大学（10 种）[3]。

新中国成立以后，在较长时期内，亚非非通用语人才除了主要以国内培养为主外，根据不同的时代背景和不同时期国家对外交往的需要，向一些亚非国家派遣了少量以学习语言为主的非通用语留学生。改革开放以后，特别是 1996 年留学基金委成立后，国家不断根据需要，扩大向亚非国家派遣留学生的规模，加大派遣力度。一些开设亚非非通用语的高校也利用校际交流的渠道，采取多种方式派遣本校学生赴亚非各国交流学习。梳理我国各个时期向亚非地区派遣留学生的状况和特点，了解近年来中国在亚非非通用语国家留学生规模状况，同时，调查一些高校的派遣留学生情况，以近 10 年派遣亚非非通用语留学生最多的一个高校为个案进行深入调查分析，由此可从宏观到微观全视角展现中国向亚非地区派遣留学生的基本状况。此部分的调研将对调整、制定和改善今后的留学人员派遣政策提供一定的数据支持。

第一节　亚非非通用语留学人才在各时期、各地区的派遣状况及特点分析

一　1949～1978 年亚非非通用语留学生派遣情况

早在 1949 年 10 月新中国成立前夕，在中国共产党领导的各个解放区，陆续选派出一批中共高级干部或革命烈士的子女共 44 人到苏联留学，以便为战争胜利后的新中国建设培养各类专业技术人才。其后十余年间，在大量向苏联派遣留学生的同时，与亚洲地区

---

[1]　http://www.shisu.edu.cn/Skins/skin/include/schoolmap.shtm.

[2]　http://dny.gxun.edu.cn/.

[3]　http://foalc1.gdufs.edu.cn/xygk/xyjj.htm.

的朝鲜、越南、蒙古等周边人民民主国家交换留学生，与印度、印尼、缅甸、埃及、阿富汗、叙利亚、巴基斯坦等亚洲已获民族独立的国家互派留学生。

1. 向朝鲜、越南、蒙古等亚洲"人民民主"国家派遣留学生

1950 年 9 月，新中国向蒙古政府提出派遣留学生计划，并得到对方的同意。根据周恩来总理的指示，从内蒙古自治区青年中选拔 6 人派出，3 人学习蒙古新文字（从 20 世纪 40 年代开始，在苏联的影响下，蒙古人民共和国对其使用的文字进行改革，把原来古老的蒙古文字改为以斯拉夫语系为基础的拼音文字，即新文字），3 人学习兽医。留学生的选拔工作，由教育部与政务院民族事务委员会联合办理；留学生出国手续，由外交部办理。这批留学生于 1951 年派出，实际派出为 5 人。这是新中国向周边国家派出的第一批出国留学生。1954～1956 年，根据中国与蒙古人民共和国双边文化合作协定，每年向蒙古派遣留学生，3 年间共派出 17 人。1956 年派出的数量最多为 10 人，其中 8 人是学习蒙古语言的大学生。

1950 年，在政务院文化教育委员会提出的派遣留学生计划中，也包括向朝鲜派遣留学生的考虑，后因发生朝鲜战争未能成行。朝鲜战争结束后从 1954 年开始，根据《中朝双边文化合作协定》的内容，中国每年向朝鲜派遣以学习语言为主的留学生。1951～1956 年，新中国共向朝鲜派出 13 名留学生，且多数是学习朝鲜语言的留学生。

根据 1955 年签订的《中越双边文化交流协定》，新中国于 1955 年第一次派遣 3 名学生赴越南学习，1956 年又向越南派遣了 2 名留学生，也基本上以学习语言为主。

2. 向其他"民族独立国家"国家派遣留学生的政策

1951 年 1 月 26 日，在印度驻华使馆举行的国庆日晚会上，毛泽东主席与印度驻华大使谈到两国交流留学生一事。印方于不久后答复同意，并表示当年可以先交换 2 名研究生，学习期限为 1 年。其后于 1952～1956 年，新中国共向印度派遣了 10 名留学生。1955

年，中国还向埃及派出 7 名留学生，主要都是学习对方国家的语言、文学和历史等专业。

随着中国与民族独立国家在文化、贸易和卫生等方面交流工作的开展，国内有关部门对"非通用语种"人才的需求不断增加。为此，中国政府加大了向民族独立国家派遣留学生的政策力度。国家教育部门于 1956 年制订了向民族独立国家派遣留学生的计划，其中派往印度 8 人、印度尼西亚 3 人、缅甸 3 人、埃及 3 人、阿富汗 3 人、叙利亚 3 人、巴基斯坦 3 人。该计划的主要目的是学习留学所在国语言和文化，并先后得到上述有关各国的响应，其中大多数国家如约接受了中国派送的留学生，因此根据该计划选拔的留学生于 1957 年陆续派出。①

3. 实行逐步向亚非国家"扩大派遣留学生"的政策

根据毛主席的战略思想，"一边倒"的对外关系政策在确立之初就不是中国政府和领导人一成不变的固定方针。在被迫与西方国家中断往来，逐步形成并着手实施主要向苏联派遣大批留学生政策的同时，新中国政府也比较注意研究和制定向所有能够接收中国留学生的国家派遣留学生的政策，并在新中国建立初期的几年内也向除苏联以外的另外十余个国家陆续派出留学生。

如 1954 年 5 月 19 日高教部呈报政务院文教委的《1954 年派赴东欧及亚洲各人民民主国家留学生的名额与专业分配方案》显示：（1）根据与各国签订的文化合作协定和国内建设需要而安排的留学生派遣计划总数为 150 人；其中亚洲地区朝鲜 5 人，蒙古 4人；（2）留学专业的重点主要是所在国的语言、历史和艺术等特有文化，其次为该国的科技特长。另外，在 1954 年 12 月 23 日《高等教育部关于 1955 年度选拔赴各人民民主国家留学生的指示》中又提出，选派赴印度、缅甸、印度尼西亚、英国等国家留学研究

---

① 李滔：《中华留学教育史录——1949 年以后》，高等教育出版社，2000，第 75~91、126~128 页；于富增、江波、朱小玉：《教育国际交流与合作史》，海南出版社，2001，第 47~51 页。

生 20 名。上述选派计划中派往亚洲国家留学生所学专业，多为留学生接收国家的本国语言。

虽然 1949～1956 年中国派遣出国留学生的基本政策主要是面向苏联和东欧人民民主国家，但正是基于既要"一边倒"，又要坚持"三个不能"的中国外交基本方针，即"不能盲目照搬它的政策经验，不能依赖它的援助，不能没有批评"。① 外交部和高等教育部于 1956 年 6 月向国务院提交了一份《关于向资本主义国家派遣留学研究生的请示报告》② 并获得国务院副总理陈毅批准。这份报告认为，"随着国际形势的发展及我国国际地位的提高，我国与资本主义国家的文化交流也日益增多，不少国家的民间团体及政府曾向我提出互派留学生的建议。根据我国各方面建设发展的需要，今后每年派遣一定数量的留学研究生，到资本主义国家学习它们的语言、历史和特长专业是必要的。"为此，《请示报告》提出了三点政策性意见："（1）派遣的目的：为适应国家建设各方面的需要及发展我国与各资本主义国家的文化交流及友好关系，在需要和可能的条件下，我国应该有计划地派遣一定数量的留学研究生到各资本主义国家留学；（2）派遣的要求和留学类别：鉴于资本主义国家情况复杂，派出的留学生必须在政治上是比较强的，生活上是有一定经验的。因此，除特殊情况下，一般只派研究生，不派大学生；（3）派遣的专业及渠道：每年派遣的专业，由高等教育部会同国家计划委员会，根据有关部门的需要提出派遣方案，报国务院批准后，负责向有关国家交涉；其中，已与我建交并已派遣过留学生的国家，可通过政府间文化协定谈判方式解决；对已与我建交但尚未派遣过留学生的国家，由外交部或对外文化联络局正式向有关国家主动提出交涉或建议互派留学生并商定具体办法；对未与我建交但已互设代表机构的国家，可视具体情况提出互相派遣留学

---

① 郭德宏：《共产国际苏联与中国革命关系研究述评》，中央党史出版社，1996，第 307 页。

② 李滔：《中华留学教育史录——1949 年以后》，高等教育出版社，2000，第 145～146 页。

生问题，可由驻外代表机构或我对外人民团体负责交涉。根据外交、文化、对外贸易等部门及对外文化联络局对派遣留学生的要求，1956～1957 年拟派往各资本主义国家留学生 50 人。"

上述报告的核心内容在于，为适应国家建设各方面的需要及发展中国与各资本主义国家的文化交流和友好关系，根据外交、文化、外贸、卫生等部门的要求，并在需要和可能的条件下，应该有计划地派遣一定数量的研究生到各资本主义国家学习；同时考虑到资本主义国家情况复杂，派出的学生必须是政治上比较强、生活上有一定经验的学生；并且除特殊情况外，一般只派研究生，不派本科大学生。

应当承认，这一向资本主义国家派遣留学生的政策原则还是十分谨慎的，虽然是中国出国留学活动博采各国之长以及派出国别多元化的开端，还处在观察与探索之中，但却是贯彻中国政府派遣出国留学生工作的总方针，广泛开辟派遣出国留学生渠道的一项政策措施，为摸索和制定社会主义国家的中国学习并借鉴世界各国所长，特别是派出留学生到民族独立国家和西方资本主义国家学习所在国语言以及先进科学技术和现代管理经验的活动打下了基础。[1]

在当时的时代背景下，该报告中的"资本主义国家"实际上包括民族独立国家和资本主义国家，当时被我国统称为资本主义国家。而在 1965 年国务院批准高教部《关于 1965 年向资本主义国家派遣自然科学留学生问题的请示报告》中提到的"资本主义国家"则已经仅仅是指比较发达的资本主义国家，而不再包括民族独立国家。1956 年以前，接受中国留学生的民族独立国家，即亚非地区的国家有印度和埃及。上述 1956 年报告提出的 1956～1957 年度派往所谓"资本主义国家"的 50 名留学生中，除实际派往欧洲"资本主义"国家的有瑞典 4 人、英国 3 人、芬兰 3 人之外，派往已获

---

① 国家教委外事司编著、陈可淼执笔《教育外事工作历史沿革及现行政策》，北京师范大学出版社，1998，第 13～14 页。

民族独立的亚洲国家的有印度 8 人、印尼 3 人、缅甸 3 人、埃及 5 人、阿富汗 3 人、叙利亚 3 人、巴基斯坦 3 人、其他国家 12 人。由上述统计数据可见，在当时中国对外关系有所往来的国家中，为学习非通用语而体现出来的留学关系国数量，明显高于其他类留学关系国的数量；即可以派送中国留学生的"民族独立国家"的数量，大大高于可以派送中国留学生的"资本主义国家"的数量。

在"文化大革命"初期至 1972 年，根据国内主管部门的通知精神，在外中国留学生一律被召回国参加"文化大革命"运动，外国文教专家也相继离校回国；国内不再派出留学人员，也没有外国留学生在中国继续学习。1972 年以后，随着中国对外关系取得重大突破，教育国际交流政策与活动得到初步恢复。1972～1978 年，中国派遣出国留学人员的数量不断增加，其中绝大多数，即 90% 以上都是被派往发达国家并学习所在国语言的留学人员；接受中国留学生最多的亚洲地区发展中国家是朝鲜 40 人，伊拉克 26 人。

二　1978～1996 年亚非非通用语留学生派遣情况

中国政府自 1978 年末实行改革开放方针以来，制定并实施了新的、更大规模的派遣出国留学人员的政策。在从 1978 年开始的 3 年多的时间里，中国共派遣公费出国留学人员 6800 余人，即从 1978 年一年只有几百人的派出规模，迅速增加到 1981 年一年内派出近 3000 人。增幅之大，在中国历史上罕见，并令世人瞩目。1978 年 8 月 21 日至 9 月 7 日，教育部、外交部和国家科委联合召开了"部分驻外使馆文化参赞会议"，研究如何落实和实施扩大派遣出国留学人员政策的相关细节问题，会议确定了 1978～1979 学年的 3000 名派出名额的"分配方案"，且均为西方发达国家，因此除日本有 400 个留学名额以外，亚非地区的非通用语国家没有安排任何留学名额。实际上这一状况在中国实行改革开放政策初期是比较普遍的，与当时的时代背景密切相关，当时派遣留学人员出国学习的方针是："在确保质量的前提下，根据国家的需要和可能，要广开渠道，力争多派。必须坚持以自然科学、技术科学为主，兼顾其他方面需要的原则。"

从 1982 年到 1993 年这十多年间，国际政治格局以及中国的对外关系和国内的形势都发生了一些重要变化。中国与周边的国家关系得到进一步改善，如，1990 年，中国先后与蒙古、老挝等周边国家实现双边关系正常化，并与印度尼西亚恢复了中断 23 年的外交关系，与新加坡建立了正式外交关系；1991 年，中国与越南结束了长达 13 年的敌对状态，实现了两国关系正常化，并与文莱国建立正式外交关系；作为对印度政府总理 1988 年访华的回访，中国总理于 1991 年出访印度，成为 31 年来中国总理对印度的首次正式出访，使两国关系朝着改善的方向发展；1992 年，中国同韩国建立正式外交关系，当年互换了 3 名"政府奖学金生"，实现了零的突破。自 1993 年开始，中国和以色列两国政府每年互换 5 名学生。

三 1996 年以后亚非非通用语留学生派遣情况

1996 年，自国家留学基金管理委员会成立以来，其各项事务均围绕着中国政府制定的科教兴国、人才强国等一系列战略决策，着眼于国家经济建设与社会发展对高层次人才的需求，从相关政策制定到服务机制创新，从扩大派出规模到提高选拔层次，从保证选派质量到突出重点建设，从完善管理体系到增加留学效益，从总结有益经验到汲取各类教训，进一步探索和提炼出适合中国国情的、有针对性地选拔和培养高层次人才的途径，为国家现代化建设和各项事业的发展培养了一大批急需的人才。通过留基委项目选派并学成回国的十几万名国家公派留学人员中，陆续出现一批在国内各个领域的"领军人物"。在上述国家公派留学人员的总数据中，也包括一定数量和比例的"亚非地区非通用语国家"的留学人员。

1996～2013 年，通过国家留学基金委派遣到亚非地区非通用国家的留学生人数每年均有所增加，其中大部分应为"语言类"

第二章 中国亚非非通用语留学生派遣状况研究

留学人员。1996~2005 年，派遣人数较少。但是从 2005 年之后，派遣数量有了一定幅度的增加。自 2010 年起，多数地区的派遣数量增加显著，这主要是国家留学基金委设立了国别与区域问题研究项目，加大了对非通用语留学生的派遣力度。1996~2013 年的 18 年期间合计派遣 3222 人①，前 9 年向亚非地区派遣留学生 867 人，后 9 年派遣 2355 人，后 9 年是前 9 年的 2.7 倍。

在此时间段内，我国向东南亚、南亚、西亚、东北亚和非洲地区派遣国家公派留学人员的数据为 853、339、320、1514、101。明显看出派出数量与对象国的政治、经济关系十分密切。如中国与朝鲜政治关系十分密切，与韩国的经济往来异常活跃。

而埃塞俄比亚、孟加拉国等国，没有资源，没有技术，只有以简单的农产品来保证其国内居民生活。所以，这些国家基本上没有可以出口换汇的物资，也就没有经费进口所需要的资源、技术。如孟加拉国面积不大，只相当于中国辽宁省，但其境内绝大部分都是平原，耕地面积有保证；加之属于热带季风气候，农作物的生长速度迅速，农作物可实现一年三熟；2014 年的人均 GDP 仅 1188 美元，是世界上最贫穷的国家之一。表 2-1 将人均 GDP 低于 6000 美元的亚非地区人口大国进行排列，对比相对应国家的数据，即可看出 2013 年之前我国向亚非地区非通用语种国家派遣公派留学生的国别倾向。

表 2-1 中所列国家均为人口大国，虽然使用该国语言的人数多，但是中国派出留学生比例并不是正比关系。一方面由于这些国家的经济发展水平所限，多数国家在高等教育发展程度上与发达国家存在较大差距，另一方面，中国学习该国语言的非通用语学生较少，有的国家如埃塞俄比亚，在 2014 年之前，中国甚至没有开设该国官方语言阿姆哈拉语，因此派遣人数为零。而埃塞俄比亚是具有 3000 年文明历史的古国，虽然经济发展落后，但该国是非盟总部所在地，在非洲一体化中发挥了独特作用。又如孟加拉国人口众

① 根据使领馆提供的相关数据整理。

表 2 - 1　人均 GDP 低于 6000 美元的亚非地区人口大国
与中国留学生派遣数据①

GDP 低于 6000 美元之亚非人口大国	派遣留学国家情况		中国派遣留学生人数（1996～2013 年度）
	人　口	人均收入（美元）	
尼日利亚	1.49 亿	3844	26
印度尼西亚	2.4 亿	3699	106
菲律宾	9797 万	2908	26
越南	8696 万	2139	183
印度	11.66 亿	1758	238
巴基斯坦	1.76 亿	1419	30
孟加拉国	1.56 亿	1188	1
埃塞俄比亚	8523 万	614	0

多，是世界最不发达的国家之一，在近 20 年中，中国只派遣过 1 名留学生。但孟加拉国作为"一带一路"沿线国家中的人口大国，对于掌握该国语言人才的需求将会增加。

随着中国与亚非地区国家合作、建设的不断发展和加强，对于亚非非通用语留学人员的派遣规模也应该根据国家的需要逐步扩大和增长。

第二节　向部分亚洲非通用语国家派遣
中国留学生状况调查

一　中国学生赴朝鲜留学基本情况调查

1949 年 10 月 6 日中朝建交后，朝鲜成为最早接收新中国派

---

① 知乎兰：《中美差距到底多大》，2015 年 12 月 21 日，铁血军事网；各国留学生数据来源于中国驻外使馆。

遣留学生的国家之一。数十年间，朝鲜先后为中国培养了2000多名各类留学人员。随着中国对外开放和国际化程度的不断扩大，以及众所周知的诸多原因，中国学生赴朝留学的数量和类型都有一些新的变化，由单一的"政府间互换奖学金学历学位生"逐渐转变为"政府奖学金插班生"和"语言类自费留学生"。据2012年的统计，该年度中国在朝各类留学人员仅有130多人，留学人员群体的年龄构成比较单一，均为1980～1990年以后出生的朝鲜语专业学生。其中约60名政府互换奖学金在校生，每年年初入朝学习，年终结业回国；他们在短时间内接受较大量的语言教学内容，比较国内同期多听课约100个课时，有助于提高留学效益。根据中朝两国教育部签署的《2010～2020年教育交流与合作协议》，规定我国每年向朝鲜派遣60名"政府间互换奖学金"留学生；且均为我国内地各高校申请赴朝鲜实习的大学本科二、三年级的在校生。朝鲜限定的接收院校为金日成综合大学和金亨稷师范大学。

除上述60名"政府间互换奖学金"留学生之外，在朝其他留学生为自费本科生和极少量访问学者。实际上朝鲜对外公开的留学政策原则上是不接受自费留学生的，但实际每年通过各种关系和渠道到朝鲜自费留学的中国学生都会有十几名之多。主要来源于辽宁省，特别是丹东市的初中、高中毕业生；也有少量中国东北其他地区的生源。自费生的专业主要为朝鲜语。能够到朝鲜自费留学的学生，大多数人父母能够为朝鲜提供较大帮助或家族在朝鲜办企业带来较大利益，也有少数作为朝方特别邀请的中国朝鲜族学生。全部自费生由一年预科开始，读本科四年。由于自费留学人员时常会有退学、弃学和降级者，所以留学人数不稳定。2011年在朝自费留学生有73人；40人在金日成综合大学，其中硕士研究生4人，博士生1人；33人在金亨稷师范大学，其中预科生15人，本科生18人。2012年有在朝鲜自费留学生75人；30人在金日成综合大学，其中硕士研究生6人，博士生1人；45人在金亨稷师范大学，其中预科生12人，本科生33人。

二 赴韩中国留学人员基本情况调查

中韩两国教育合作与交流从 1992 年两国建交之初，即开始互换了 3 名"政府奖学金生"，实现了零的突破。但韩国来华自费留学生人数在建交当年即达到近 4000 人，在在华留学生总数中居第 2 位；而中国大陆当时同期赴韩留学人员仅有 37 人。此后中韩两国于 1995 年 7 月签署了《中华人民共和国教育部与大韩民国教育部教育交流与合作协议》，并于 2001 年与 2004 年先后两次修订和续签。2008 年 5 月，两国又签署了《中韩两国高等教育学历学位互认备忘录》，为推动留学生交流的持续良性发展奠定了基础。2008 年 8 月，两国签署《2008～2010 年中韩教育交流协议》，将两国"政府交换奖学金生"的规模扩大至每年 60 人。

近年来，随着中国经济的发展以及综合国力的不断提升，特别是中韩经贸合作的日趋紧密，中国大陆赴韩留学生的数量不断增加。如截至 2008 年 4 月，中国在韩留学人员就已达到 44746 人，占在韩外国留学生总数的 2/3；其中博士生 1372 人，硕士 4038 人，本科生 19914 人，大专生 9007 人。为了吸引优秀的中国学生前去就读，韩国还相继推出了一系列专门针对中国留学生的优惠政策，比如增发一定比例的奖学金、开设韩语教育与考试课程、增设英语课程等。各界普遍认为，留学人员是两国交流的民间友好使者，对发展双方友好合作关系有着举足轻重的作用。双方从推动相互间留学生数量的增长，到重视留学渠道的建设和生源质量的保证，逐渐形成了两国间独特的"留学经济"，同时也为双方今后的政治、文化和经贸关系的发展打下了可持续增长的人才基础。这支高级人才队伍活跃在中韩两国的政治、经济、文化、教育等领域，正在发挥着越来越重要的作用。

21 世纪以来，韩国已经成为新兴的留学目的地国家，在韩国的外国留学生快速增加的情况下，中国大陆留学生因诸多便利条件始终占据绝大部分的比例。近年来，在韩中国留学生每年以近万名的速度连续增加，无论是规模上还是质量上都在发生着一些重要的变化。韩国教育部统计显示，在韩国的中国留学生 2011 年 10 月份达到了 65925 人的规模，占韩国所有外国留学生 90926 人的 72.50%；其中"学位课程学生"为 51763 名，占全体"学位课程"70962 名学生的 72.94%；"韩语进修生"为 14162 名，占到全体语言进修生 19964 人的 70.94%。而在 2005 年时，在韩国留学的中国学生只有 9378 人，其后至 2011 年基本上以平均每年 8000 名左右的增幅不断增加。

表 2 – 2　2007～2011 年在韩国的中国（大陆）留学人员统计数据

年　度	国家公派	单位公派	自费留学	年底在韩总数
2007	53	0	33593	33646
2008	131	0	44615	44746
2009	188	0	55019	55207
2010	243	0	74978	75221
2011	191	10	70802	71003

据比较性研究与分析，韩国作为中国的近邻，相比一些其他国家和地区而言，无论在地理位置还是在传统文化上以及高校专业结构设置等方面都具有一定优势和互补性。尤其是大学专业设置非常广泛，以注重应用学科而闻名，信息通信、计算机应用、电子、汽车制造、造船、纺织、经济学、商学、环保、多媒体设计、游戏编程、生命科学、航空海运、美容美发等在国际上都处于前列水准。从韩国法务部和教育科学技术部网站提供的资料来看，2010 年前后在韩国的中国大陆留学生组成中，博士以及博士课程以上的有 1500 人左右，硕士生近 8000 人，本科生以及专科生是主力，为 30000 人左右，另外还有 16000 名左右的语言进修生。整体呈现出一个金字塔式的阶梯形结构，符合高等教育人才培养层次结构要求。由于受到国民经济快速增加的影响，加上韩国影视、旅游等宣传的影响，留学语言进修生增加的速度也很快，语言进修结束后的中国留学生大多会选择继续读本科或者进入研究生院继续学习。另

外从留学生的专业学科分布来看，理工科以及生物医药等自然学科大约占 20% 左右，并且这个比例正在逐渐增加，单纯人文社会科学的留学生比例在逐渐减少，这个趋势也比较符合韩国高校注重应用学科专业的结构特点。

近年来，在韩高层次留学人员的比例不断增加，据有关方面 2012 年的统计，当时在韩留学的硕士研究生人数为 6806 人，博士研究生 1421 人。其中人文类硕士研究生 4902 人、理工类 1904 人，人文类博士研究生 678 人、理工类 843 人。从以上统计数字分析，在韩高层次留学人员中，理工科人数占 55.43%，集中于具有国际先进水平的韩国高校及科研单位的专业实验室。他们当中，虽然目前没有在国际上占有一定学术地位的领衔人物，但也具备了一定的理论水平和科研能力，有一定的发展前景。

中国留学人员在韩国完成学业之后，一部分会选择在当地高校及企事业单位就业，以积累经验和资历，为更好地回国发展打下基础。近年来，随着用人单位的门槛越来越高，加上当地出台的包括签证类型、签证手续简化等人才吸引各项举措，再加上当地企业进入中国市场的发展战略及中国国际实力增强带来的汉语热等因素，吸引了越来越多的韩国用人单位招揽在韩国留学毕业的中国学生、学者。从近年来韩国法务部出入境管理部门颁发的签证数据类型可以看出一些该方面的变化动向。譬如韩国政府最新推出的规定，外国留学生在韩国大学毕业后，可以继续在韩国滞留的求职签证（D10）以及汉语会话指导讲师签证（E2－1）、短期就业签证（C－4）等就是一个很好的例证。截至 2011 年底前后，来自中国大陆地区留学生所持求职签证（D10）的人数为 1311 人，短期就业签证（C－4）的人数为 117 人，汉语会话指导讲师签证（E2－1）人数为 717 人，教授签证（E－1）人数为 310 人，再加上科学研究签证（E－3）人数为 436 人，几项累计起来在 3000 人左右（2891 名）。

韩国曾提出到 2020 年实现在韩国际学生数量达到 20 万人的目标。然而，相关数据显示，赴韩国际学生数量从 2011 年的 89537

人下降至 2014 年的 84891 人。韩国教育部发言人表示，吸引更多国外优秀人才赴韩日益重要，为此要继续努力改善和提升韩国高等教育水平。2015 年以来，韩国教育部对原有的教育国际化战略进行调整，推出多项鼓励政策以吸引更多国际学生。新的计划将"实现 20 万名国际学生目标"的日期延后至 2023 年，并且在 2020 年前将大幅度提高国际学生教育的经费支出，从 7960 亿韩元增加至 1.5 万亿韩元。韩国教育部表示，将允许各大学在造船、汽车、信息技术等韩国优势产业领域和专业中，设置专门面向国际学生的学位课程。同时，韩国将建立更多的学生服务中心，为在不同大学就读的国际学生进行专门的宿舍区域规划。此外，韩国教育部将出台政策，帮助那些已经在韩国学习韩语课程的国际学生更加便捷地转入学位课程计划中。目前，韩国高校的国际学生比例仅为 2% 左右，首尔以外地区的比例更低。为了鼓励国际学生前往首尔以外地区的大学就读，政府将对"韩国国家奖学金"（GKS）做出相应调整。为留住高水平人才，韩国已经放宽对工程、技术和自然科学专业毕业生的入籍要求，规定从事大学教学或科研工作满 2 年后（之前为 5 年）即有资格申请加入韩国国籍。[①]

截至 2014 年，在韩国留学的外国学生共计 8.491 万人。虽然从 2005 年（2.2526 万人）到 2011 年（8.9537 万人）在韩留学生人数出现激增，但此后持续呈现减少势头。加之留学收支赤字、低生育率带来的学龄人口减少以及可生产人口（15~64 岁）减少等问题，因此韩国政府认为需加大力度吸引优秀的外国留学生和外国人力。韩国教育部于 2015 年 7 月颁布《扩大吸引外国留学生方案》，内容包括：加大力度吸引管理大学留学生、积极为地方大学吸引优秀留学生、为吸引留学生提供支援和构建基础三大政策。

韩国政府为了帮助大学吸引优秀留学生，计划为外国留学生

---

① 王俊:《韩国调整教育国际化战略以吸引更多国际学生》,《世界教育信息》2015 年第 17 期（总第 377 期），据国际教育新闻网 2015 年 7 月 20 日报道。

或海外韩裔学生开设特殊教育课程。目前在建国大、庆熙大、汉阳大等大学内实施的"外国人特别教育课程"将推广至更多的学校。日后，专业必修及核心公共课程将为留学生单独开设，专业选修以及一般公共课将为留学生和韩国学生共同开设。为此韩国教育部正在推进《高等教育法执行令修正案》，计划从明年开始允许学校为外国留学生开设专业。外国人特别教育课程共分为三类。第一类，开设 IT、汽车、造船、核能、国际市场营销等对留学生在韩国就业或回本国就业有利的"特别产业"专业。韩国教育部希望借此拓宽韩国企业进军海外市场之路。第二类，开设经济发展、产业化、人力培养等将"韩国发展经验"体系化的课程，向发展中国家公务员等提供教育。目前韩国教育部正在讨论吸引发展中国家政府派遣公务员以及公费留学生的方案。第三类，开设保健、美容、汽车装备等可以学习"专门技术"的课程，这部分主要由专科学校负责，以中国或发展中国家所需人力以及有前途的职业为中心开设。留学生还可以通过非学位课程获取资格证。

考虑到 57% 的外国留学生均在韩国首都圈内就读，韩国政府打造了为地方大学吸引优秀外国留学生的方案。在选拔韩国政府邀请奖学金（GKS）获得者时，将给地方大学安排单独的名额。2015年地方大学研究生获得 50 个名额，从 2016 年开始，地方大学的本科生也可获得名额，而专科学校的奖学金名额数也将有所扩大。教育部计划从 2015 年开始以地方大学为中心开展新项目，邀请印度尼西亚、马来西亚、菲律宾、新加坡、泰国、越南等东南亚国家联盟国家（ASEAN）的优秀理工科大学生赴韩进修。ASEAN 国家优秀的理工科 2 ~ 3 年级大学生可以利用暑假在韩国地方大学、研究所、企业等进行 6 周的进修，韩国政府将对飞机票和相关活动费用进行补助。另外，该项目还将与研究生留学相挂钩，这些学生大学毕业之后若前往曾进修过的大学攻读研究生课程，将得到奖学金和一对一指导等优惠。韩国还将增建宿舍，为外国留学生定居非首都圈地区提供条件。圆光大学计划于 2016 年建成可容纳 200 名留学生的宿舍。岭南大学于 2014 年开设了可容纳外国留学生的国际交流中心。另外，为留学生提供就业、打工、生活、法律信息以及韩国会话的服务中心也将按区域设立运营。

韩国政府希望通过此次发表的扩大吸引留学生方案，在 2020 年实现留学生数达到 16 万人，2030 年实现留学生数达到 20 万人的目标。另外，韩国政府要求高等教育机构在学的留学生比例也将从目前的 2%，提升至 2023 年的 5%。[①]

三　中国在以色列留学人员基本情况

自 1993 年开始，两国政府每年互换 5 名学生；从 1998 年起，以政府高教委又提供 5 名单向资助赴以攻读博士学位和博士后研究奖学金名额。2010 年，我国向以色列派遣 35 名公派生，均为往年的 3 倍多。1998 年 9 月，以色列巴伊兰大学代表团访问我国，与国家留学基金管理委员会签订了《芭芭拉和弗雷德·科特博士后奖学金谅解备忘录》，中方利用芭芭拉和弗雷德·科特博士提供的奖学金派出 100 名优秀学生到巴伊兰大学从事博士后研究。2010 年 5 月 13 日，驻以色列大使赵军在官邸与芭芭拉夫人敲定其继续资助我国"百名博士后研究"项目。

截至 2010 年底，中国在以色列各类留学人员总数约有 240 余人，主要分布在以色列希伯来大学、特拉维夫大学、巴伊兰大学、以色列工学院、本古里安大学、魏兹曼科学院、海法大学 7 所大学和科研院所。其中博士后和博士生 138 人，硕士生 57 人，本科生 44 人，访问学者 2 人，比例分别为 57%、24%、18% 和 1%；男性占 49%，女性占 51%；研究自然科学的 158 人，占 66%，研究社会科学的 82 人，占 34%。2010 年有两批希伯来语专业本科公派留学生来以，分别来自北京外国语大学和上海外国语大学，使得本科生

---

①　丁鑫：《韩国教育部推新政 全方位大力度吸引留学生》，2015 年 7 月 7 日，中新网据韩国亚洲经济中文网报道。

比例在留以学生中有所提高。2010 年内有 18 名在以留学的博士顺利完成学业后回国工作。以色列在工业、农业、军工、航天、生命科学、制药、电子信息等领域有很强的优势。

表 2 - 3　2006 ~ 2010 年中国在以色列留学及完成学业后回国情况统计

单位: 人

2006 年度		2007 年度		2008 年度		2009 年度		2010 年度	
出国	回国	出国	回国	出国	回国	出国	回国	出国	回国
40	38	46	38	43	42	38	39	195	22

中国在以留学的博士、博士后和高访学者占留学人员的 85%以上，据不完全统计有 200 人以上。由于以色列在引进人才政策的优惠待遇，他们在以色列科研机构和大学中都发挥着骨干作用。在以色列的我国公派留学人员中，有根据国家建设高水平大学公派研究生项目在此攻读博士学位的，专业涵盖自动化、电子工程等理工科以及犹太哲学等文科领域；还有公派本科插班生，专业以希伯来语为主。

四　中国在印度留学人员基本情况[①]

印度是人口大国，也是教育大国，但 2003 年之前，每年仅约有 20 名中国人到印度留学，其后才开始逐渐增多。截至 2009 年底，中国在印留学人员总数达到 1700 多人，而同期在华学习的印度学生约有 8500 人；2010 年底达到 2100 人，到 2011 年 4 月，这一数字已达到 2600 余人，约占当时在印外国留学生 1 万多人的 20%。随着印方逐渐放宽对留学签证的限制，在印中国留学生数量有继续增加的趋势。

根据我们的调查，越来越多的印度学生来中国留学，其中大多

---

① 张晨：《中印大学校长论坛举行》，《中国教育报》2010 年 11 月 6 日；《中印互派留学生数差距大 中国女生担心留学安全》，《环球时报》2015 年 5 月 26 日。

数学习医学专业。近年来印度一直是在华国际学生的十大来源国之一。2014 年在华留学的印度学生达到 13578 人，10 年前该数字仅为 765 人。而中国学生赴印度留学的人数则保持"量少而稳定"的状态。印度驻华大使馆表示，赴印留学的中国学生人数保持稳定但"非常少"，近几年仅有约 2000 人。正在印度韦洛尔科技大学学习电子商务专业的 21 岁江西籍学生钟家成认为，许多中国学生不愿到印度留学，是因为他们认为印度的社会环境不安全，对女生尤其如此；但实际上还算好，不像人们想象得那么糟；目前与他同校的就约有 40 名来自中国大陆的女留学生。印度吸引中国留学生的原因是低开销、英语环境和文化；每年的费用——包括学费、生活费等所有开支——约 5000 美元，这远比去许多其他英语国家留学便宜得多。

表 2 - 4 2006 年、2007 年、2010 年中国到印度留学及完成学业后回国情况

单位：人

2006 年度		2007 年度		2010 年度	
出 国	回 国	出 国	回 国	出 国	回 国
166	103	654	142	993	804

据调查，包括中国留学生在内的外国留学生要想顺利毕业起码要过"三关"。第一关是语言关。英语是印度的官方语言，大学老师用英语授课，学生用英语交流，所以绝大部分留学生都需要半年时间来解决语言问题。第二关是生活关。印度天气终年比较热，蚊虫叮咬是经常的事。印度的饮食比较简单，而且口味和中国大不一样。印度基础设施很差，大学里几乎每天都会长时间停电停水，经常限时供水，每天早晚各一小时。有时候正在上课也会忽然停电，屋里热得没法继续上课，老师只好带着学生到教室外面的草地上授课。第三关是考试关。印度大学大多是"进来容易出去难"，不下功夫是很难顺利毕业的。有的学校不指定教材，自己根据老师提供的参考书目复印资料，因为考试大都是论述题，所以要想一次性通过，必须事先进行海量阅读和深入研究。

国家公派留学生以学印地语为主，自费生主要慕名印度良好的计算机和电子商务专业以及英语教学环境而来；对印度的历史文化比较感兴趣，就是想来看看印度是什么样的，了解真实的印度。在学业结束后的去留问题上，有学生表达了想留在印度发展的愿望，希望能在印度找一份工作，通过这些年的学习和感受，为加强双方的交流建立平台，不仅是教育的交流，更多的是文化和彼此形象的交流，以给将来有意愿来印度学习的人提供一些经验分享。还有的希望在印度公司或者在印度的中国公司找一份工作，虽然印度的条件较差，但工资却比国内高。

五　中国在印度尼西亚留学人员基本情况

随着近年来我国与印尼的关系日益密切，交往需求进一步扩大，两国的留学生人数也越来越多，双方教育交流与合作的重要性也日益凸显。截至 2010 年底的统计数据表明，中国在印度尼西亚的公派留学生有 25 人，自费留学生有 300 多人，分布在雅加达、万隆、日惹、巴厘岛和泗水等地，大部分专业主要集中在比较少的几个领域，如印尼语、印尼文学、管理等。其中公派留学生包括：北京外国语大学 16 人，外交部委培生 1 人，中联部委培生 1 人（已回国），广东外语外贸大学 3 人，上海外国语大学 4 人（已回国）。自费留学生包括：总统大学奖学金学生 99 人，国民大学（雅加达地区）20 人，爱尔琅加大学（日惹地区）1 人，阿赫玛达兰大学（日惹地区）16 人，乌达雅那大学（日惹地区）62 人，巴厘岛 49 人。

近年来，国内与国外学校相互合作，建立了一种互认学分、联合培养人才的项目。此类项目一般采用国内学习 2 年，国外学习 2 年的模式，因此被称为"2 + 2"留学项目。例如，广西民族大学国际教育学院自 2004 年开始与越南、泰国、印度尼西亚等国家的多所大学合作举办"2 + 2"（国内专科 + 国外本科）项目，设有东南亚经贸旅游越语、东南亚经贸旅游泰语、东南亚经贸旅游、印尼语等专业。学生以三年制专科生录取，学习分为两个阶段：第一阶段 2 年，即学生第 1 ~ 2 年在广西民族大学国际教育学院学习，进行 2 年语言强化训练和学习部分专业基础课；第二阶段 2 年，即第 3～4 年根据学生个人志愿，赴国外合作高校学习 2 年专业课，广西民族大学国际教育学院与国外合作大学按照统一的教学计划联合开展教学，互相承认学分。4 年学业结束后，成绩合格获得广西民族大学国际教育学院专科毕业证，以及国外大学本科文凭及学士学位。

表 2 - 5　2006～2010 年中国到印度尼西亚留学及
完成学业后回国情况统计

单位：人

2006 年度		2007 年度		2008 年度		2009 年度		2010 年度	
出国	回国	出国	回国	出国	回国	出国	回国	出国	回国
24	4	67	10	186	33	423	85	328	17

六　中国在泰国留学人员基本情况

中泰两国于 2007 年签署《关于相互承认高等教育学历和学位的协定》，2009 年签署《中泰教育合作协议》。两国前往对方国家留学的人数增长迅速，中国也有很多高校与泰国高校或是相关机构建立了紧密的合作关系。2010 年，在泰国的中国留学生已经超过 1 万人，且大部分在私立大学就读本科，只有少量中国留学生就读于公立高校。主要分布在 44 所高校，攻读人数最多的前五个专业是工商管理、泰语、市场管理、国际工商管理和泰语教育。有关数据显示，中国大陆是泰国目前最大的留学生来源国。

表 2 - 6　2006～2010 年我国在泰国的国家公派留学人员主要数据

单位：人

2006 年度			2007 年度			2008 年度			2009 年度			2010 年度		
录取	出国	回国	录取	出国	回国	录取	出国	回国	录取	出国	回国	录取	出国	回国
18	16	15	8	7	7	7	7	5	8	8	7	21	16	8

据泰国大学部统计，截至 2010 年，在泰国的外国留学生中，中

国学生数量居首位，其他依次为越南、缅甸、印度、日本和孟加拉国。这些外国留学生分布在泰国 39 个国立和私立的大专院校，易三仓大学和亚洲理工学院的外国学生比较集中，在易三仓大学就读的外国学生达 1779 人，其中中国大陆学生有 1300 多人。

随着东盟各国经济的崛起和中泰两国往来的日益密切，泰国作为东盟的"门户"，也深受中国学生的欢迎，中国学生赴泰国留学人数不断增加。泰国教育部的数据显示，截至 2015 年初，就读于泰国高校的中国学生有 1 万多人，占泰国外国学生总数的近一半。显然，中国已成为泰国高等教育领域国际学生的最大来源国。根据实际调查和综合分析，泰国高等教育的学位认可度高、留学成本偏低、申请程序简便、毕业率较高等，都是吸引中国留学生的关键因素。当然，中国留学生也面临着语言关、学习方式不适应等困难。因此，中国学生在学习方式、自我管理和个性培养三个方面需要不断提高，以实现留学效益最大化。①

七　中国在马来西亚留学人员基本情况②

马来西亚高等教育体制以国家公立体制为主体，公立大学与私立高等院校并存。马来西亚现有公立大学 20 所，近年来公立大学开始对国外自费留学生开放招生。马来西亚私立高等院校众多，以英文为教学媒介语，兼招本国学生和外国留学生。近年来，马来西亚已逐渐成为国际公认的接受高等教育的首选目的地。马来西亚驻华大使馆教育处发布的数据显示，1995 年该国留学生总数不到2000 名，2010 年底这一数字增至 86919 名，在 15 年的时间里增加了 43 倍。中国留学生人数也呈现出逐年增长的趋势，并促使两国政府于 2011 年 4 月 28 日签署了《中马两国关于相互承认高等教育

---

① 叶艳：《中国学生留学泰国的原因、困难和对策分析》，《世界教育信息》2015 年第 12 期（总第 372 期）。

② 郭潇莹：《中国学生留学马来西亚是一种怎样的体验?》，《中国教育报》2015 年 9 月 16 日，第 12 版。

学历和学位的协定》。

据马来西亚驻华大使馆王忠伟先生介绍，马来西亚是中国学生热选的留学国家之一，每年新到马来西亚留学的中国学生高达3000～4000人；2011年在马来西亚留学的中国大陆学生已达到约1.2万人，是马来西亚国际留学生当中比例最高的国家之一，约占外国留学生总数的1/8。马来西亚之所以能够逐步吸引一定数量的中国留学生，主要有以下几个因素：有良好的双重语言环境；有比较适宜的生活条件；可颁发"双联课程国际证书"；留学费用适合中国工薪家庭的学生；申请留学手续简便、宽松。

马来西亚是英联邦国家，其教育体系至今仍沿袭英式教育，教育水平较高。而且，相比其他热门英语留学国家，马来西亚的学费和生活费都较低。例如在马来西亚读研究生，仅为英国留学费用的1/4，明显低于其他欧美国家，可节约留学费用50%～70%，主要是工薪家庭的首选。较高的教育水平加上较低的花费，再加上其距离近、气候宜人等原因，对中国学生来说是性价比较高的留学目的国。马来西亚对中国学生的签证政策较为宽松，无须经济担保。而且很多马来西亚院校采用了"快速"签证申请程序。学校在接收留学生并核发录取通知书的同时，已为其向移民局申请了入境批准信，而且签证申请成功率几乎是100%。

报名攻读马来西亚的研究生课程对中国留学生的学历没有限制，高中、中专、职高、技校、大学在读生及毕业生，成人教育生、自考生均可报名申请。马来西亚高校的专业范围广，其课程和专业设置也与市场需求及学生个人职业发展紧密相连，学校会根据学生专业特点提供进入当地大型企业实习锻炼的机会。学生在参与企业实践活动中能够学以致用，从而灵活使用所学知识。马来西亚高校有较完善的考试成绩核查制度，学生对考试成绩表示异议，可向学校提出成绩复查申请，要求查看原始试卷。

马来西亚院校对研究生毕业论文的要求较严格，对论文的语言水平、学术水平和论证都有较高的要求，学生毕业论文总成绩分为两部分，一部分是论文本身，论文评审需除学生导师外至少

2 名教授评分，最后取平均分；第二部分是论文答辩，由至少 3
名具有教授硕士研究生资格的导师对学生的论文演示进行提问并
评分。论文在总成绩中占较大比重，通常占总成绩的 80%。导师
在论文写作过程中主要起指导作用，具体写作方法、研究方法、
数据分析工具的使用以自学为主，导师只是在关键步骤给予适当
建议。

表 2 - 7   2006～2010 年度国家公派留学人员在马来西亚的情况

单位：人

2006 年度			2007 年度			2008 年度			2009 年度			2010 年度		
录取	出国	回国	录取	出国	回国	录取	出国	回国	录取	出国	回国	录取	出国	回国
0	0	0	8	4	3	3	0	0	5	3	2	19	17	1

八　中国在土耳其留学人员基本情况

土耳其是西亚的古老国家之一，历史上的土耳其曾经是罗马
帝国、拜占庭帝国、奥斯曼帝国的中心，有着 6500 年悠久历史
和前后 13 个不同文明的历史遗产。土耳其全称土耳其共和国，
位于欧亚大陆中心，同 12 个国家领土接壤，环绕四片海域，地
理上连接欧洲和亚洲，发挥着文化桥梁作用。自 1923 年成立以
来，已发展成一个繁荣昌盛的国家，资本主义式的自由市场经济
使其与西方国家尤其是欧盟有着密切的国际交往和贸易关系。土
耳其是世界第 17 大经济国家，经济发展速度名列前 10 位。土耳
其是这个地区中最安全、最稳定的国家之一，并具有悠久的历
史、文化和宗教。

土耳其政府还认识到国际教育交流的重要性，每年都会给本国
之外的国际学生提供就读其国内高等教育和研究机构的机会，享受
和本国学生相同的待遇。另外，为了让学生拥有最现代化和国际化
的教育，以便其为将来做好更充分的准备，一些土耳其的大学采用
全英文授课，其他的大学也提供一些相应的英语教学和学习机会。

土耳其虽然不属于留学热门国家，但仍然吸引了上万名留学生。因为土耳其留学签证率高，只要学校接收，留学生一般都能成功获得签证。并且，一些土耳其大学采用英文授课，会为学生提供一年强化英语的预科学习，而那些以土耳其语授课的大学也会为国际学生提供一年的土语强化语言课程。土耳其的高等教育体系包括所有中等教育以上的教育机构，大学提供最少2年与2年以上的副学士、学士、硕士、博士的学位和证书。土耳其的高等教育机构包括一般大学、学院、研究所、高等学校、艺术学校和高等职业教育学校。整个系统包括50多所公立大学和20多所私立大学。除排在世界著名大学前100名的首都安卡拉大学，另外还有最主要的几所大学位于第一大城市伊斯坦布尔，如伊斯坦布尔大学、伊斯坦布尔技术大学和海峡大学等。

20世纪末以来，中国大陆个别大学先后与土耳其的大学建立了校际交流关系，互换留学人员或教师。如1999年北京外国语大学与安卡拉大学建立了校际交流关系，先后已有50余名在校土耳其语专业学生赴土留学1年，2名教师均在土耳其安卡拉大学获得硕士学位。2006年4月，浙江大学与伊斯坦布尔大学签署了校际合作协议，宣布双方的合作将从交换学生和组建联合研究机构开始并逐步推进。西北师范大学与法蒂大学于2004年5月签署了《西北师范大学与土耳其法蒂大学国际教育合作协议备忘录》；其后于2009年1月启动了本科生交流项目，并于2009年3月选派外国语学院、化学化工学院、地环学院、物电学院、旅游学院的10名三年级本科生到法蒂大学进行1个学期的学习；根据两校互派留学生的协议，该校于2010年8月派出了第二批8名本科学生赴土耳其法蒂大学留学。

据统计，截至2009年底，中国在土耳其的留学人员人数约有217人，其中国家公派8人，占留学人员总人数的3.7%；其余96.3%均为自费留学人员；截至2010年，在土耳其有10名国家公派留学人员，其中8名互换留学生、1名高级研究学者、1名访问学者。

表 2-8　2007～2009 年中国赴土耳其留学人员及留学回国的情况统计

单位：人

2007 年度		2008 年度		2009 年度			
出国	回国	出国	回国	国家公派	单位公派	自费留学	回国
4	8	111	5	8	0	105	41

　　由于信仰伊斯兰教和地理等方面的原因，我国新疆地区与土耳其有着得天独厚的联系和亲近感，在民族、文化、宗教、语言等方面有很多相似之处。目前居住在土耳其的华人华侨大约有 10 万人，其中有维吾尔族的华侨 5 万人左右、哈萨克族的华侨 3 万人左右，并主要居住在伊斯坦布尔市。土耳其认为中亚的突厥语系民族和新疆的维、哈族与土耳其同族、同语、同文、同教，因而在其入籍方面给予优待政策，在土耳其的原中国新疆籍华人绝大多数已加入土籍。据介绍，中国在土耳其的自费留学人员多数是以信仰伊斯兰教的少数民族学生为主，其中相当一部分学生会在留学期间或完成学业之后加入土耳其国籍而定居下来，成为懂中文的土耳其人；今后还会陆续不断有新的少数民族学生以中国人的身份陆续到土耳其留学。

九　中国在东盟地区留学人员基本情况

　　"东盟 10 国"包括印度尼西亚、马来西亚、菲律宾、泰国、新加坡、文莱、越南、老挝、缅甸、柬埔寨。从地理位置上来看，中国和东盟互为近邻；从历史沿革中回顾，各方文化相近，人民相亲，人文交流源远流长。我国人民十分重视中国与东盟地区的人文交流活动。自 2008 年起由中国外交部、教育部及贵州省政府共同举办的"中国—东盟教育交流周"，对于增进中国同东盟国家之间的彼此了解和友谊、开展更务实的教育与科研合作、加强区域间文化交流与发展起到促进作用；作为双方教育交流合作的创造性举措，搭建了双方青年交往之桥，为深化人文交流、增进理解共识、促进国家间友好发挥了重要作用；有助于进一步促进在高等教育、职业教育、民办教育、合作办学、青少年交流、文化交流等方面深化与东盟各国的交流，共同建设、共同分享东盟的历史与文化，拉近青少年心灵距离，推动教育共同发展，提升人文交流水平，夯实双边友好的民意基础，共建 21 世纪海上丝绸之路，加快中国—东盟共同繁荣发展。2016 年是"中国—东盟教育交流年"，其间将以各种系列活动为契机，向世界展示中国和东盟教育交流的丰硕成果，展示双方教育发展的成就，推动双方教育交流迈上新台阶，规划新的历史起点上双方教育交流的蓝图；同时加大投入，调动和整合政府、高校、企业、科研院所、智库等各方力量和资源，深化与东盟各国的交流，促进形成更多合作。[①]

与此同时，东盟各国也逐渐成为中国学生出国留学活动新的增长点。据有关部门统计，2006 年中国在东盟各国学习的各类留学生总共有 6 万多人，其中新加坡约有 3.45 万人，泰国约有 1.6 万人，马来西亚约有 0.65 万人；其后于 2007 年新入学者又增加了约 1.24 万人。[②] 另据 2009 年 8 月 7 日召开的第二届"中国—东盟教育交流周"提供的统计数据，中国在东盟国家的各类留学人员已达到 6.85 万人，其中多数为自费留学生。参加交流周活动的各国代表表示，要采取多种措施不断扩大中国与东盟国家之间的学生流动，加快学历、学位互认的进程，相互间开设语言、文化、历史课程，以增进本地区青少年对各国情况的了解；深化大学之间和学者之间的学术交流合作，开展在本地区最为亟须领域的科研合作，联合培养博士、硕士；以中国—东盟教育信息网为平台，为扩大相互间的教育、科研、人员的交流，特别是为中国和东盟寻找学习机会

---

① 《第八届中国—东盟教育交流周在贵阳开幕》，《中国教育报》2015 年 8 月 4 日；吕慎：《第八届中国—东盟教育交流周开幕》，《光明日报》2015 年 8 月 4 日，第 12 版；《第八届中国—东盟教育交流周开幕》，《中国青年报》2015 年 8 月 4 日，第 3 版。

② 管倩、鲜晓荻：《机遇是一面镜子——首届"中国与东盟教育交流周"引发的思考》，《贵阳日报》2008 年 7 月 31 日；高靓：《搭建中国和东盟教育交流新平台》，《中国教育报》2008 年 8 月 5 日，第 3 版。

的学生提供有效的信息资源；鼓励教师到对方国家攻读博士学位或从事高水平的学术研究和培训；积极推进校际间的学分互认，不断扩大学生流动的规模；增加奖学金项目和数量；通过共同努力，争取实现 2020 年"双 10 万学生"的流动计划，即中国到东盟和东盟来华留学生均达到 10 万人次。① 据不完全统计，截至 2014 年，中国在东盟各个国家的留学生已近 12 万人，东盟国家在华留学生也达到 7 万人；中国内地高校已开齐东盟各国所有语种，东盟 10 国共建有 30 所孔子学院、30 个中小学孔子课堂。②

第三节　国内部分高校向亚洲非通用语国家派遣留学人员情况调查

虽然目前全国开设外语非通用语专业院校的人才培养模式不尽相同，但遵循"国内学习与出国留学培养相结合、复合型和复语型人才相结合"的成才路径，已成为一个"大而稳固"的主流趋势。其中比较典型的模式包括"3＋1"培养模式，即本科学生在国内学习 3 年，在大二或者大三到对象国留学 1 年。

一　广东外语外贸大学派遣非通用语专业留学人员情况调查③

广东外语外贸大学非通用语种的教学工作开展得有声有色、充满活力，该校近几年就读越南语、泰语等小语种专业的学生毕业就

① 苗丹国：《中国自费出国留学发展报告》，高等教育出版社，2012。
② 《第八届中国—东盟教育交流周在贵阳开幕》，《中国教育报》2015 年 8 月 4 日；吕慎：《第八届中国—东盟教育交流周开幕》，《光明日报》2015 年 8 月 4 日，第 12 版；《第八届中国—东盟教育交流周开幕》，《中国青年报》2015 年 8 月 4 日，第 3 版。
③ 林秀梅：《教育国际化与非通用语人才培养的思考》，姜景奎主编《外语非通用语种教学与研究论》，世界图书出版公司，2008，第 66～70 页。

业率接近100%，甚至有很多在校大四学生就已经找到相应的工作。之所以有这么高的就业率，应该是得益于该校的教学特色和应用型的国际化人才培养模式。如在广外就读的学生都是经过"小语种＋英语"的双外语学习，并且实行"3＋1"等模式安排一定时间的出国留学，使每个专业的学生都能够通过交换生留学或公派留学等方式出国学习，同时还建立有相应的实习基地，提供学生进行社会实践活动和工作经验的积累。[①]

　　据笔者调查，为了加大对非通用语人才的培养力度，广州外语外贸大学采取多项综合性措施，注意发挥校际交流关系的优势，积极向亚洲地区派遣非通用语种的各类留学人员。一是支持青年教师到所教语种对象国攻读硕士或博士学位。如印尼语专业从2002年开始先后选派教师赴印尼日惹的卡碴玛达大学攻读硕士学位；朝鲜语专业分别选派教师前往朝鲜和韩国读研；越南语专业也有数名教师分别在越南的大学攻读硕士或博士学位。逐步实现了非通用语专业教师学历结构的梯次化、高层化，促使教师的知识结构由单一型向多能型转化，有利于进一步提高教学质量和综合竞争力。二是有计划地选派教师到所教语种对象国进修、讲学与合作研究。如该校规定，每位非通用语种教师至少需要有一次在国外进修、研修或讲学的经历。此举一方面提高了相关教师的专业水平，加深了面向对象国国情的了解和研究，掌握了本专业和本学科的发展动态，拓宽了专业发展方向；另一方面可以帮助教师接触到国外高校的教学管理、课程设置和教学方法，丰富了外派教师的经验，提高了教师的整体综合素质，推动了非通用语种的教学、科研朝着国际化的方向较快发展。三是积极推动在校生出国留学或短期交流。为了拓宽在校学生的文化视野，了解对象国的文化背景，体会其文化内涵，培养具有国际化意识的复合型非通用语人才，该校先后与泰国、越南、印尼、马来西亚、韩国、朝鲜等国家的大学建立校际合作关

[①] 《首届全国东南亚语种专业学科建设研讨会在广东外大召开》，《南方都市报》2015年5月14日。

系，并酌情分别采取了学生互换、学分互认、合作培养或短期留学等方式派出，促使学生在自身的语言能力、国外文化背景的了解、国际化意识和就业渠道等各个方面均有显著的进步。四是鼓励非通用语专业师生积极参加国际性学术交流活动。即采取多种措施、开辟多种渠道、提供多种平台，邀请专家学者来华举办学术会议，派遣师生出国参加学术会议。从而提高了师生的专业学术能力、人际交流能力和知识获取能力，激发了师生对非通用语专业的热爱和终身学习的欲望，对于培养师生关注社会、理解社会、服务社会的素质具有积极的促进作用。

二 广西师范学院派遣非通用语专业留学人员情况 调查

广西师范学院开设的泰语本科专业将其培养目标设定为：培养出能够在外事、教育、科研、旅游、对外经贸、文化管理等领域从事翻译、教学或管理工作的应用型人才；要求毕业学生应具有扎实的泰语语言基础知识，了解泰国国情概况，掌握泰语听、说、读、写、译等专业技能和实际运用能力，同时掌握对外交往、文教管理及教学方面的相关知识与技能。开设的主要课程有：基础泰语、泰语会话、泰语视听说、泰语阅读、泰语写作、泰语翻译、泰国报刊选读、高级泰语、泰语语法、经贸泰语、旅游泰语、泰语演讲与叙事、泰国文学简史、跨文化交际、对外汉语教学概论、对外汉语教学法、第二外国语（英语）等。该院开设的越南语本科专业将其培养目标设定为：培养能在外事、教育、科研、旅游、外经贸、文化管理等部门从事翻译、教学、管理工作的应用型人才；要求学生具有扎实的越南语语言基础知识，了解越南国情概况，掌握越南语听、说、读、写、译等专业技能和实际运用能力，同时掌握对外交往、管理及教学方面的相关知识与技能。开设的主要课程有：基础越南语、高级越南语、越南语会话，越南语视听说、越南语阅读、越南语写作、翻译理论与实践、旅游越南语、经贸越南语、越南语报刊阅读、越南文学作品选读、跨文化交际、对外汉语教学概论、对外汉语教学法、第二外国语（英语）等。在经济全球化和高新技术革命迅速发展的大背景下，高等教育的国际融合成为一种世界趋势，教育国际化已成为不争的事实。广西师院根据这一趋势，近二十年来积极开展国际交流与合作，先后与美国、英国、韩国、日本、泰国、越南、马来西亚、印度尼西亚等国家的30多所院校及教育机构建立校际教育合作关系，签订一系列的合作与交流协议。利用国际教育交流的渠道和平台，该院已先后派遣数百名各类学生到美国、新加坡、韩国、印度尼西亚、泰国、越南等国家完成学历教育、进修实习或就职就业。例如，随着广西与越南之间政治、文化、经济、科技、教育以及旅游等各方面交流的日益频繁和加深，越南和广西对汉语和越语人才、一专多能的开放型和应用型人才的需求量大大增加。为顺应这一形势，该院与河内外贸大学合作为本校国贸专业学生利用暑期在越南河内外贸大学开展为期30天的"越语和国贸专业实践项目"。又如，为进一步发挥国际高等教育合作的优势，利用国际交流的平台，为广西经济社会发展培养新一代具有国际视野的、高素质的、国际化应用型人才，更好地服务中国—东盟自由贸易区和国家经济建设，该院还尝试为各类中学毕业生开办出国留学预科班，开展出国留学前的各类培训。开设的语种多数为面向东盟各国的非通用语：越南语班、泰语班、马来语班、日语班、韩语班、印尼语班、法语班等，英语则是各类班别的必修外语。①

三　云南部分高校向亚洲地区派遣留学人员的情况

2015年5月，在云南师范大学举办的由近千名大学生参加的

---

① 《广西师范学院中国学生出国留学预科班2010～2011年度招生简章》，豆丁网；广西师院国际文化与教育学院：《2010年暑期赴越南"越语、国贸专业实践"项目》2010年5月25日，http://gjxy.gxtc.edu.cn/Item/90033.aspx。

一次"出国留学行前培训会"上，有接近 90% 的听众是即将到东南亚各国的留学预备人员，他们分别来自云南师范大学、昆明医科大学、云南中医学院、云南民族大学、云南艺术学院和云南交通职业技术学院 6 所院校。这些人员中既有公派留学生、自费留学生，也有中外合作办学项目和校际交流项目的拟出国留学师生。所选专业涉及 10 ~ 20 个具体的专业门类，其中以"小语种"为专业的人员不在少数。我们注意到，随着我国"一带一路"计划的推进，云南、广西、贵州、四川等省区的高教战线比较注意发挥区位优势，各地高校不断加强与东南亚各国的教育合作与交流，不断拓宽国际化人才培养的路径和领域。尤其是近年来，我国云南省赴东南亚留学生和东南亚地区来华留学生的规模都在不断扩大，成为上述省区高教国际化的一个显著特点。①

第四节　向亚非地区派遣非通用语留学生的高校和专业个案调查与分析

北京外国语大学目前是国内亚非非通用语专业设置最多和向亚非地区派遣非通用语留学生语种专业及数量最多的大学。深入调查了解北京外国语大学派遣在校学生留学的总体情况，并对某一专业的派遣留学状况进行微观分析，可从一个方面了解派遣亚非非通用语留学生的一些共性和特殊性问题，并为今后的派遣留学工作提供更为具体的参考。

一　北京外国语大学向亚非地区派遣非通用语留学生情况调查

北京外国语大学的亚非非通用语专业设在亚非学院，以下调查

① 马骞：《东南亚成云南大学生出国留学首选"香饽饽"》，2015 年 5 月 29 日，中新网。

即是对亚非学院派遣非通用语留学生情况的调查。

（一）派遣规模

亚非学院根据非通用语人才培养目标，不断探索和实践人才培养国际化的方式和途径。2005~2014 年通过国家公派和校际交流渠道共派遣 596 名在校生赴亚非地区 17 个国家留学交流。

表 2 - 9　2005~2014 年亚非学院学生出国留学交流
情况统计（按专业和派出类别）

	国家公派	校际交流	合　计
朝鲜语	53	146	199
越南语	28	4	32
老挝语	17		17
柬埔寨语	13		13
缅甸语	1		1
泰语	14	4	18
马来语	41	40	81
印尼语	32	12	44
僧伽罗语	29		29
印地语	22		22
乌尔都语	7		7
土耳其语	31	21	52
希伯来语	12	4	16
波斯语	12	4	16
斯瓦希里语	31		31
豪萨语	18		18
总　计	361	235	596

各专业近 10 年派出的规模如表 2 - 9、2 - 10 所示。2008~2010 年，每年出国留学学生占当年大二、大三学生的比例分别为：44%、40%、76%。每个专业派出的规模不同，这是由多方面因素决定的。一是专业与对象国校际交流的情况，二是对象国的教育情

表 2－10　2005～2014 年北京外国语大学亚非学院学生出国留学
情况统计（按专业和派出时间）

年　份	2005	2006	2007	2008	2009	2010	2011	2012	2013	2014	合计
朝鲜语	22	26	12	30	17	36	16	17	12	11	199
越南语		2			4	9	1		4	12	32
老挝语			13							4	17
柬埔寨语		2		3				3	5		13
缅甸语										1	1
泰语		2		1	2	4	2	2	5		18
马来语			20		20	16	5	6	14		81
印尼语		8	12		9	16				8	53
僧伽罗语				16			5	8			29
印地语				1				12			13
乌尔都语				3	4						7
土耳其语	18	1	4	6	8			5	10		52
希伯来语						16					16
波斯语						16					16
斯瓦希里语			7	7		9				8	31
豪萨语						14	4				18
合　计	40	48	68	60	64	136	33	53	50	44	596

　　注：以上统计数据由北京外国语大学亚非学院提供。

况，三是公派出国名额的数量，四是学生本人和其家长的意愿。有的专业虽有足够全班派出的国家公派名额，但是学生不愿意去或家长不让去；有的专业希望全班出国留学一段时间，但是由于没有足够的公派留学名额，因此不能全班出国。有的是对象国的生活条件、教育环境属于最不发达国家，条件较艰苦，或是留学项目时间的限制，学生已有自己的计划和安排，将来要跨专业考研究生或准备去其他国家留学等原因，放弃了赴对象国留学的机会。因此各个专业的出国留学规模各有差异。

（二）派遣主要方式

由于各个专业对象国高等教育情况及社会环境存在较明显差异，各专业与对方大学的联系交流的程度不同，因此各专业学生的留学与交流的方式、派出渠道、资金来源也各不相同。主要方式如下。

（1）通过国家留学基金委资助，这其中又分为国家互换奖学金和国家全额资助。2005 年之前，除了韩语、泰语、土耳其语等少数专业可通过校际交流选派学生出国留学外，其他专业基本上都是通过申请国家留学基金委的互换奖学金项目派遣。过去互换奖学金名额较少，一般首先满足高校教师和其他部门的需要。2007 年之后，国家加大了对非通用语学生出国留学的支持力度，增加了国家互换奖学金的国别和名额。特别是在 2009 年和 2010年，国家留学基金委启动了外语高层次和国际区域问题本科生人才培养项目，通过留学基金委项目出国的学生占留学学生总数的60% 以上。截至 2010 年底，老挝语、柬埔寨语、泰语、僧伽罗语、印地语、乌尔都语、斯瓦希里语、豪萨语 8 个专业的在校生出国以及朝鲜语专业学生赴朝鲜留学均由国家留学基金委项目资助。

（2）校际交流。截至目前，朝鲜语专业在校学生 70% 通过校际交流渠道出国留学，其中绝大部分是赴韩国留学。2009 年之前，马来语、土耳其语专业学生出国留学主要也是依靠校际交流的渠道。泰语专业学生主要是通过一个月的短期项目赴对象国交流访问。

（3）对方国家单设项目和自费留学。个别专业的少数学生是通过直接申请对方国家单设项目和自费留学的方式赴对象国留学。

（二）派出时间和期限

在派出时间和期限上，由于非通用语专业的学生均为零起点学生，需要在国内打好语言基础，因此基本上是在学生大二下学期或大三上学期时派出留学。由于对象国高等教育情况、社会环境存在较明显差异，各专业与对方大学的联系交流的程度不同，所授专业语言特点，难易程度、学生掌握语言的情况以及名额等情况各不相同，各个专业在派出年级和在外留学的期限上也各不相同。各专业根据以上情况决定具体派出时间和派出期限。

在留学期限上，各专业不同，同一专业同一年或不同年份的留学期限也不完全一样。主要有以下几种。

（1）"7＋1"模式，即本科四年八个学期中，一个学期全班在对象国学习。马来语专业已有三届学生采取此种模式。

（2）出国留学一学年。一般选在大二下学期至大三上学期期间，土耳其语、印尼语、波斯语、希伯来语等专业学生利用留学基金委项目和少数自费实现全班学生赴对象国留学一年。泰语、柬埔寨语、印地语、乌尔都语等专业的部分学生利用国家留学基金委项目赴对象国留学一学年。

（3）出国留学3个月至一学期。由于国家公派名额有限、对象国教育情况、学生个人的选择等原因，僧伽罗语、斯瓦希里语、豪萨语的部分学生出国留学3个月至一学期。

（4）一些专业的留学期限由学生根据本人的需要决定。如越南语专业，在同一年的出国学生中，出国期限有一学年、六个月或三个月。韩语专业学生主要通过校际交流项目出国留学，期限为一学年或一学期。

（三）在国外院校学习的内容和形式

亚非学院各专业出国留学的对象国的高等教育情况不同，专业与对方高校的交流程度不同，国家互换奖学金项目和全额资助项目对学校的选择不同，都决定了学习的内容和形式有所不同。不管何种渠道的派出留学，学生到对象国学习的内容都有语言课程。一般要学习3~5门语言文化类课程。一些与对象国高校校际交流关系密切的专业，在学生出国前已与对方共同商定培养方案。马来语专业连续三届学生实行"7＋1"人才培养模式，全班学生一个学期在马来亚大学学习，除了课堂教学外，对方还组织学生进行了田野调查，学生较深入地接触到当地社会，并写出相关调查报告。多数专业的学生是在国外大学的针对外国人办的语言培训中心学习，少数专业的学生是插入国外大学的院系中学习。还有一些全班派出的专业与对方学校商定课程，也有对方学校专门为该院派出的学生开设相应的课程。全班派出留学的学生和在大学语言培训中心留学的学生，一般除了学习语言课程外，对方还会组织留学生参观当地的历史文化古迹和参加一些社会活动等。

（四）留学成效

2005～2012年，通过加大在校学生赴对象国留学和交流的力度，积极争取国家的支持，亚非学院所有专业的学生都有或多或少出国留学的机会。虽然各专业有过出国留学经历的学生占学生数的比例各不相同，一般来说，学生通过到对象国留学，接触到了原汁原味的语言，直接感受和体验了对象国的社会与文化，与对象国的各类人员有了直接的沟通和交流，在文化教育交流的实践中，初步了解了所学语言背后的文化背景，提高了深层次语言理解能力和跨文化交际能力。其主要成效如下。

1. 语言水平有较大提高

在国外的环境中，有大量的对象国的语言和文化信息，每天置身于这种环境，将给语言学习者连续的强烈的刺激，能够较好巩固已学语言。因此，对于学习外语的学生来说，具有国外留学和短期交流的经历，更有利于掌握和正确使用对象国语言，体会语言的细微区别。据调查，亚非学院学生在出国留学一段时间后，多数专业的学生在听力和口语上有了较大提高，丰富了词汇量，为熟练掌握对象国语言打下了一定的基础。

2. 对对象国的文化、社会、风土人情等有了亲身感受

不同的国家、民族有不同的文化，文化是理解和掌握语言的基础，而语言是文化的载体，与文化水乳交融。真正掌握好一门外语就必须理解语言的深层基础——文化。一个国家的历史和文

化背景，包括其社会制度、历史沿革、人民信仰、民族心理、风俗习惯等。只有把握了文化背景，才能得体地运用语言进行交际。学生通过在对象国留学，身处异国社会文化环境中，直接体验了在国内所不能体验到的真实情境，感受到了异国文化氛围。如波斯语、印尼语等专业的学生在参加了当地举行的一些民族节日活动后，对伊斯兰文化有了进一步了解。僧伽罗语专业学生在斯里兰卡大学中感受到的佛教文化氛围，使他们增加了对僧伽罗语和斯里兰卡文化的感性认识。许多学生在留学期间参观了对象国的自然文化遗产，学习了对象国的民俗，包括舞蹈、音乐、诗歌，了解了对象国的风土人情，从而不仅在对象国语言的接受和表达上得到了提高，而且初步了解到语言背后的文化因素，进一步加深了对语言的理解。

3. 开阔了视野，增加了多元文化的体验，跨文化交际能力有所提高

随着国际交流日益频繁，不同文化相互交流和影响日益增多。外语专业人才培养的目标之一就是学生应具有广阔的国际视野和跨文化交际能力。其中跨文化交际能力主要指主体能与不同文化背景的个人或者群体进行有效沟通的能力。学生出国前，学习外语，了解对象国文化，主要是通过国内的课堂教学和书本，较少与对象国人员进行交流。学生通过赴对象国留学，在异国他乡的生活中，在参与的各项社会活动中，在每天与对象国各类人员的具体的交往中，不断进行着跨文化交际的实践。如马来语专业的学生在田野调查期间，深入到马来西亚农村和渔村，与当地人同吃同住，亲身体验和了解到当地的风俗习惯、行为方式、民族心理以及价值观念等文化因素。各专业学生在留学期间，都以不同的方式体验对象国文化。通过不断的应用实践，他们提高了使用对象国语言进行表达沟通、以得体的举止与当地人和谐相处的能力。同时，由于一些专业的学生在对象国留学期间是与来自世界各国的学生一起学习，因此增加了他们与多元文化接触的机会和环境，为发展他们的跨文化交际能力打下了良好的基础。

4. 发挥文化使者的作用，增进与当地人民的友谊，促进国际理解与沟通

学生赴对象国留学作为国际教育交流的方式之一，除了可使学生接受和了解异国文化，同时学生还可以在对象国留学期间以各种方式传播中国文化，从而达到深化交流与促进沟通的作用。培养学生跨文化交际能力，不仅体现在对世界文化的了解，还应包括向世界介绍本国文化的能力。亚非学院土耳其语专业学生在留学期间，为土耳其人讲授中文，与安卡拉大学土耳其中文教师交流中国文化，并与安卡拉大学共同组织中国文化节。希伯来语专业学生与以色列大学学生共同观看中国电影并进行讨论。泰语学生出国前用泰语编写了介绍中国名胜古迹的小册子送给泰国大学生。僧伽罗语学生在留学期间，将中国成语故事翻译成僧伽罗语并由斯里兰卡凯拉尼亚大学出版社出版，为学习中国文化的斯里兰卡人提供了方便。学生出国留学期间，还积极参与了中国驻所在国使馆举行的各种文化交流活动。在与当地人接触并传播中国文化的过程中，学生提高了用对象国语言表达、介绍中国文化的能力，增进了与当地人民的友谊，促进了国际理解与沟通。

5. 培养了独立处理事情的能力和对不同环境的适应能力

目前在校的学生绝大多数为独生子女，他们基本上是第一次到对象国。从国内熟悉的环境到达一个陌生的国度，首先要面对的是语言、文化和环境的尽快适应问题。特别是亚非学院多数专业的对象国属于发展中国家，生活条件、社会环境等与国内差别较大，出国后遇到的问题也比较多，但通过一段时间的努力，学生较好地适应了对象国环境，在多次处理各类事情的过程中，办事能力、与人沟通能力都有了较大提高。

6. 部分专业学生找到了实习和就业的渠道与岗位

改革开放以来，中国与亚非国家在外交、经济、科技、文化、教育、体育、新闻等各方面的合作与交流与日俱增，中国许多企业走出国门，迫切需要懂得当地语言的人才。学生在国外留学期间，受到了不少中资企业的关注和青睐。波斯语专业的学生，在带队教师的帮助下，与中国在伊朗的企业公司建立了联系，有的公司已对一些学生提供留学资助并决定在学生毕业后接收他们。在尼日利亚留学的豪萨语专业学生，受到当地中资企业的欢迎，为他们提供了数量充足的实习岗位，希望他们尽快到岗实习，以解决企业燃眉之急。

二 派遣全班学生出国留学效果分析——以北京外国语大学马来语专业为例

2007 年 7 月至 2008 年 1 月，北京外国语大学亚非学院马来语专业 20 名学生通过校际交流渠道，赴马来西亚马来亚大学留学。此次留学，是首次采取全班留学的方式。为使这次全班留学能够达到较好效果，学校马来研究中心和亚非学院马来语专业与马来亚大学对于课程的选择、社会实践和田野调查的安排等都进行了充分沟通。亚非学院还专门配备一名教师带队，以便与马方联系，随时解决可能出现的问题。由于事先准备较充分，因此留学获得较好效果。

（一）马来语专业留学生在马来亚大学期间的课程设置①

专业课程	马来传统文化课程	英语课程
马来语写作	马来传统打击乐	英语口语交际与演讲
马来语语法	马来传统舞蹈	
马来语习惯用语	马来传统武术	
马来民族特性	马来戏剧表演	

注：马来传统文化课程属于课外活动课程，每人选一门。

设置以上课程的目的如下。

---

① 本部分参考了北京外国语大学亚非学院邵颖所写的《2005 级马来语班留学情况总结》，2008 年 8 月。

（1）专业课程：巩固基础阶段所学的语言知识和技能、扩大词汇量；增加新的语言知识，提高马来语的应用水平；系统学习并掌握马来语高级语法，提高学生对马来语的理解与运用能力；通过系统的讲解及多写多练，提高学生对各种文体的阅读和写作能力；了解马来文化发展史、马来文化的起源及构成；扩充学生的知识面，帮助学生较深入地了解马来社会特性，加深学生对马来社会文化的了解与兴趣。每门必修课的教授课堂讲授时间为每周4课时，助教组织的讨论课是每周2~4课时。

（2）课外选修课（马来传统文化课）：深入实地了解马来西亚传统艺术文化；锻炼学生的实际口语交际能力；促进学生与当地师生的交流；激发学生对专业语言及对象国文化的学习热情。学生根据自己的兴趣，每人选一门，每周2课时。

（3）英语课程：巩固所学英语，提高英语表达能力。由于马来西亚是以前的英联邦国家，英语也是该国的通用语言，所以要求学生每周选3课时公共英语课。

第一学期每周有33个课时，学生学习生活紧张有序。第一学期期末全体学生顺利通过了各门课程的全校统一考试，并取得了不俗的成绩，其中部分学生的专业课成绩甚至超越了当地学生，获得了该项课程的最高成绩，受到了马来亚大学校长和相关授课老师的一致好评。

（二）田野调查

在留学期间，学生除参加以上课程之外，在第二学期，在马来亚大学马来文学院的组织安排下和马来西亚文化部的大力支持下，全体学生于2007年12月9日前往森美兰州马口地区的罗耐村，进行了为期12天的田野调查。每1~2名学生被安置在不同的家庭，与当地村民同吃同住，共同劳动。同学们与村民们和谐相处，很好地融入了当地社会，与马来西亚普通劳动人民培养了深厚的感情。据了解，马来西亚是首次组织外国人在乡村进行田野调查活动。

田野调查分为三个阶段。第一阶段为准备阶段，确定田野调查地点，学生自行在马来亚大学图书馆搜集调查地点的相关资料。马来文学院的老师还专门为此次田野调查举行了多次会议和文化课程，向学生们介绍马来西亚本地农村文化生活状况和禁忌，为学生们下乡后能尽快适应并融入当地社会打好了扎实的基础。在先期准备阶段阅读大量书面资料，学生向各自负责的马来文学院导师报告，在导师的帮助下，确立自己感兴趣的田野调查课题，并准备相关的调查问卷和提纲。第二阶段为实地田野调查阶段，全部费用由马来西亚文化部赞助，文化部给予了高度的重视和帮助。12 月 9 ~ 21 日，所有学生被分配住入当地农民家庭，体验最淳朴和本真的马来农村社会文化。学生们和当地家庭同吃同住，互帮互助。并就先期确定的课题进行具体实地的田野调查。学生们的课题涉及范围广泛，内容涉及建筑、艺术、文化、经济等各个领域，在这个阶段，学生们在导师的指导下，以问卷调查、实地考察、访问等多种形式收集一手资料。第三阶段是整理资料、撰写论文、论文答辩阶段。在田野调查结束后，学生们整理出了丰富的生活日记，撰写出了既有理论基础又有实际依据的 30 页以上高质量的田野调查报告，将此写成论文，并在马来亚大学的学习结束前进行了精彩的论文答辩。

在此期间，马来西亚文化部长还专程到森美兰州马口地区的罗耐村看望马来语师生。学生参加了当地各种民间文化活动。在学习当地语言、文化的同时，学生还通过各种形式，展示才艺，积极传播中华文明。众多媒体前来对外国留学生深入马来农村开展田野调查活动进行了报道，并对学生进行采访，在马来西亚产生较大反响，使马来西亚从一个侧面了解了中国人民的友好。

12 天的田野调查，学生们与当地的村民们产生了深厚的感情。临行前，各个家庭的父母们依依不舍，挥泪告别。即使回到了马来亚大学，那些村民依然牵挂这些中国学生，经常驱车 3 个小时带着全家人来学校探望学生们，并送吃送穿，学生们也趁周末多次结伴回乡探望村民们。当得知学生们回国的消息时，很多村民驱车几个小时，深夜赶到吉隆坡国际机场为学生送行。

留学中进行的田野调查，既是深入了解当地社会的一种方式，也是实现民相亲、心相通，相互接受和理解的一个很好平台。

（三）留学效果

这次为期近 7 个月的留学生活，使学生们掌握了很多课堂上学不到的专业知识，很好地锻炼和运用了以往所学的专业技能；学生们深入社会，亲身体验了丰富多彩的马来文化，加深了对于马来西亚政治、经济、文化、教育等各方面的了解，激发了更大的专业学习的热情。在生活上锻炼了独立自主的能力，很好地融入了当地社会，与当地人民产生了深厚的感情。学生们的优秀表现给所在大学及当地人民留下了深刻的印象，传播了中国人民的友谊，所有的学生都表示，充实丰富的学习生活让他们在各方面都有显著的成长，并将成为他们终身美好的回忆。

马来语专业全班留学之所以能够取得较好的效果，一是在老一代马来语前辈的努力下，北京外国语大学和马来亚大学建立了密切交流合作关系；二是留学前双方对留学课程、田野调查等活动进行了充分沟通和交流；三是得到马来西亚政府的大力支持，文化部给予高度重视和支持；四是亚非学院精心安排，派遣教师带队，保证首次全班留学顺利开展。

选择全班派出留学的方式前提是学校与对象国大学已建立密切联系，经协商沟通，国内教学计划与对方相关院系的课程虽不能达到精确对接，但应有较好契合。在有条件的情况下，参与一些田野调查和社会实践，一方面可以保证学生专业知识结构的完整性，同时学生对留学国家的社会文化、国情等可以有更直接的体验和了解，由此达到出国留学效果的最大化。

第三章　中国非通用语学生在亚非地区留学状况研究

第一节　调查问卷总体数据统计与分析

　　为全面了解我国亚非非通用语留学人才培养状况和存在的问题，本课题组从六个方面设计了调查问卷：第一部分"个人基本情况"，旨在了解出国留学人员留学前的基本情况；第二部分"出国留学基本情况"，旨在了解留学人员留学身份、留学派出方式、留学高校的类型、留学期间所学课程、留学受资助情况等；第三部分"国外留学调查与评价"，旨在了解国外大学的基本情况，包括国外大学教学水平、师资水平、教学设施、学术资源、生活条件等；第四部分"出国留学效果与就职就业"，旨在考察了解出国留学效果包括对于个人专业水平、学术能力、思维方式、交往沟通能力等个人素质的影响以及对今后就职就业的影响；第五部分"留学期间参与对象国民间交往及社会活动情况"，旨在了解留学期间学生参与民间交往情况，从中了解留学活动对学生深入了解对象国社会文化，促进与对象国人民友好关系的状况；第六部分"主观题目"，主要了解留学生对于出国留学政策、留学服务，留学期间对留学安全以及留学生在中国公共外交、民间外交方面能否和如何发挥积极的作用等方面的情况。

　　本课题组向国内六所高校：北京外国语大学、上海外国语大学、天津外国语大学、大连外国语大学、广东外语外贸大学、云南民族大学有过在亚非非通用语国家留学经历的学生和毕业生发放了调查问卷 300 份，收回问卷 280 份，调查问卷涵盖亚非地区 15 个非通用语留学国家和 14 个非通用语专业。

　　课题组对问卷进行分类和录入工作之后，利用 SPSS 统计软件进行了数据统计工作，并根据统计结果，对出国留学派遣方式、出国留学学习方式、出国留学学习期限、留学高校情况、师资质量、教学质量等与留学效果之间的关系进行了相关性分析；对于留学期间学生参与对象国民间交往、学生对于留学国家的认知以及学生掌握中国文化和国情对于促进民间交流等情况进行了调查了解；对于留学生留学后从事与非通用语相关工作的意愿进行了调查和分析。在此基础上，对一些问题得出结论。问卷调查统计分析如下。

一　调查对象个人基本情况

　　本次收回的调查问卷共 280 份，调查对象中 96.1% 为在校生，92.8% 的学生为 25 岁以下，女生占 71.5%。

　　参与调查的 280 名学生来自北京外国语大学、上海外国语大

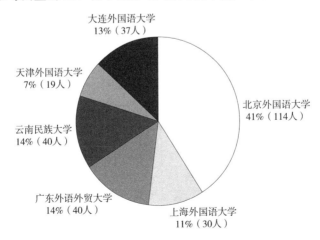

图 3 - 1

学、云南民族大学、天津外国语大学、广东外语外贸大学以及大连外国语大学，各高校参与调查的人数及比例如图3－1所示。

这280名学生均于2008～2012年入学，其中2010年入学的最多，共150人，占总人数的54.35%。所涉专业共14个，如表3－1所示。

表3－1　留学专业统计

专　业	占比%	专　业	占比%	专　业	占比%
泰语	10	朝鲜语	37.8	豪萨语	0.7
波斯语	5.2	土耳其语	2.6	斯瓦希里语	2.6
印尼语	8.9	印地语	3	希伯来语	3.3
马来语	4.1	柬埔寨语	6.7	越南语	8.5
老挝语	1.8	僧伽罗语	4.8		

在外语水平方面，调查对象中90%的学生都通过了英语四级或者六级的考试，此外，还有一部分同学通过了专业英语等其他英语考试。这表明他们在出国前已具备基本的英语水平，为其在留学过程中与不同国家的留学生进行交流提供了基础。另有少数朝鲜语专业的同学通过了朝鲜语水平考试。

二　出国留学基本情况

1. 留学国别

表3－2　留学国别统计

国　家	占比%	国　家	占比%	国　家	占比%
泰国	10	朝鲜	6.7	尼日利亚	0.7
伊朗	5.2	土耳其	2.6	坦桑尼亚	2.6
印度尼西亚	8.9	印度	3	以色列	3.3
马来西亚	4.1	柬埔寨	6.7	越南	8.5
老挝	1.8	斯里兰卡	4.8	韩国	31.1

根据表 3 - 2，本次调查所涉及的亚非地区非通用语国家共 15 个，涵盖东南亚、南亚、西亚、东亚以及非洲地区。各地区留学人数比例为：东南亚地区国家占 40%，南亚地区国家占 7.8%，西亚地区国家占 11.1%，东亚地区国家占 37.8%，非洲地区国家占 3.3%。

2. 留学期限

留学期限是学生能否学习掌握更多相关国家语言文化，深入了解社会历史的前提条件。本次调查问卷显示，留学期限在 3 个月及以下的占 8%，4~6 个月的占 25.8%，7~12 个月的占 71.1%。

留学期限长短对于留学效果的实际影响如何？通过对不同留学期限的学生所达到的留学效果进行相关性分析，从表 3 - 3 可以看出，留学期限与留学对学生学术水平的影响两个变量之间，sig = 0.00，小于 0.05，而卡方值为 24.078，大于对应自由度下的临界值，因此二者具有显著的相关关系。从表 3 - 3 可知，6 个月以上的留学期限对于学术水平的提高要明显高于 6 个月以下，因此，除非特殊国家，一般在派遣留学时，根据培养层次需要，应选择 6 个月以上期限，可以达到较好的留学效果。

表 3 - 3　留学期限对于提高学术水平的影响

计数　　交叉表				卡方检验		
学术水平提高程度	留学期限		合计		值	df	渐进 Sig.（双侧）
	6 个月以下	6 个月以上					
有很大提高	9	45	54	Pearson 卡方	24.078[a]	3	0.000
有较大提高	32	91	123	似然比	24.200	3	0.000
略有提高	46	45	91	线性和线性组合	21.856	1	0.000
没有提高	6	5	11	有效案例中的 N	279		
合　计	93	186	279	a. 1 单元格（12.5%）的期望计数少于 5。最小期望计数为 3.67。			

3. 出国派遣方式

目前，各高等院校派遣学生在校期间出国留学，一般采取公派出国、校际交流、学校批准自费出国等几种方式。各种方式各有特点，一般公派出国（包括国家全额资助和国家互换奖学金）由国家留学基金委提供名额，在规定的时间按一定的流程进行申请，对象国高校一般是已确定的，一般国家是固定 1 ~ 2 所学校，有的国家只确定一所高校，选择余地较小。校际交流一般是各院校与对方一所或多所学校建有校际交流关系，对国外学校选择比较有针对性，一般比较适合本校学生留学水平。校际交流开展得比较好的学校还可与对方学校进行深入合作，安排适合学生留学的课程，与国内课程进行衔接。本次调查对象中国家公派占 46.4%，校际交流占 28.1%，自费占 25.5%。

关于各种派遣方式对于留学效果的影响，课题组分别从留学后对"学术水平的提高""有无相关成果""学习兴趣的提高"等三个方面进行了相关性数据分析。

（1）派遣方式与学术水平提高程度的相关性

如表 3 - 4 所示，派遣方式对于留学效果中学术水平的影响，认为有很大提高和较大提高的占各类留学人员比例从高至低分别为国家公派 74%、校际交流 65%、自费留学 44%。派遣方式与学术水平提高两个变量之间，sig = 0.001，小于 0.005，而卡方值为 21.621，大于对应自由度下的临界值，因此二者具有显著的相关关系。

表 3 - 4　留学派遣方式对于提高学术水平的影响

	计数　交叉表				卡方检验			
学术水平提高程度	留学派遣方式			合计		值	df	渐进 Sig.（双侧）
	国家公派	校际交流	自费留学					
有很大提高	30	10	13	53	Pearson 卡方	21.621[a]	6	0.001
有较大提高	63	41	18	122	似然比	21.984	6	0.001
略有提高	30	25	36	91	线性和线性组合	7.502	1	0.006
没有提高	6	2	3	11	有效案例中的 N	277		
合　计	129	78	70	277	a. 2 单元格（16.7%）的期望计数少于 5。最小期望计数为 2.78。			

（2）派遣方式与有无成果的相关性

如表3-5所示，派遣方式与有无相关成果两个变量之间，sig =
0.00，小于0.05，而卡方值为15.634，大于对应自由度下的临界
值，因此二者具有显著的相关关系。派遣方式对于留学效果中
"有无成果"的影响，选择有成果所占各类留学人员比例从高至低
分别为国家公派60%、校际交流36.9%、自费留学34.3%。

表3-5 留学派遣方式对于有无成果的影响

有无相关成果	计数 交叉表				卡方检验			
	留学派遣方式			合计		值	df	渐进 Sig.（双侧）
	国家公派	校际交流	自费留学					
有	45	46	44	135	Pearson 卡方	15.634ᵃ	2	0.000
无	69	27	23	119	似然比	15.779	2	0.000
合 计	114	73	67	254	线性和线性组合	13.350	1	0.000
					有效案例中的 N	254		
					a. 0 单元格（0.0%）的期望计数少于5。最小期望计数为31.39。			

（3）派遣方式与学习兴趣提高的相关性

如表3-6所示，派遣方式与对学习兴趣的影响两个变量之间，

表3-6 留学派遣方式对于学习兴趣提高的影响

学术水平提高程度	计数 交叉表				卡方检验			
	留学派遣方式			合计		值	df	渐进 Sig.（双侧）
	国家公派	校际交流	自费留学					
有很大提高	45	16	21	82	Pearson 卡方	16.956ᵃ	6	0.009
有较大提高	65	48	26	139	似然比	16.632	6	0.011
略有提高	16	13	21	50	线性和线性组合	5.915	1	0.015
没有提高	3	1	3	7	有效案例中的 N	278		
合 计	129	78	71	278	a. 3 单元格（25.0%）的期望计数少于5。最小期望计数为1.79。			

sig = 0. 009，小于 0. 010，而卡方值为 16. 956，大于对应自由度下的临界值，因此二者具有显著的相关关系。派遣方式对于留学效果中"对学习兴趣提高"的影响，选择"有很大提高"和"有较大提高"的占各类留学人员比例从高至低分别为国家公派 85%、校际交流 82%、自费留学 66%。

上面三组的数据表明，在培养高质量留学人员以及提高留学人员学习非通用语兴趣方面，国家公派的效果最好。这与国家公派留学人员在选拔、资助等方面总体优于其他类型留学人员也有一定关系。根据目前亚非非通用语国家的经济社会及高等教育发展状况，愿意自费赴相关国家留学的人为数不多。但是，在加强与广大亚非国家的交流中，在"一带一路"的建设中，需要大批懂得对象国语言并了解当地情况的各类人才，因此，应根据国家、社会的不同的培养层次和培养需求，在培养高质量亚非非通用语留学人才方面加大国家公派的派遣规模和力度。

4. 出国留学学习方式

在校学生出国留学主要有三种学习方式：插入所在大学相应年级，与当地人一起学习；参加专为各国留学生所设课程；参加对方单独专门为全班出国所开设课程。本次调查中，第一种方式占 26. 8%，第二种方式占 43. 5%，第三种方式占 29. 3%。对于哪种方式可达到较好的留学效果，不同国家、不同学校有不同效果。据统计，本次调查对象中，马来西亚留学人员全部都是以第一种方式学习。根据调查问卷对于留学效果的统计，他们在非通用语水平、了解对象国历史社会文化等方面，选择"有很大提高"和"有较大提高"的分别占 91% 和 100%；所有留学人员在留学期间或留学后都有论文、调研报告或留学收获发表；在个人素质方面，对于学术水平、国际学术交流能力、批判和创新思维、分析和解决问题等方面的提高，选择"有很大提高"和"有较大提高"的均在 90% 以上。由此可以看出，第一种方式在马来西亚留学中取得了较好的效果。

对于学习方式与留学效果中"有无相关成果"的关系，课题组进行了相关性分析。由表 3 - 7 可以看出，上课方式与有无相关成果两个变量之间，sig = 0.04，小于 0.05，而卡方值为 6.443，大于对应自由度下的临界值，因此可以说二者具有显著的相关关系。三种上课方式对于具有相关成果之间的关系，第一种"插入所在大学相应年级，与当地人一起学习"的方式效果最好，采取该方式的学生中有相关成果的占 60%，"参加专为各国留学生所设课程"的学生中有相关成果的占 44%，"参加对方单独专门为你们（全班出国）所开设课程"的学生中有相关成果的占 39.7%。

表 3 - 7　学习方式对于有无相关成果的影响

计数　交叉表				卡方检验			
有无相关成果	留学学习方式			合计		值	df	渐进 Sig.（双侧）
	第一种	第二种	第三种					
					Pearson 卡方	6.443ª	2	0.040
有	26	61	47	134	似然比	6.461	2	0.040
					线性和线性组合	5.578	1	0.018
无	39	48	31	118	有效案例中的 N	252		
合　计	65	109	78	252	a. 0 单元格（0.0%）的期望计数少于 5。最小期望计数为 30.44。			

5. 出国留学院校

选择何种院校出国留学，对于留学效果具有不同影响。一般而言，综合性大学学科较全，各种学术活动较多，学术氛围相对较好，对于学生了解对象国学术、社会、文化等方面具有一定的有利条件，但是，对学生出国时在语言方面的要求较高。设在大学中的语言培训机构和单纯的语言培训机构，针对纯粹语言强化培训，在提高语言表达能力方面效率较高，但在接受其他人文社科知识方面信息要少于综合大学。根据调查问卷，公立综合大学留学人数占总人数的 63.8%，其次为私立综合大学，占 21.4%，再次为综合大学中的语言培训机构，占 7.6%，还有 7.2% 的人分别前往语言类大学及公立语言培训机构进行学习与交流。

6. 选择出国留学学校原因

根据调查问卷，占总人数43.6%的学生选择该校，是由于校际交流协议，27.9%的学生因获得留学基金委全额资助并由院系专业推荐所选择的学校；18.2%的学生在国家互换奖学金项目指定的学校留学；凭个人喜好选择学校的占4%，出于考虑学费问题而进行的学校选择学生占3%。另外，前往对象国首都进行学习与交流的学生，占总人数的58.6%，其次为一般中等城市、一线大城市、普通小城市及偏僻乡镇。

7. 留学前与对方学校院系的沟通和联系

派出留学前，派出学校、院系或个人是否与留学院校进行过教学方面的沟通，对于留学生学习效果是否有影响，也是这次进行调查的一个方面。根据问卷统计，有过沟通和联系的占73%，没有或不清楚的占26%。根据调查问卷统计，有过沟通和联系的，根据国家不同，一般都有较好的学习效果。事先已对对方高校的课程设置情况有了一定的了解，学生在选课时就比较有针对性。如果国内院校的相关专业与对方院系有更深入的沟通和交流，将会达到更好的效果。

8. 留学期间选择课程的数量、内容和课时

根据调查问卷统计，在出国期间所选课程的丰富性对于留学效果是否有影响，也是这次调查的一个方面。一般来讲，在外期间选择课程的门数多少，可以衡量所获相关信息的广度和深度。根据调查问卷的统计，选择3门及以下课程的占35.6%，其中选择1门课程的占8.1%；选择4门及以上课程的占65.4%，其中选择10门课程的占3.6%。在280名接受调查的学生中，247名学生提供了所参加的语言类及人文社科类课程数量的相关信息。

在选择课程时，如图3-2所示，所有参与调查者在外期间都选择了语言技能课程，其中选修4门语言类课程的人数最多，占25.1%，还有16.6%和12.96%的学生分别选修了3门或6门语言类课程，选修10门及以上语言类课程的占3.63%。65%的人选择了4门以上语言技能课程，说明多数留学人员明确出国进修的一个

主要任务是提高语言能力，同时也说明中国亚非非通用语学生在国内绝大部分为零起点学习一门新的语言，在外留学的主要精力要放在语言能力的提高上。

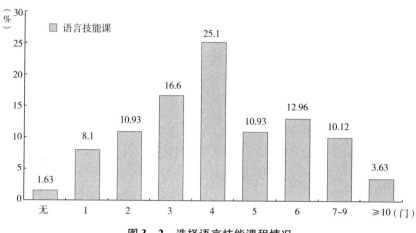

图3-2　选择语言技能课程情况

在人文社科类课程方面，如图3-3所示，虽然有73%的人选择了语言技能课程之外的人文社科课程，但未选择任何人文社科课程的人数占23.08%，达到近1/4，选4门以内（包含4门）的占58.27%，选修5~9门课程的占16.61%，选修10门及以上的占2.01%。

未选择该类课程的原因中，近20%的人认为时间不够，需要更多的时间去学习语言；另外在未选择该类课程的被调查者中，半数以上是由于留学单位为单纯语言培训机构，没有更多的课程可以选择。

利用留学机会学习更多的人文社科课程，是深入了解对象国社会文化的重要方式。因此，一方面在选派留学人员时，应尽量从国内培养条件较好的高校中选派已具备较好语言能力的学生出国，在进一步提高语言能力的同时，可以选择相应的人文社科课程，加深对于对象国国情的了解；另一方面，在选择留学学校时，尽量选择可以提供更多课程的综合类大学，使留学取得更好的效果。

一定的课时数是留学取得较好效果的基本保证。如图3-4所

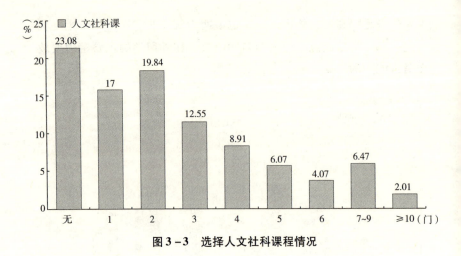

图 3 - 3　选择人文社科课程情况

示，274 名学生提供了每周平均上课的时间，每周上 10 小时以上课程的学生数量最多，占 62.14%，4 ~ 6 小时占 13.63%，6 ~ 8 小时占 7.14%。这表明，77.5% 的留学生在国外留学期间每周课时达到或超过 8 小时以上。

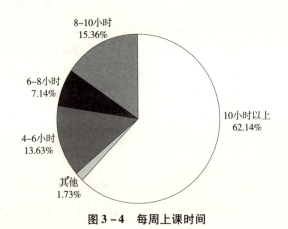

图 3 - 4　每周上课时间

9. 国外研修情况

关于研修情况，有 88.2% 的学生研修了本专业领域课程，22.5% 的学生研修了感兴趣领域课程，6.9% 的学生参与了科研课题研究，30.9% 的学生收集、查阅本专业领域学术资料，16% 的学生参加学术会议和讲座，11.6%的学生参加了田野调查，12.7%的学生受到了论文写作指导，48.7%的学生参加了当地社会实践。此外，还有一些同学参加了当地的文化活动，做了调查问卷等。

10. 留学资助水平

一般来说，在亚非国家留学花费要比欧美发达国家相对要少，但是由于亚非各国经济发展水平有较大的差距，因此不能一概而论。如，韩国、以色列等国家，其花费并不少。即使在最不发达国家留学，一些国家的生活成本也并不低。根据调查问卷统计，留学期间无资助的占 27.1%，有资助的占 72%，其中生活费在 500 美元以下的占 27.2%，生活费 500 美元的占 25.5%，500 美元以上的占 20.2%。

如表 3－8 所示，前往不同国家留学的同学所获得的资助额不同，各国留学平均获得资助额为 407 美元。

表 3－8　每月平均资助金额

单位：美元

留学国家	平均值	留学国家	平均值	留学国家	平均值	留学国家	平均值
泰国	235.71	印度尼西亚	443.48	斯里兰卡	507.69	越　南	344.29
坦桑尼亚	650.00	土耳其	408.33	印度	493.75	朝　鲜	254.29
尼日利亚	600.00	柬埔寨	375.71	马来西亚	454.55	韩　国	202.54
以色列	600.00	伊朗	350.00	伊朗	450.00	老　挝	150.00

各国和各高校的学费和生活费各不相同，针对获资助的情况，在国外生活期间，46.5%的同学认为生活水平高于当地生活水平，44.0%的同学认为生活水平等同于当地生活水平，9.5%的同学认为生活水平低于当地生活水平。34.4%的同学表示每月有结余，65.6%的同学表示无结余，并且结余情况和留学国家、派出方式之间没有显著的相关关系。在关于是否自己补贴费用的调查中，63.6%的同学表示需要每月补贴 300 美元（含）以下。在回答自己认为合适的补贴金额中，56.2%的同学提出希望每月获得 500 美元（含）以下的资助，也就是本次调查问卷中国家公派资助的平均值。另有 38.1%的同学希望获得每月 500～1000 美元的资助。

在 280 份问卷中，共有 213 名同学提供了所获得资助对留学期间的影响，其中 71.8% 的学生认为所获资助使其具备良好的学习和研究的精神状态，57.3% 认为扩展了学术视野，79.8% 认为得以与当地社会交往，36.6% 的学生通过所获资助获取了学术资料，43.7% 的学生获得了充裕的学习和研究时间。

三　国外留学情况调查与评价

这一部分主要是对亚非地区非通用语国家留学环境，包括留学高校质量、国外师资情况、国外教学情况、校园基础设施、生活条件等几方面进行调查了解。因亚非地区国家情况差异较大，此调查仅为总体情况，各国情况后面有单独的调查分析。了解亚非国家留学环境，对于今后根据国家不同情况，改进派遣模式和方式，提高留学效益将会提供一定的参考（详见表 3 - 9）。

高校总体质量：留学对象国高校总体质量是取得较好留学效果的基本保障。在对象国一流高校留学，一般在师资水平、学科建设、校园设施、学术环境、学术资源等方面可为留学提供最好条件。根据调查问卷统计，70% 的留学生是在对象国一流高校进行学习，28% 的学生是在对象国非一流高校留学。

师资水平：与教学质量密切相关，对留学生的留学效果产生较大影响。对于留学生非通用语水平的提高、对象国社会文化的了解以及个人综合素质，包括学术水平、国际学术交流能力、知识更新能力、创造性思维能力等有密切的关系。调查问卷从教师资质、非通用语授课能力、教学中对最新研究成果的介绍、与学生的交流与互动、学术指导与咨询等几方面进行了调查统计。

教学质量：留学高校教学质量如何直接关系到留学的效果和收获。根据调查问卷对于教学质量总体评价进行统计，认为很好的占 33.6%，较好的占 45.4%，一般的占 16.8%，较差的占 3.9%，很差的占 4%。此次调查工作从教学质量总体情况、教学内容是否适宜、可选课程的多样性和课程的难易度等几方面进行调查。

　　校园基础设施：一个大学的基础设施如何在一定程度上对于教学效果会产生一定影响。图书资料的丰富程度，计算机网络设施的先进与否，都与留学期间能否了解更多的对象国相关信息，能否快速掌握对象国最新情况密切相关。亚非地区许多国家，特别是对亚洲地区非拉丁字母语言国家的文献和动态信息的收集，图书资料和计算机网络是重要的来源和及时性的保障。

　　生活条件：留学生活条件也是留学环境的一个方面，在一定程度上对于留学效果产生一定影响。亚非国家一般与欧美国家有较大差距，但在这种条件下，对于个人生活自理能力的提高和在艰苦环境下克服困难能力的提高方面将会得到锻炼。

表3-9　国外留学情况调查与评价

单位：%

出国留学所在高校是否为对象国一流高校	是			不是		不清楚	
	70			28		2	

国外教学情况	教学质量总体评价	很好	较好	一般	较差	很差
		33.6	45.4	16.8	3.9	0.3
	教学内容是否适宜	适宜	比较适宜	一般	不太适宜	很不适宜
		31.1	47.1	16.1	5	0.7
	可选课程多样性	很多	较多	一般	较少	很少
		17.1	30.7	30.3	13.2	7.1
	课程的难易度	很难	较难	适中	容易	
		4.3	22.1	62.9	8.9	

国外师资情况评价		很好	较好	一般	较差	很差
	教师资质	38.9	45	12.5	1.4	0.4
	非通用语授课能力	40.4	42.9	13.9	1.1	
	教学中对最新研究成果的介绍	14.3	30.4	42.5	8.6	2.1
	与学生的交流与互动	38.2	42.1	15	1.8	0.7
	学术指导与咨询	26.5	40	25.7	3.2	2.5

校园基础设施	图书馆图书及资料	丰富	较多		一般	较少
		41.4	21.6		26.4	10.6
	计算机网络设施	好	较好		一般	较差
		35.6	17.5		29.8	17.1
住宿与饮食	学校是否提供宿舍	提供宿舍			不提供宿舍	
		77.7			22.3	
	提供宿舍条件如何	好	较好		一般	较差
		37.4	33.5		20.9	8.3
	选择民间住宿价格	较高	一般		较低	
		46.8	45.7		7.5	
	是否习惯当地饮食	习惯	还可以		不习惯	
		38.4	50		11.6	
对出国留学所在高校的总体评价		很好	较好	一般	较差	很差
		30.3	50	18.2	1.1	0.4
是否建议其他非通用语学生在该校留学		建议			不建议	
		86.8			13.2	

1. 学生对留学高校的总体评价

在所统计的 280 份问卷中，共有 273 份提供了有效的国别和对高校总体评价信息。这 273 名同学分别被派往 15 个不同的国家学习。其中前往韩国留学的人数最多，占 31.1%。下表列出了学生对各国高校总体评价，五级量表对应的值分别是：1 = 很好，2 = 较好，3 = 一般，4 = 较差，5 = 很差。从总体情况来看，调查对象对留学国家高校的总体评价基本评价为"较好"。按照不同国家高校获得的平均分来看，总体评价最高的 5 个国家分别是：以色列（1.22）、朝鲜（1.47）、土耳其（1.50）、韩国（1.60）和坦桑尼亚（1.71），此外对印度尼西亚（1.75）和泰国（1.85）高校的评价也高于平均水平（1.91）；评价排名靠后的 3 个国家分别是老挝（4.00）、尼日利亚（2.50）、印度（2.50）。

表 3 – 10　对各国高校总体评价（1 = 很好，2 = 较好，
3 = 一般，4 = 较差，5 = 很差）

留学国家	均　值	中位值	留学国家	均　值	中位值
韩国	1.60	2.00	尼日利亚	2.50	2.50
泰国	1.85	2.00	马来西亚	2.18	2.00
印度尼西亚	1.75	2.00	以色列	1.22	1.00
越南	2.36	2.00	印度	2.50	3.00
朝鲜	1.47	1.00	坦桑尼亚	1.71	2.00
柬埔寨	2.18	2.00	老挝	4.00	4.00
斯里兰卡	2.15	2.00	土耳其	1.50	1.50
伊朗	2.42	2.00	总计	1.91	2.00

2. 获得较高评价高校的共同点

通过对包括高校基本情况问题的统计，获得学生较高评价的高校大致具备以下特点：（1）这些高校基本上都是对象国一流的高质量教育机构；（2）有着介于"很好"和"较好"之间的教学质量，教学内容"适宜"或者"较为适宜"；（3）课程具备较高的多样性；（4）课程难易程度"适中"或者"较难"；（5）教师资质介于"很好"和"较好"之间，但都具有出色的非通用语教学能力；（6）除了基本授课，教师能够对最新成果做一定介绍并提供学术指导和咨询，注重与学生互动；（7）学校有丰富的图书馆资料并且有较好的计算机网络设施；（8）学校基本都提供住宿，且住宿条件较好；（9）学生基本能适应当地的饮食。

相比之下，获得评价相对较低（总体评价中位数 = 3 "一般"）的高校基本具有以下特点：（1）同样是对象国一流的高质量教育机构；（2）教学质量和内容适宜程度"一般"；（3）课程多样性"较少"；（4）课程难度"适中"，但也有一些高校"很难"或是"容易"；（5）教师资质和非通语教学能力"较好"；（6）对最新成果介绍"一般"，虽然与学生互动"较好"，但在提供最新的研究成果和学术指导方面"一般"；（7）图书馆资料"一般"或者"较少"，计算机网络设施"较差"；（8）基本提供宿舍，但条件

一般；（9）学生基本能适应当地饮食。

3. 影响学生对高校评价的主要因素

（1）教师与教学。通过上面的描述性统计已经可以看出学生对于教师和教学内容的重视。在教学内容方面，教学质量、教学内容适宜程度与总体评价分别呈现强相关（相关系数为 0.616）和中等程度相关（相关系数为 0.514），且这两项评价之间有着显著的强相关（相关系数为 0.650），即调查对象对教学质量的评价和教学内容适宜程度评价相关程度很高。综合这两项内容与总体评价呈现显著的强相关（相关系数为 0.621，sig. < 0.01）。在师资方面，与总体评价有着中等程度或强相关的变量包括教师资质、非通用语授课能力、对最新研究成果的介绍、与学生交流互动的能力，其中教师资质与总体评价之间的相关系数达到了 0.666。这几个变量综合以后，可以发现教师与总体评价之间的相关系数为 0.668。此外，教师与教学两方面之间关系密切，教师能力与教学质量息息相关，而出色的教学质量也必然需要依托高素质的教师队伍。综合教师与教学两个方面，其与总体评价显著相关，相关系数为 0.700（sig. < 0.01）。

（2）图书馆资料和计算机网络。除了课堂教学，在课后通过图书馆和网络获取学习资料也是学习的重要组成部分。随着学生自学能力和网络应用能力的提升，这两项也成为学生评价高校的重要指标。通过问卷分析可以发现，这两个变量之间高度相关（相关系数为 0.718），即图书馆资料丰富的高校往往也有较好的计算机网络服务。综合这两方面与总体评价呈现中等强度的显著相关，相关系数为 0.485（sig. < 0.01）。此外，图书馆资料和计算机网络也与另一个变量，即教师是否能够介绍最新研究成果有着显著相关（相关系数为 0.4）。这也不难理解，学校自身在图书馆和网络建设上的投入不仅直接影响学生对学校的评价，同时也会影响学校老师能在多大程度上了解最新的研究成果，从而从教学方面影响学生对学校的评价。

（3）住宿。对外出留学来说，住宿问题是学习之外最重要的生活问题之一。住宿条件与对高校的总体评价的相关系数为 0.412。相比之下，另一个重要的生活问题，饮食并没有对学生对高校评价产生显著影响。这主要是因为绝大多数学生都能够在一定程度上适应对象国的饮食习惯，而饮食确实也不是高校能够改变的。

可以看出，学生对高校的评价最重要的依然是课堂教学相关的内容，其后是课后学习所需的便利条件，最后是生活条件。这也可以看出，出国留学的同学对高校评价是以学习为明确导向的。

此外，通过 ANOVA 分析可以看出，无论是对高校的总体评价，还是教师与教学、图书馆资料与计算机网络、住宿条件三个具体项目，国与国之间依然存在显著差别。这也印证了前面所做的描述性分析。

四　出国留学效果与就职就业

对于亚非非通用语学生来说，一般都是零起点学习该国语言。亚非国家的历史和国情决定了其语言文化对外传播的广度和深度不可能达到英语等通用语言的程度。国内没有大量的非通用语图书、影像等资料，也较少有人员交流。一些最不发达国家的相关信息其至在互联网上也较难收集到。学生如仅在国内学习，将在充分掌握、深入了解、直接体验对象国的语言、文化、社会等方面存在一定的局限性。因此，对于亚非非通用语学生出国留学，其中很重要的目的之一是提高非通用语水平，同时了解对象国的文化与社会，在跨文化交际中直接体验、掌握语言所反映出的对象语言国家的风土人情、社交习俗、政治宗教、生活经验等。对于留学效果的考察，留学生非通用语水平的提高是很重要的一个方面。但是，随着国家对外开放和发展的需要，仅仅懂得语言是不够的，还要了解留学国家的历史、社会文化和风土人情，根据不同的人才需求层次，进行留学人才培养，以适应社会各方面和各层次的需要。

由于目前国内亚非非通用语人才较少，有留学亚非经历的人才更为稀少，特别是有留学非洲国家经历的人更是凤毛麟角，近 20

年也仅有 100 余人有此经历。又如"一带一路"沿线国家孟加拉国，20 年间仅有 1 人获得国家公派留学机会。随着"一带一路"建设的推进，未来国家、社会将有可能对亚非非通用语有更大的需求。因此了解留学人才的就业选择，也是这次调查的内容之一。

1. 留学效果统计分析

由表 3-11 可看出，在留学效果的调查中，平均 80% 以上的留学人员非通用语水平和对于留学国家社会历史文化的了解程度"有很大提高"或"较大提高"。但是各国情况各异，对于非通用语水平表示"有很大提高"比例最高的国家是印度尼西亚、坦桑尼亚、以色列的留学人员，这与前面统计的高校评价最高的国家得到相互印证。对于留学国家社会历史文化的了解程度"有很大提高"比例最高的国家是以色列、印度、土耳其、印度尼西亚、朝鲜，这也与前面所提到的高校评价基本一致。

表 3-11 留学效果统计

单位：%

		有很大提高	有较大提高	略有提高	没有提高	有所降低
对国外学习所收获的技能与知识的评价	非通用语水平	30.7	51.1	17.5	0.35	0.35
	英语水平	4.3	18.6	28.6	34.6	13.6
	对留学国家历史、社会文化与风土人情的了解程度	38.7	51.6		9.7	
	对留学国家及周边国家状况的了解程度	26.2	52	20.4	1.4	

留学期间或回国后，有无相关成果（论文、调研报告、留学收获发表等）	有无相关成果		相关成果形式			
			论文	调研报告	留学收获发表	其他
	有	42.5	39.6	25.2	29.7	5.4
	无	48.9				

续表

		有很大提高	有较大提高	略有提高	没有提高
出国留学对个人综合素质的影响	学术水平	19.4	44.1	32.6	3.9
	国际学术交流能力	16.8	50.4	27.1	5.7
	学习兴趣的提高	29.6	50	17.9	2.5
	知识更新能力及观念的更新	31.1	49.3	16.8	2.9
	批判和创新思维	20.7	45.7	28.2	5.4
	分析问题能力	18.9	44.6	32.6	4.3
	解决问题能力	35	42.5	19.6	2.9
	团队合作能力	33.6	42.9	21.8	1.8
	人际交往及有效沟通能力	36	47.5	15.1	1.4
	个人生活自理能力	50.4	39.2	8.6	1.8

在出国留学对个人素质影响方面，表示"有很大提高"和"较大提高"所占比例由高到低依次为：个人生活自理能力89.6%、人际交往及有效沟通能力83.5%、知识更新能力及观念的更新80.4%、学习兴趣的提高79.6%、解决问题能力77.5%、团队合作能力76.5%、国际学术交流能力67.2%、批判和创新思维66.4%、学术水平63.5%、分析问题能力63.5%。这只是一个平均数的统计，具体到每个国家和每个个人，还存在较大差异。

2. 留学效果相关因素分析

（1）对高校的评价与留学效果中非通用语水平的提高、对留学国家社会文化的了解、学术水平和学习兴趣提高的关系。

对于高校评价与留学效果中非通用语水平的提高、对留学国家社会文化的了解、学术水平和学习兴趣提高问题，课题组进行了相关性分析，通过 Gamma 系数检验，对高校的总体评价与上述四项留学效果之间的显著性 sig 小于 0.05，因此这些变量之间的相关关系有推论到总体的意义。对于高校评价与上述四项相关强度分别为43.7%、32.9%、59.2%和51.2%，具有很强的相关性。

（2）国外师资资质、教学质量、学术指导咨询等方面与留学效果中非通用语水平提高的关系。

通过 Gamma 系数检验，教师资质、教学质量、学术咨询与指导等方面与非通用语水平之间的显著性 sig 小于 0.05，因此这些变量之间的相关关系有推论到总体的意义。前三项与非通用语水平之间的相关强度分别为 54.4%，43.2% 和 42.8%，具有很强的相关性

（3）国外师资资质、教学质量、学术指导咨询等方面与留学效果中对留学国家社会文化了解的关系。

通过 Gamma 系数检验，教师资质、教学质量、学术咨询与指导等方面与对留学国家社会文化了解之间的显著性 sig 小于 0.05，因此这些变量之间的相关关系有推论到总体的意义。前三项与对留学国家社会文化了解之间的相关强度分别为 30.6%，25.9% 和 23.0%，具有比较强的相关性。

（4）国外师资资质、教学质量、学术指导咨询等方面与留学效果中学术水平提高的关系。

通过 Gamma 系数检验，教师资质、教学质量、学术咨询与指导等方面与学术水平之间的显著性 sig 小于 0.05，因此这些变量之间的相关关系有推论到总体的意义。前三项与学术水平之间的相关强度分别为 45.9%，46.1% 和 44.7%，具有很强的相关性。

（5）国外师资资质、教学质量、学术指导咨询等方面与留学效果中学习兴趣提高的关系。

通过 Gamma 系数检验，教师资质、教学质量、学术咨询与指导等方面与学习兴趣提高之间的显著性 sig 小于 0.05，因此这些变量之间的相关关系有推论到总体的意义。前三项与学习兴趣之间的相关强度分别为 42.3%，39.3% 和 37%，具有很强的相关性。

（6）校园基础设施与留学效果中非通用语水平、学术水平、学习兴趣提高的关系。

通过 Gamma 系数检验，图书馆的图书与资料与非通语水平、学术水平和学习兴趣提高的影响之间的显著性 sig 小于 0.05，因此

这些变量之间的相关关系有推论到总体的意义。图书馆图书资料的丰富程度与上述三项留学效果之间的相关强度分别为 16.2%，17.1% 和 18.7%，具有一定程度的相关性。

通过 Gamma 系数检验，计算机网络设施与对学术水平的影响之间的显著性 sig 小于 0.10，因此这些变量之间的相关关系有推论到总体的意义。同时，由于 Gamma 系数为 0.142，因此可以说二者之间的相关强度为 14.2%，具有一定程度的相关性。

以上表明，高校的评价、师资资质、教学质量与学生非通用语水平的提高、留学效果、个人素质提高等有很强的相关性，校园的基础设施对留学效果有一定程度的相关性。

3. 对就职就业的看法

表 3 - 12 对就职就业的看法

单位：%

	作为非通用语学生，您认为所学专业是否有利于就业（可多选）	有利于	不利于	根据当年社会需求而定		不清楚
对就职就业的看法		38.5	16	49.6		3.8
	赴对象国留学后，今后是否愿意从事与所学非通用语有关的工作	愿意	不愿意	愿意但相关工作岗位少		无所谓
		53	4.7	34.8		7.2
	不愿意从事与非通用语相关工作的主要原因（可多选）	对象国条件艰苦	个人发展空间受限制	受到社会认可度低	相关工作待遇低	其他
		27.6	55.2	18.4	25.3	16.9

关于就职就业的看法，根据多数国家的调查问卷统计，对于出国后今后是否愿意从事与所学非通用语有关工作的问题时，回答"愿意"的占 53.3%，"愿意但相关工作岗位少"的占 34.8%，说明 88% 的留学生是愿意从事相关工作，但其中有 1/3 的留学回来的学生，担心工作岗位少；在不愿意从事非通用语相关工作的留学生中，半数以上的人认为是由于"个人发展空间受限制"。以上不

105

论做出何种选择的留学人员都有可能在没有看到更好前景的情况下，做出就业和深造的其他选择，造成稀有人才的流失。实际上，随着国家对外开放的进一步扩大，特别是"一带一路"建设的实施，国内企业对于亚非国家的投资建设将会日益增加，对于有过留学经历，了解亚非国家社会文化的非通用语人才应有更强的需求。因此，在推进国家"一带一路"建设过程中，需求方与相关高校应进一步加强联系，使双方能够更多的信息沟通，满足双方的需求。建议开发设立"一带一路"非通用语人才信息需求网站，提供双方的需求，使用人方和毕业生能够直接通过互联网了解各自的需求，做到人尽其才。

五　留学期间参与对象国民间交往及社会活动情况

留学活动作为民间外交的一个重要部分，可以在增进民众间的相互了解和彼此信任，增进中国人民同各国人民之间的友谊方面发挥重要作用。一般来说，在亚非地区留学的中国人较少，相应地他们对于中国和中国人的了解不够。留学生在留学期间与当地民众有较多的交往机会，如果能用留学国家的语言进行交流沟通，参与一些社会实践活动，自然拉近了与当地民众的距离，一方面可以提高自己的语言水平和对留学国家社会文化的了解，另一方面，也可以使当地民众从一个侧面了解中国和中国人民。在彼此逐渐深入的交往中，往往能达到一些特殊效果。课题组对此问题进行调研，力图了解中国非通用语留学生留学期间在增进双方信任和理解方面的基本情况。除问卷调查外，后面部分还有对留学人员的个别访谈，以使这部分调查内容更为充实。

根据表 3 – 13 所示，在留学期间 36% 的人参与民间交往较频繁，51.8% 的人有交往。对于"所留学国家对中国了解程度如何"的问题，1/3 以上的留学生认为他们对中国不了解和存在误解与分歧。这项统计根据不同国家有较大差别，在有的国家留学的中国留学生选择此项的占 50% 以上，最高达到 90%。这也说明留学

表 3 - 13　留学生参与对象国民间交往及社会活动情况

单位：%

留学过程中参与对象国民间交往的程度	较频繁	有交往	较少	无交往
	36	51.8	12.2	

留学之后对所留学国家的印象及了解与留学前是否有出入	有较大出入	有一些出入		基本一致
	20	60.4		19.6

您认为所留学的对象国对于中国的了解程度如何	不了解	一般	较深入	存在误解和分歧
	10.8	57	10.5	21.7

您认为对中国文化的了解在与对象国民间交往中是否重要	重要	不重要		无所谓
	91.7	5		3.2

您所留学的国家对中国文化了解需求的迫切程度如何	亟须了解	不需要	无所谓	不知道
	68.2	5.4	13.7	12.3

您对中国文化的了解能否满足对外交流的需要	可满足	需进一步增强		完全不够
	26.7	68.6		4.7

您在留学期间是否参加过社会调查	留学期间是否参加过社会调查	您认为参加社会调查对于深入了解对象国社会文化是否有帮助		
	参加过	未参加	有较大帮助	有一定帮助	没什么帮助
	23	77	33.1	57.4	9

生在留学期间，在与当地人的接触中，除了可以了解当地社会情况，当地人民也可从留学生本身了解中国的部分情况。这就需要留学生本人加强对对象国语言文化的学习，同时需要具备一定的中国文化知识和对中国国情的了解，在与对方的交往中，用对方熟悉习惯的方式进行双方文化的互相理解和沟通。在问卷统计中，91.7%的人认为，在与对象国民间交往中，了解中国文化国情是重要的，并有73%的人认为自己在中国文化国情方面存在不足，需要进一步加强。因此，建议留学生出国前加强中国文化和国情的教育，便

于加强与对象国的民间交往，增进双方的相互理解。

第二节　部分亚非非通用语国家留学环境及留学状况效果分析

亚非地区是人类文明的发祥地，在其不断发展的历史过程中，创造了辉煌的成就，推动了人类的文明和进步。近代以来，亚非地区多数国家都经受过殖民主义所带来的灾难和痛苦。由于地域、历史、社会文化的不同，亚非国家形成了各自不同的发展道路。随着经济全球化和亚洲经济的持续增长和繁荣，一部分经济发达的亚洲国家更加注重在教育领域的投资，并把建立最好的大学并自立于世界高等教育之列这一目标放在了优先发展的位置。[①] 许多亚非国家随着经济实力的增长，推动和参与了高等教育国际化的进程。但由于各地区各个国家的经济发展状况的不同，其高等教育现代化程度和水平有较大的差异。

本课题对亚非地区 15 个非通用语国家高等教育情况和中国留学生赴这些国家留学状况进行了调研。每个国家的情况不尽相同，留学生对于留学情况的反映也有差异。以下是对部分调研国家留学情况的调查统计和分析。

一　越南留学环境、状况与效果分析

越南现代高等教育体系是伴随着近代法国的殖民统治建立并发展起来的。最早的高等教育机构是 1907 年建立的印度支那大学。自此开始，越南高等教育经历了法属殖民地时期、抗法战争时期、民主共和国时期、社会主义共和国四个历史发展阶段。1986 年越

---

① 格·威斯瓦纳森：《经济全球化背景下亚洲高等教育的发展与合作》，《世界教育信息》2011 年第 4 期。

共实行革新开放政策以来，越南高等教育进入了崭新的发展阶段。政治经济体制的深刻转变促使高等教育从思维、结构、管理、教学等各个方面均出现了深刻的转变。[①] 但就高等教育整体发展状况与国际横向比较的结果显示，越南高等教育仍面临不少问题和困难，与教育先进国家相比，越南高等教育的质量仍较低。韦伯麦特里克斯网（Webometrics）[②] 2013 年 1 月公布的世界高校最新排名情况显示，截至 2013 年，越南排名最靠前的河内国家大学也仅仅居于第907 位。越南全国高校教师中具有博士学位的教师仅占 11%，高校设施条件仍比较简陋。多所大学的图书馆、实验室、教室和其他各种教学设备还不能在数量、种类和质量上保证教育质量的提高，高校科研成果的研究和应用工作仍存在局限。科研成果仍较少，质量不高。

在学习环境和学习效果方面，根据调查统计表可看出，尽管100%的学生选择的学校都位于越南首都，但由于条件所限，他们在课程的选择等方面还是有一定的局限性。近 40% 的学生除了语言技能课外，没有选择或只选择了 1 门人文社科类课程。这一方面的原因可能是由于学生语言能力有限，难以选择更多的课程，另一方面也可能是由于能够提供这方面的课程较少。在图书资料方面，近 80% 的调查对象认为"一般"和"较少"，在计算机网络方面，认为计算机网络"一般"和"较差"的占 90%。这种状况会对留学效果在一定程度上产生影响。由于是在语言对象国学习，所以在学习效果中，非通用语越南语的水平方面，认为有"很大提高"和"较大提高"的占 78%，有 22% 认为"略有提高"甚至"有所

① 陈立：《越南高等教育发展研究》，浙江大学出版社，2011，第 176～177 页。
② 韦伯麦特里克斯网（Webometrics）是一个网络计量性网站，基于各个大学网站的表现（包含网页数量和链接数量等）指标。简单地理解，就是主要是以世界各国的大学自身官方网站公开信息为评价依据进行特殊量化计算而得出排名，非实力排名。从 2004 年该网站开始对全球 6000 多所大学进行排名，并分别于每年 1 月和 7 月更新一次。目前韦伯麦特里克斯网的排名覆盖了全球 20000 多所大学，同时该网站还对科研机构、医院、商学院和数据库等进行排名。该排名网以自己的方式归纳了各个大学在全球的表现，为申请这些学校的学生提供参考信息。

降低"。从出国留学对个人素质影响的调查统计中可看出，在对所学语种兴趣方面，出国前所有调查对象都对所学语种感兴趣，而留学后，他们当中认为出国留学对他们的学习兴趣有"很大提高"和"较大提高"的占 87%，"略有提高"的占 13%。在学术水平和国际学术交流能力方面，分别有 55% 和 65% 的人认为有了"很大提高"和"较大提高"，另有 45% 和 35% 的人认为在这方面"略有提高"和"没有提高"。由此也可看出留学环境对于留学效果所产生的一定影响。

在关于"赴对象国留学后，今后是否愿意从事与所学非通用语有关的工作"问题上，明确表示"愿意"的占 47.8%，表示"愿意但相关工作岗位少"的占 34.8%，说明有 80% 以上的人愿意从事与所学语言相关的工作，但有 1/3 的人担心是否有工作岗位。回答"不愿意"和"无所谓"的占 17%，其中回答不愿意从事所学语言工作的主要原因是认为相关工作待遇低。随着国家"一带一路"建设的进一步推进，相关工作岗位应有增无减。

在关于留学期间参与对象国民间交往及社会活动情况的调查中，对于留学过程中参与对象国民间交往的程度的问题上，回答"较频繁"的占 1/3，"有交往"的占 65%，表明多数留学生在越南留学期间或多或少参与了与当地民众的交流和沟通活动，这对于留学生了解越南社会情况以及越南民众与中国留学生通过一定程度的接触，可以从一个侧面去了解中国，进一步加深双方的理解具有促进作用。在关于"您认为所留学的对象国对于中国的了解程度如何"问题的回答中，39% 的人认为所留学国家对中国存在误解和分歧，这在东南亚国家中比例是最高的；只有 17% 的人认为他们对中国有较深入的了解。对于"您认为对中国文化的了解在与对象国民间交往中是否重要"这一问题的回答，所有调查对象都表示"重要"。对于"您所留学的国家对中国文化了解需求的迫切程度如何"这一问题，65% 的人认为"亟须了解"，在"您对中国文化的了解能否满足对外交流的需要"问题上，回答"需要进一步加强"和"完全不够"的占 87%。此部分的调查表明，在留学生出国期间，在与人交往的过程中，除了要了解对方的文化，也要了解中国文化和国情，由此才能用对方能够理解和接受的方式表达自己想表达的思想。

二 老挝留学环境、状况与效果分析

老挝人民民主共和国成立于 1975 年。由于历史的原因，老挝工业基础薄弱，经济发展比较落后，各种教育资源缺乏，是世界上最不发达的国家之一。自 1986 年来，老挝推行"新经济政策"的改革开放政策，其高等教育也在调整中得到发展。1995 年，老挝将所有的高等教育机构合并为一所大学，即老挝国立大学，由 13 个独立的学校与学院合并而成。老挝高等教育体系包括老挝国立大学、苏发努冯大学、占巴塞大学、医科大学等 5 所大学、5 所教师培训学院以及 83 所私立高等教育机构。老挝的高等教育发展受到其经济发展的制约，面临严峻困境。老挝政府对高等教育的所有预算几乎都分配到了教师薪金、学生奖学金及补助金上，除国外援助以外，几乎没有用以维持教学的资源、更新设备和改进高校教学条件、课程改革和师资进修、实践教学需要的投入，此外在教育创新上面的花费也非常有限。老挝没有进行科学研究的传统，大学缺乏学术训练的教师队伍，只有极少数教师拥有研究生学位。因此，老挝高校教师在学术研究方面主要存在一些问题：由于薪资较低，许多教师在校外做兼职工作，研究工作时间匮乏；不充分的教师任职资格使教师缺乏从事独立研究的自信心和能力；缺乏科研基金和研究所需的最基本的仪器设施；语言问题也制约大学教师的科研水平，大部分老挝教师只能阅读主要以本国语言编撰或经翻译的科学著作，而不能阅读其他语种的科学著作。[①]

在学习环境和学习效果方面，从调查统计表中可看出，被调查对象全部在老挝国立大学学习。在选课方面，有 40% 的人员除语

---

① 朱欣：《老挝高等教育系现状与发展方向探讨》，《世界教育信息》2009 年第 7 期。

言技能课外未选择其他类型的课程；在对于国外教学质量的总体评价中，选择"较差"和"很差"的占80%，选择"一般"的占40%，无人选择"很好"或"较好"；在对教学内容是否适宜的评价中，80%的人认为"一般"，20%的人认为"很不适宜"；在可选课程的多样性方面，认为"很少"的占60%，认为"较少"的占20%，其余20%认为"一般"；在对国外的研修情况的调查中，对于"收集查阅了本专业领域的学术资料"和"参加了学术会议和讲座"的选项中没有一人进行选择；在对国外师资的评价中，对于教师资质认为"较好"的占20%，认为"一般"的占40%，认为"较差"和"很差"的占40%；在对非通用语授课能力上，认为"较好"的占40%，认为"一般"的占60%；在学术指导与咨询上，80%的人认为"较差"和"很差"；但在与学生互动上，认为"较好"和"一般"的各占20%和40%，认为"很差"的占40%。在图书资料方面，80%的调查对象认为"较少"，在计算机网络方面，认为计算机网络"一般"和"较差"的各占20%和80%。以上情况显示老挝大学在教学、师资和学术研究等方面资源比较匮乏，对于整体教学质量有较大影响。尽管如此，由于是在语言对象国学习，所以在学习效果中，非通用语老挝语的水平方面，认为有"很大提高"和"较大提高"的占40%，有60%的人认为"略有提高"。从出国留学对个人素质影响的调查统计中可看出，在对所学语种兴趣方面，出国前所有调查对象都对所学语种感兴趣，而留学后，他们当中认为出国留学对他们的学习兴趣有"很大提高"和"较大提高"的占40%，"略有提高"和"没有提高"的各占40%和20%。在学术水平方面，认为"略有提高"的占60%，"没有提高"的占40%；国际学术交流能力方面，分别有20%和60%的人认为"略有提高"和"没有提高"，由此也可看出留学环境对于留学效果所产生的一定影响。

在关于"赴对象国留学后，今后是否愿意从事与所学非通用语有关的工作"问题上，明确表示"愿意"的占80%，表示"不愿意"的占20%；其中回答不愿意从事所学语言工作的主要原因是认为个人发展空间受到限制。随着国家"一带一路"建设的进一步推进，个人发展空间应该可以得到更大的发展。在关于留学期间参与对象国民间交往及社会活动情况的调查中，对于留学过程中参与对象国民间交往的程度的回答中，"较频繁"的仅占 1/5，"有交往"的占 20%，"较少"的占 60%。表明多数留学生在老挝留学期间较少参与与当地民众的交流和沟通活动。在关于"您认为所留学的对象国对于中国的了解程度如何"的回答中，所有人都认为所留学国家对中国仅有一般性的了解。对于"您认为对中国文化的了解在与对象国民间交往中是否重要"这一问题的回答，80% 的调查对象表示"重要"。对于"您所留学的国家对中国文化了解需求的迫切程度如何"这一问题，60% 的人认为"亟须了解"，20% 的人认为"不需要"了解，20% 的人表示"不知道"，这也可能是由于他们与当地人接触较少，不能了解他们的真实想法。在"您对中国文化的了解能否满足对外交流的需要"问题上，回答"需要进一步加强"和"完全不够"的占 60%。此部分的调查表明，在留学生出国期间，在与人交往的过程中，除了要了解对方的文化，也要了解中国文化和国情，由此才能用对方能够理解和接受的方式表达自己想表达的思想。

以上调查表明，由于老挝高等教育基础较薄弱，留学环境对于留学效果产生一定程度的影响，这也印证了调查统计结果，老挝大学是在所调查国家高校中评价最低的，但是随着老挝国家经济进一步发展，高等教育质量将会得到提高。但目前对于此类情况，在派出留学时，应根据留学培养目标对派出期限有所考虑，并根据老挝的实际状况对留学效果进行评价。

三　柬埔寨留学环境、状况与效果分析

柬埔寨传统教育是以寺院为基础，授课内容局限于佛教的教义和以巴利语诵读的经文。1863～1953 年，柬埔寨经历了长达 90 年的法属殖民统治。1949 年，法国殖民统治者在柬埔寨创立了第一

所高等院校——法律经济学院，它是柬埔寨最初的高等教育机构。1960 年，柬埔寨对高等教育机构进行整合，金边皇家大学（Royal University of Phnom Penh，简称 RUPP）的前身——高棉皇家大学正式成立，共设 5 个学院，包括法律经济学院、医药学院、自然科学技术学院、社会科学院和一个专科性质的国家教育学院，成为柬埔寨历史上第一所综合性的高等院校，开创了柬埔寨高等教育历史的先河。至 1970 年，柬埔寨已开设 9 所高等学校。1970 ~ 1979 年，经历了朗诺政变和红色高棉极端统治的柬埔寨，在教育事业的发展上遭受了严重的冲击，多数学校被强制关闭，柬埔寨的教育几乎陷于瘫痪。直到 1980 年，停办的高棉皇家大学才全部复课。1993 年第一届王国政府成立后，不但给教育事业带来了更多财政投入和民间投资，也引来了更多的政府和国际社会的关注和支持。至 2012 年，柬埔寨全国高等教育机构已达 101 所，其中公立高等教育院校为 39 所，私立大学 62 所，首都金边及全国 19 个省份均建立了高等教育机构。① 但总体情况而言，由于历史原因形成的经济发展滞后、基础设施薄弱等因素使得柬埔寨的高等教育仍然处于一个较低的发展水平，面临着管理不善、师资匮乏、教师的业务水平有限等诸多问题，全国有研究生学历的教师仅占 6%，且教师实际收入与现实生活开支不符，导致教师工作积极性不高，专业狭窄、经费过少、外来冲击严重等问题都严重地制约着柬埔寨的高等教育发展。但是，金边皇家大学作为目前柬埔寨国内办学历史最长，规模最大的一所综合性高等学府，其师资素质明显高于全国平均水平，该校教师具有研究生学历的占 88%，其中具有博士学位的占 4%，具有硕士学位的占 83%。而且该校设有专门为留学生开设的语言文学文化课程 11 门，为学习柬埔寨语专业的留学生提供了较好的学习条件。

在学习环境和学习效果方面，从调查统计表中可看出，被调查对象全部在柬埔寨金边皇家大学学习，在选课方面，有 55.6% 的

① 柬埔寨教育、青年、体育部：《2011 ~ 2012 学年教育、青年、体育工作总结报告概述》，柬埔寨教育、青年、体育部印发，2013 年 3 月，第 12 页。

人员除语言技课外未选择其他类型的课程；在对于国外教学质量的总体评价中，选择"很好"或"较好"的占44.5%，选择"一般"和"较差"的分别占38.9%和16.7%；在对教学内容是否适宜的评价中，50%的人认为"适宜"或"比较适宜"，27%的人认为"一般"，22.3%的人认为"不太适宜"和"很不适宜"；在可选课程的多样性方面，认为"很多"和"较多"的占27.8%，认为"很少"和"较少"的占38.9%，认为"一般"的占33.3%；在课程难易程度方面，选择"适中"和"容易"的分别占55%和33.3%；在对国外的研修情况的调查中，对于"参加了学术会议和讲座"的选项中没有一人进行选择；在对国外师资的评价中，对于教师资质认为"很好"和"较好"的分别占11%和61%，认为一般的占27.8%，没有认为"较差"和"很差"，这与老挝相比，有明显区别；在对非通用语授课能力上，认为很好的占11%，较好的占50%，认为"一般"和"较差"的分别占27.8和11%；在学术指导与咨询上，33%的人认为"较好"和"很好"；在与学生互动上，认为"较好"和"很好"的占60%，认为"一般"和"较差"的占38.9%。在图书资料方面，65.7的调查对象认为"丰富"和"较多"，在计算机网络方面，认为计算机网络"一般"和"较差"的各占38.9%和27.8%。以上情况显示柬埔寨金边皇家大学在教学、师资和科研学术研究等方面虽然资源不足，但被调查者认为整体教师素质尚可。尽管如此，由于是在语言对象国学习，所以在学习效果中，非通用语柬埔寨语的水平方面，认为有"很大提高"和"较大提高"的占50%，认为"略有提高"的占50%。从出国留学对个人素质影响的调查统计中可看出，在对所学语种兴趣方面，出国前所有调查对象中83%的人对所学语种感兴趣，而留学后，他们当中认为出国留学对他们的学习兴趣有"很大提高"和"较大提高"的占55%，"略有提高"和"没有提高"的各占27.8%和16.7%。在学术水平方面，认为有"较大提高"和"很大提高"的占27.8%，"略有提高"的占55%，"没有提高"的占16.7%；国际学术交流能力方面，认为有"很大提高"

和"较大提高"的占50%，分别有33%和16.7%的人认为"略有提高"和"没有提高"，由此也可看出留学环境对于留学效果所产生的一定影响。

在关于"赴对象国留学后，今后是否愿意从事与所学非通用语有关的工作"问题上，明确表示"愿意"的占44.3%，表示"愿意但相关工作岗位少"的占33.3%，这说明1/3的人还是愿意从事与柬埔寨语相关的工作，只是担心工作岗位少。表示"不愿意"的仅占5.6%；其中回答不愿意从事所学语言工作的主要原因是认为"个人发展空间受到限制"和"受到社会认可度低"。随着国家"一带一路"建设的进一步推进，社会认可度将越来越高，个人发展空间应该也可以得到更大的发展。在关于留学期间参与对象国民间交往及社会活动情况的调查中，对于留学过程中参与对象国民间交往的程度的回答中，"较频繁"的仅占16.7%，"有交往"的占61%，"较少"的占22%。表明多数留学生在柬埔寨留学期间较少参与与当地民众的交流和沟通活动。

在关于"您认为所留学的对象国对于中国的了解程度如何"的回答中，50%的人都认为所留学国家对中国仅有一般性的了解，16.7%的人认为"存在误解和分歧"。对于"您认为对中国文化的了解在与对象国民间交往中是否重要"这一问题的回答，88.9%的调查对象表示"重要"。对于"您所留学的国家对中国文化了解需求的迫切程度如何"这一问题，72%的人认为"亟须了解"，11%的人认为"不需要"了解，16%的人表示"不知道"，这也可能是由于他们与当地人接触较少，不能了解他们的真实想法。在"您对中国文化的了解能否满足对外交流的需要"问题上，回答"需要进一步加强"和"完全不够"的占77.8%。此部分的调查表明，在留学生出国期间，在与人交往的过程中，除了要了解对方的文化，也要了解中国文化和国情，由此才能用对方能够理解和接受的方式表达自己想表达的思想。

以上调查表明，虽然柬埔寨高校设有专门为留学生开设的语言文学文化课程，为学习柬埔寨语专业的留学生提供了一定的条件，但总体上柬埔寨的高等教育还处于较低发展水平，因此对于留学效果产生一定影响。

四　泰国留学环境、状况与效果分析

泰国的高等教育比较发达，无论从政府的重视程度、资金投入，还是普及率，都走在东盟国家前列。20 世纪 80 年代以后，泰国高等教育主要是调整结构和提高质量，进入 90 年代，泰国的高等教育在巩固 80 年代调整改革所取得的成果基础上，进一步向前发展，以适应国家社会经济建设之需。[①] 21 世纪以来，随着外部环境的变化以及社会需求的多样化，泰国高等教育的改革渐次深入，更多体现在资金投入、办学方式、管理体制改革等多个方面。泰国现行教育体制受英国和美国教育体制影响较大，高等教育有明确的层次和较完善的管理体制。泰国历来重视教育，对教育的投资在东盟乃至亚洲都位列前茅。泰国的国立大学作为高等教育的旗舰，主要体现在它是科研主力和国家教育政策的执行者，其人才培养具有战略性。[②]政府将国立高等院校作为贯彻高等教育政策和战略的基本机构，投入大量科研经费。政府不仅切实地提高了教师的收入，在教学设备方面许多高等院校也达到了世界一流水准。但是泰国高等教育也存在一些问题，主要体现在管理模式僵化、教育脱离实际、教学质量有待提高。长期的机制僵化造成大学管理的程式化以及教育创新的滞缓，虽然在 90 年代初泰国已开始尝试大学自治改革，并于 2003 年取消了大学部，使大学自治成为高等教育改革的核心方向，但大学自治依然推行缓慢，因此也成为泰国高等教育改革的长期任务。泰国高校注重教师队伍建设。随着大学自治的推进，传统体制下的教师境遇受到了极大的冲击，压力与竞争促进了

---

① 朱卫华：《泰国高等教育现状研究》，云南师范大学历史与行政学院硕士学位论文，2003 年 8 月。

② 张建新：《21 世纪初东盟高等教育》，云南人民出版社，2010，第 125 页。

教学方法与内容上的双重革新。此外，在积极开发与世界其他国家大学的合作与交流中，优秀人才的引进，教师学生的互换，双方人员的互访，也都不断为泰国高校的教育体系注入新鲜的血液。同时，引进先进的国际教学质量评估系统，确保了与国际水准接轨，摆脱了简单照搬欧美办学模式的局面。

在学习环境和学习效果方面，从调查统计表中可看出，被调查者在泰国 7 所综合大学学习，公立综合大学占 61.5%，私立综合大学占 38.5%；在泰国一流高校留学的占 40.1%，非一流的占 48.1%。在个人选课方面，有 70% 以上人员除语言技能课外选修了其他类型的课程，并有近 60% 的人认为可选课程的多样性方面"很多""较多"，在对于教学质量的总体评价中，选择"很好"或"较好"的占 80% 以上，没有人选择"较差"和"很差"，这从一个侧面说明泰国高等教育的程度和水平要高于东南亚其他国家；在对教学内容是否适宜的评价中，74% 的人认为"适宜"或"比较适宜"，只有 25% 的人认为"一般"；在课程难易程度方面，选择"适中"的占 88.9%，也就是说绝大多数人对泰国大学的课程比较满意；在对国外的研修情况的调查中，绝大多数人研修了本专业领域和感兴趣领域的课程。在对国外师资的评价中，对于教师资质认为"很好"和"较好"的占 85%，没有人认为"较差"和"很差"，这与东南亚其他半岛国家相比，有明显区别；在对非通用语授课能力和与学生互动上，认为"很好"和"较好"的均占近 80%；在学术指导与咨询上，66% 的人认为"较好"和"很好"；在对教师的评价中，没有出现"很差"和"较差"的评价。在图书资料方面认为"丰富"和"较多"的各占 33.3%，在计算机网络方面认为"好"和"较好"的占 66.6%。以上情况显示，泰国大学在教学、师资和科研学术研究等方面资源整体水平较高，所以在学习效果中，非通用语泰语水平方面，认为有"很大提高"和"较大提高"的占近 60%，认为"略有提高"的占 40%。从出国留学对个人素质影响的调查统计中可看出，在对所学语种兴趣方面，出国前所有调查对象中 85.2% 的人对所学语种感兴趣，而留学后，他们当中认为出国留学对他们的学习兴趣有"很大提高"和"较大提高"的占70%，"略有提高"的占30%。在学术水平方面和国际学术交流能力方面，认为有"较大提高"和"很大提高"的占50%以上，知识更新能力及观念的更新和批判和创新思维方面，表示有"很大提高"和"较大提高"的占70%以上，由此也可看出泰国较好的留学环境对于留学效果所产生的一定影响。

在关于"赴对象国留学后，今后是否愿意从事与所学非通用语有关的工作"问题上，明确表示"愿意"的占44.1%，表示"愿意但相关工作岗位少"的占37%，两项相加，有80%以上的留学人员愿意从事与非通用语种相关的工作，有1/3的人担心工作岗位少。表示"不愿意"和"无所谓"的分别占5.6%和14.8%，其中回答不愿意从事所学语言工作的主要原因是认为个人发展空间受到限制和相关待遇低。

在关于留学期间参与对象国民间交往及社会活动情况的调查中，对于留学过程中参与对象国民间交往的程度的回答中，较频繁的占1/3，有交往的占56%，较少的仅占14.8%。表明多数留学生在泰国留学期间参与了当地民众的交流和沟通活动。在关于"您认为所留学的对象国对于中国的了解程度如何"的回答中，66.7%的人认为所留学国家对中国仅有一般性的了解，18.5%的人认为"存在误解和分歧"。对于"您认为对中国文化的了解在与对象国民间交往中是否重要"这一问题的回答，100%的调查对象表示"重要"。对于"您所留学的国家对中国文化了解需求的迫切程度如何"这一问题，74.1%的人认为"亟须了解"；在"您对中国文化的了解能否满足对外交流的需要"问题上，回答"需要进一步加强"和"完全不够"的占85.1%。此部分的调查表明，在留学生出国期间，在与人交往的过程中，除了要了解对方的文化，也要了解中国文化和国情。

五　印度尼西亚留学环境、状况与效果分析

印度尼西亚（以下简称"印尼"）高等教育始自荷兰殖民时

期，爪哇医学院是印尼最早的高等教育机构。1945 年印尼独立后，高等教育经历了一个快速发展阶段，万隆工学院、茂物农学院和泗水医学院等职业高校的建立，推动了高等教育发展进程。独立初期，建立了雅加达国民大学等私立大学，先于公立大学诞生，并且成为后来印尼高等教育发展的重要组成部分。1963 年，印尼有大学、学院 243 所，成为现代高等教育系统的基础和中坚。截至 2013 年 8 月，印尼共有各类型高等教育机构 3900 所，其中，综合大学 491 所，学院 82 所，高等学校 1915 所，应用技术学院 219 所，大专院校和地方性专科院校 1193 所。① 印尼现行的高等教育体制，分为学术教育、职业教育、专业教育三种类型，各自的培养目标、所授学位以及师资素质要求不同。学术教育类型的综合大学学科齐全，教学系统完善，师资及教学设备较好。在提高教师科研能力方面，印尼政府的重点在于加大对师资的培养力度和增加科研项目资金，公立高校 69% 的教师最高学历为研究生。20 世纪 70 年代后，国家推出了"高等教育教师研究生计划"，到 20 世纪 80 年代，具备国外第二、第三学位教学人员数量与国内具备研究生培养资格的公立大学所培养的人数一样多。90 年代，为满足国内研究和研究生培养需要，1996 ~ 2000 年，海归博士人数增加 32%，硕士学位增加 40%。②印尼对于来印尼留学的部分人员提供奖学金资助，设立了 DARMASISWA 奖学金，由印尼教育与文化部和印尼外交部共同管理，提供给与印尼建立正式外交关系的国家留学生，旨在鼓励和资助留学生学习印尼语言、文化、艺术。总体来说，印尼大学高等教育质量在东南亚国家中较好，但由于地理原因和经济发展不平衡，印尼高等教育资源分配极不平衡。

在学习环境和学习效果方面，从调查统计表中可看出，被调查对象全部在印度尼西亚的公立综合大学学习，在印尼一流高校留学

① Mendikbud, *Pangkalan Data Pendidikan Tinggi Direktorat Jenderal Pendidikan Tinggi*, 15 August, 2013.

② 《东南亚高等教育》，张建新译，云南人民出版社，2006，第 42 页。

的占 83.3%，非一流的占 16.7%。在个人选课方面，有 75% 的人除语言技能课外选修了其他类型的课程，并有近 80% 的人认为可选课程的多样性"很多"和"较多"，在对国外教学质量总体评价上，70.8% 的人认为"很好"和"较好"。在对教学内容是否适宜的评价中，近 80% 的人认为"适宜"或"比较适宜"，只有 16.7% 的人认为"一般"；在课程难易程度方面，选择"适中"的占 62.5%，认为"较难"和"较容易"的各占 16.7%，这与个人出国前的语言水平相关。从调查问卷可了解到，多数留学人员对印尼大学的课程比较满意；在对国外的研修情况的调查中，大多数人研修了本专业领域和感兴趣领域的课程，75% 的人留学期间受到了论文指导，70.8% 的人参加了当地社会实践。在对国外师资的评价中，对于教师资质认为"很好"和"较好"的占 75%，认为"一般"的占 20.8%，认为"较差"的占 4.2%，这可能与留学院校不同而有所区别。在对非通用语授课能力和与学生互动上，认为"很好"和"较好"的均占 87.5%，这在东南亚国家中评价是最高的；在学术指导与咨询上，75% 的人认为"较好"和"很好"。这从一个侧面说明印尼高等教育的程度和水平在东南亚国家中属于比较好的。在图书资料方面认为"丰富"和"较多"的占 37.5%，认为"一般"和"较少"的各占 41.7% 和 20.8%；在计算机网络方面认为"好"和"较好"的占 29.2%，认为"一般"和"较差"的各占 45.8% 和 25%，这与印尼高等教育资源不平衡密切相关。以上情况显示，印尼的大学在教学、师资和科研学术研究等方面资源整体水平较高，所以在学习效果中，非通用语印尼语水平方面，认为"有很大提高"和"较大提高"的达到 100%，在对留学国家历史、社会文化与风土人情的了解程度上，所有调查对象认为有"很大提高"或"较大提高"，这在东南亚各国留学调研中属于最高的。从出国留学对个人素质影响的调查统计中可看出，在对所学语种兴趣方面，出国前所有调查对象中 100% 的人对所学语种感兴趣，而留学后，他们当中认为出国留学对他们的学习兴趣有"很大提高"和"较大提高"的占 95.9%。在学术水平方面和国际学术交流能力方面，认为有"较大提高"和"很大提高"的各占83%和79%以上；对于知识更新能力及观念的更新，表示有"很大提高"和"较大提高"的占97%以上，对于批判和创新思维方面，表示有"很大提高"和"较大提高"的占87.5%以上，由此也可看出印度尼西亚较好的留学环境对于留学效果所产生的一定影响，与前面调查的对印尼高校总体评价基本一致。

在关于"赴对象国留学后，今后是否愿意从事与所学非通用语有关的工作"问题上，明确表示"愿意"的占83.3%，表示"愿意但相关工作岗位少"的占12.5%，两项相加，有95%以上的留学人员愿意从事与非通用语种相关的工作，没有选择"不愿意"的。这与印尼是东南亚最大国家，各种工作岗位机会相对多于其他国家也有一定关系。在关于留学期间参与对象国民间及社会活动情况的调查中，对于留学过程中参与对象国民间交往的程度的回答中，"较频繁"的占3/4，"有交往"的占20%，"较少"的仅占4.2%。表明多数留学生在印尼留学期间参与了当地民众的交流和沟通活动。

在关于"您认为所留学的对象国对于中国的了解程度如何"的回答中，45.8%的人认为所留学国家对中国仅有一般性的了解，37.5%的人认为"存在误解和分歧"，这个比例在东南亚国家中仅次于越南。对于"您认为对中国文化的了解在与对象国民间交往中是否重要"这一问题的回答，95.8%的调查对象表示"重要"。对于"您所留学的国家对中国文化了解需求的迫切程度如何"这一问题，79.2%的人认为"亟须了解"，在"您对中国文化的了解能否满足对外交流的需要"问题上，回答"需要进一步加强"和"完全不够"的占66.6%。此部分的调查表明，在留学生出国期间，在与人交往的过程中，除了要了解对方的文化，也要了解中国文化和国情。

六 斯里兰卡留学环境、状况与效果分析

斯里兰卡的高等教育机构成立于英国殖民时期，最早的高等教

育机构是在 1870 年成立的锡兰医学院。1921 年，作为现代大学体制的伦敦大学附属锡兰大学学院在斯里兰卡科伦坡成立，是科伦坡大学的前身。1942 年锡兰大学在科伦坡正式成立，20 世纪 70 年代末至 90 年代，许多大学在政府的鼓励下相继成立。目前，斯里兰卡全国共有 15 所大学，① 分布在 9 个省级行政区。斯里兰卡高教部设立了多个高校教师发展项目，为国内大学教师提供系统的、丰富的国内外培训机会；许多斯里兰卡大学教师拥有欧美国家（特别是英联邦）高校授予的学位。截至 2010 年，斯里兰卡全国高等教育系统共有教师 3823 人，其中教授、副教授占 13.5%。斯里兰卡政府鼓励国内高等教育机构与国外高等教学与研究机构之间建立学术交流与合作关系，以实现高校教师互访、博士生互访以及共同合作完成科研项目。斯里兰卡高等教育部于 2013 年 6 月表示要吸引更多的外国分校到斯里兰卡，同时要将本地大学打造成为世界一流大学。世界银行 2012 年报告曾指出，对于外国学生来说，斯里兰卡在很多方面具有吸引力，例如美丽的风景、多元文化社会、英语教学的可能性、适中的价格和积极的政府。但是，同时指出斯里兰卡高等教育的弱势，包括：许多校园设施不足、周期性罢工、质量方面信息不足和学术研究有限等。

在学习环境和学习效果方面，从调查统计表中可看出，被调查对象全部在斯里兰卡的一流公立综合大学学习。在个人选课方面，有 53.8% 的人除语言技能课外选修了其他类型的课程，在关于可选课程的多样性问题中，只有 30% 的人认为"很多"和"较多"，认为"一般"的占 46.2%，认为"很少"和"较少"的占 23%。在对国外教学质量总体评价上，69.2% 的人认为"较好"和"很好"。在对教学内容是否适宜的评价中，近 53.8% 的人认为"适宜"或"比较适宜"，46.2% 的人认为"一般"；在课程难易程度方面，选择"较难"和"适中"的各占 46.2%，这与东南亚国家留学情况有较大差异，东南亚国家留学人员在课程的难易度选项中

---

① *Sri Lanka University Statistics 2010*, University Grants Commission, Colombo, 2010, p. 1.

很少选择"较难",而斯里兰卡留学人员中近一半人认为课程较难,这与个人出国前的语言水平,也与僧伽罗语语言特点及难度有关。在对国外的研修情况的调查中,大多数人研修了本专业领域课程,但是,在留学期间没有人受到论文指导。关于参与田野调查和当地社会实践,选择这两项的分别占61.5%和69.2%,表明留学人员有更多的机会接触当地社会,有助于了解体验当地风土人情和社会状况。在对国外师资的评价中,对于教师资质认为"很好"和"较好"的占92.4%,在对非通用语授课能力和与学生互动上,认为"很好"和"较好"的分别占84.7%和100%,在学术指导与咨询上,69.2%的人认为"较好"和"很好"。这从一个侧面说明了斯里兰卡的高等教育程水平。在图书资料方面认为"丰富"和"较多"的占47.2%,认为"一般"的占53.8%;在计算机网络方面认为"较好"的仅占7.7%,认为"一般"和"较差"的各占30.5%和61.5%。以上情况显示,斯里兰卡的大学在教学、师资等方面较好,但科研和基础设施存在不足。在学习效果中,非通用语僧伽罗语水平方面,认为"有很大提高"和"较大提高"的占79%,在对留学国家历史、社会文化与风土人情的了解程度上,84.6%的调查对象认为有"很大提高"或"较大提高"。从出国留学对个人素质影响的调查统计中可看出,在对所学语种兴趣方面,出国前所有调查对象中92.3%的人对所学语种感兴趣,而留学后,他们当中认为出国留学对他们的学习兴趣有"很大提高"和"较大提高"的占84.6%。在学术水平方面和国际学术交流能力方面,认为有"较大提高"和"很大提高"的各占30.1%和61.5%,这个比例可从一方面说明斯里兰卡大学在科研学术方面的实力情况;对于知识更新能力及观念的更新,表示有"很大提高"和"较大提高"的占84.6%以上,对于批判和创新思维方面,表示有"很大提高"和"较大提高"的占69.2%以上,由此也可看出斯里兰卡的留学环境对于留学效果所产生的一定影响。

在关于"赴对象国留学后,今后是否愿意从事与所学非通用语有关的工作"问题上,明确表示"愿意"的占38.5%,低于各国平均数，表示"愿意但相关工作岗位少"的占46.2%，高于各国平均数，两项相加，有84%以上的留学人员愿意从事与非通用语种相关的工作，只是近50%的人担心没有工作岗位，选择"不愿意"的占15.4%，高于平均数3倍。这与斯里兰卡国家经济正处于发展阶段有一定关系。在关于留学期间参与对象国民间及社会活动情况的调查中，对于留学过程中参与对象国民间交往的程度的回答中，"较频繁"的占46.2%，超过各国的平均数10%，有交往的占53.8%，表明多数留学生在斯里兰卡留学期间参与了当地民众的交流和沟通活动，这与中斯是传统友好国家也有较大关系。

在关于"您认为所留学的对象国对于中国的了解程度如何"的问题中，69.2%的人认为所留学国家对中国仅有一般性的了解，23%的人认为"不了解"，没有人认为"存在误解和分歧"。对于"您认为对中国文化的了解在与对象国民间交往中是否重要"这一问题的回答，92.3%的调查对象表示"重要"。对于"您所留学的国家对中国文化了解需求的迫切程度如何"这一问题，69.2%的人认为"亟须了解"，在"您对中国文化的了解能否满足对外交流的需要"问题上，回答"需要进一步加强"和"完全不够"的占61.5%。此部分的调查表明，在留学生出国期间，在与人交往的过程中，除了要了解对方国家的文化，也要了解中国文化和国情。

七 伊朗留学环境、状况与效果分析

伊朗的高等教育历史悠久，前伊斯兰时期与伊斯兰时期，伊朗境内有尼斯比斯学院、贡迪沙浦尔学院、内扎米耶学院等教育机构。现代意义上的伊朗高等教育始于19世纪。从恺加王朝时期起，伊朗开始了西方化、现代化的历史进程。与此同时，西方化的近代高等教育体系也逐步引介到伊朗本国。伊朗第一所近代高等教育机构—综合技术学院成立于1851年，随着伊朗社会现代化的发展进程，为满足各领域对专业人才的用人需求，至19世纪末，伊朗各类高等专业院校相继成立。20世纪的巴列维王朝时期，全国范围大力推行西方化、现代化的"白色革命",社会变革的浪潮遍及社会各个领域,伊朗现代高等教育体系也逐渐完善。1934 年,伊朗第一所现代大学——德黑兰大学成立。截至 20 世纪 70 年代,伊朗全国共有 77 所高等教育学院。在伊朗伊斯兰共和国成立后,1980~1983 年,效仿西方的教育体制被叫停并重新修整,伊斯兰宗教课程与伊斯兰教育体系被纳入高等教育体系当中。在 20 世纪 80~90 年代,伊朗许多高等教育机构大多升级为大学。1982 年,53 所大学、学院及其他各类高等教育机构改编为工程技术、人文科学、艺术、商业与管理四种类型。截至 2009 年,伊朗有公立大学 103 所,私立大学 300 余所。目前,伊朗政府对本土高等教育的发展愈加重视,伊朗高校的教育水准及其在亚洲、全球的认可度也稳步上升。全国高等院校发表的学术论文被国际科学索引所引用的次数也逐年增加。2010 年的世界大学学术排名,伊朗德黑兰大学名列世界前 500 所知名大学中的第 401 位。目前约有 2.6 万余名国际学生在伊朗高等教育体系中接受教育。

在学习环境和学习效果方面,从调查统计表中可看出,被调查对象全部在伊朗综合大学语言培训机构学习,学习方式是参加专为各国留学生所设课程。对国外教学质量总体评价上,100%的人认为"较好"和"很好",没有人选择"一般"、"较差"和"很差",是各国调查中评价最高的三个国家之一。在对教学内容是否适宜的评价中,近 100%的人认为"适宜"或"比较适宜";在课程难易程度方面,选择"很难"和"较难"的占 50%,表明有半数人觉得课程有难度,这在各国调查中比例也是最高之一;在关于可选课程的多样性问题中,认为"一般"的占21.8%,认为"较少"和"很少"的占 35.7%。这可能与在单纯语言培训中心学习有关。在对国外师资的评价中,所有人对于教师资质都认为"很好"和"较好",这在各国调查中也是获得最高评价之一;在对非通用语授课能力和与学生互动上,认为"很好"和"较好"的分别占 92.9%和 100%,在学术指导与咨询上 78.6%的人认为"较好"和"很好",这从一个侧面说明了伊朗的高校教师教学质量和教学水平较高。在个人选课方面，有64.3%的人除语言技能课外选修了其他类型的课程，在选择其他课程中，选择"对象国文化类课程"的占50%。在对国外的研修情况的调查中，所有人都研修了本专业领域，但仅有7.1%的人受到了论文指导，这与在语言培训机构学习有一定关系，一般来说，语言培训机构更强调语言技能的训练。关于参与田野调查，据统计，在伊朗留学期间没有人参加过田野调查，而田野调查是了解当地社会的一个重要方式，这可能与伊朗国家开放度有关。选择参加当地社会实践的占57.1%，这可增加接触当地民众，了解当地社会的机会。在图书资料方面，认为"较好"的占50%，认为"一般"和"较少"的占50%；在计算机网络方面认为"一般"和"较差"的各占71.4%和21.4%。以上情况显示，伊朗的大学在教学、师资等方面较好，但科研和基础设施存在不足。在学习效果的调查中，非通用语波斯语水平方面，100%的人认为有"很大提高"和"较大提高"，是各国调查统计中，选择此项比例最高的国家之一；在对留学国家历史、社会文化与风土人情的了解程度上，78.6%的调查对象认为有"很大提高"或"较大提高"。从出国留学对个人素质影响的调查统计中可看出，在对所学语种兴趣方面，出国前71.4%的人对所学语种"感兴趣"，28.6%的人"无所谓"，在留学后，71.4%的人认为出国留学对他们的学习兴趣有"很大提高"和"较大提高"，28.6%的人认为"略有提高"。在学术水平方面和国际学术交流能力方面，认为有"较大提高"的各占85.7%，这个比例可从一方面反映伊朗大学在教师资质和科研学术方面的实力情况；对于知识更新能力及观念的更新，表示有"很大提高"和"较大提高"的占92.8%，在各国对此项的评价中排第二；在批判和创新思维方面，表示有"很大提高"和"较大提高"的占71.4%，由此可看出伊朗的留学环境对于留学效果所产生的一定影响。

在关于"赴对象国留学后，今后是否愿意从事与所学非通用语有关的工作"问题上，明确表示"愿意"的占38.5%，表示

"愿意但相关工作岗位少"的占53.8%，这表明所有留学人员都愿意从事与非通用语种相关的工作，只是一些人担心没有工作岗位，没有人选择"不愿意"；在关于留学期间参与对象国民间及社会活动情况的调查中，对于留学过程中参与对象国民间交往的程度的回答中，"较频繁"的占61.5%，高于各国的平均数1倍，有交往的占38.5%，表明多数留学生在伊朗留学期间参与了当地民众的交流和沟通活动。

在关于"您认为所留学的对象国对于中国的了解程度如何"的问题中，38.5%的人认为所留学国家对中国仅有一般性的了解，认为他们"不了解"和"存在误解与分歧"的各占30.8%，这两项相加所占百分比高于各国调查的平均数1倍，这从一个侧面说明伊朗对于中国的了解程度还很不够。对于"您认为对中国文化的了解在与对象国民间交往中是否重要"这一问题的回答，69.2%的调查对象表示"重要"，但也有30%的人认为"不重要"或"无所谓"，这在各国调查统计中是所占比例最高的。对于"您所留学的国家对中国文化了解需求的迫切程度如何"这一问题，84.6%的人认为"亟须了解"，这一选项高于各国选择的平均数；在"您对中国文化的了解能否满足对外交流的需要"问题上，回答"可满足"的占30.8%，回答"需要进一步加强"的占69.2%。

八　朝鲜留学环境、状况与效果分析

1945年之前，朝鲜由于长期受到日本殖民地奴隶教育的影响，没有任何高等教育的基础，是世界上少数没有高等教育的国家之一，知识分子数量也屈指可数。建国后，为了建设新的社会主义国家，朝鲜于1946年10月1日成立了金日成综合大学。高等教育从无到有，由少到多，现在已发展为颇具朝鲜特色的高等教育体系，成为朝鲜培养具有高级专门知识的工程技术人员、专家和民族干部的重要机构。截至2001年，朝鲜全国共有280多所正规大学，除此之外，还有 600 多所体育、艺术类专科学校及技术专科学校。朝鲜的普通高等教育按其任务，可分为综合大学、中心大学以及单科大学、高等专科学校、特殊大学等几大类。其中综合大学和中心大学由国家重点投资保证教学设备水平，提高生源质量和大学教师素质，要求大学教师都争取成为学位获得者。这些大学不在于扩大招生人数而在于普遍提高学生质量，以便培养成国家各行业各部门骨干人员。在朝鲜，大学都建有严格的教学制度，一经决定的教学计划，教师只有彻底执行的义务，而不能有任何改动的权力。为了确保教学计划的顺利进行，朝鲜各大学根据教学大纲，规定大学一般教师的教学时数。朝鲜的大学教研室主任一般由学术造诣较高的教授或副教授担任。在朝鲜，大学并不是单纯的学术机构，而是实现以朝鲜劳动党为中心的社会主义革命的助力机构，是以培养社会各级干部为目的的技能型机构。随着大学的根本目标变成了维持社会的稳定，其教育内容和方式也呈现出与国外大学不同的特点。

在学习环境和学习效果方面，根据调查统计表可看出，被调查对象全部在朝鲜的一流公立综合大学和中心大学学习。在对国外教学质量总体评价上，94.4% 的人认为"较好"和"很好"，其中认为"很好"的占 61%，是各国调查中评价最高的，这与朝鲜严格的教学制度有密切关系。在对教学内容是否适宜的评价中，近88.8% 的人认为"适宜"或"比较适宜"；在课程难易程度方面，选择"较难"和"适中"的分别占 27.8% 和 66.7%；在个人选课方面，有 58.8% 的人除语言技能课外选修了其他类型的课程，在关于可选课程的多样性问题中，只有 21% 的人认为"很多"和"较多"，认为"一般"的占 55.6%，认为"很少"和"较少"的占 22.3%。在对国外的研修情况的调查中，绝大多数人研修了本专业领域课程，但是，在留学期间仅有 11% 的人受到了论文指导。关于参与田野调查和当地社会实践，选择这两项的分别占 11% 和61%。在对国外师资的评价中，对于教师资质认为"很好"和"较好"的占 94.5%，其中认为"很好"的占 77.8%，这在各国调查中也是评价最高的；在对非通用语授课能力和与学生互动上，认为"很好"和"较好"的分别占72.2%和22.2%，在学术指导与咨询上，83.3%的人认为"较好"和"很好"。这从一个侧面说明了朝鲜的高校教师的教学水平较高。在图书资料方面认为"丰富"和"较多"的占41%，认为"一般"和"较少"的占58.8%；在计算机网络方面认为"较好"的仅占11.1%，认为"一般"和"较差"的各占27.8%和55.6%。以上情况显示朝鲜的大学在教学、师资等方面较好，但科研和基础设施存在不足。在学习效果中，非通用语朝鲜语水平方面，认为"有很大提高"和"较大提高"的占83.4%，在对留学国家历史、社会文化与风土人情的了解程度上，100%的调查对象认为有"很大提高"或"较大提高"。从出国留学对个人素质影响的调查统计中可看出，在对所学语种兴趣方面，出国前所有调查对象中94.4%的人对所学语种感兴趣，而留学后，他们当中认为出国留学对他们的学习兴趣有"很大提高"和"较大提高"的占94.4%。在学术水平方面和国际学术交流能力方面，认为有"较大提高"和"很大提高"的各占83.4%，这个比例可从一方面说明朝鲜综合大学在科研学术方面的实力情况；对于知识更新能力及观念的更新，表示有"很大提高"和"较大提高"的占77.8%以上，对于批判和创新思维方面，表示有"很大提高"和"较大提高"的占72.3%，由此也可看出朝鲜的留学环境对于留学效果所产生的一定影响。对于"对所留学国家的印象及了解与留学前是否有出入"的问题上，41%的人认为"有较大出入"，这在各国调查中是比例最高的，没有人选择"基本一致"，也就是说，出国前学生对于朝鲜的情况了解较少，这与朝鲜国情以及信息来源渠道较少密切相关。

在关于"赴对象国留学后，今后是否愿意从事与所学非通用语有关的工作"问题上，明确表示"愿意"的占55.6%，表示"愿意但相关工作岗位少"的占38.9%，两项相加，有94.5%以上的留学人员愿意从事与非通用语种相关的工作，只是一些人担心没有工作岗位，没有人选择"不愿意"；在关于留学期间参与对象国民间及社会活动情况的调查中，对于"留学过程中参与对象国民间交往的程度"的回答中，"较频繁"的占 23.5%，低于各国的平均数，"有交往"的占 52.9%，表明多数留学生在朝鲜留学期间参与了与当地民众的交流和沟通活动，但是交往的频度与其他国家有一定差距。

在关于"您认为所留学的对象国对于中国的了解程度如何"的回答中，58.8% 的人认为所留学国家对中国仅有一般性的了解，23% 的人认为"较深入"，认为他们"不了解"和"存在误解与分歧"的占 17.7%。对于"您认为对中国文化的了解在与对象国民间交往中是否重要"这一问题的回答，94.1% 的调查对象表示"重要"。对于"您所留学的国家对中国文化了解需求的迫切程度如何"这一问题，82.4% 的人认为"亟须了解"，在"您对中国文化的了解能否满足对外交流的需要"问题上，回答"需要进一步加强"的占 94.4%。

从留学效果看，与前面留学生对高校的评价基本是一致的，朝鲜高校在 15 个国家的高校评价中排在第二位。

九　坦桑尼亚留学环境、状况与效果分析

坦桑尼亚的高等教育起步较晚，在 1961 年以前，坦桑尼亚没有自己的高等教育。最早的高等教育机构是成立于 1961 年的坦噶尼喀学院，它作为伦敦大学的一个学院，附属于伦敦大学。1963 年东非大学成立，由坦噶尼喀学院同乌干达的麦克勒勒大学学院（Makerere University College）和肯尼亚的内罗毕大学学院（Nairobi University College）构成，坦噶尼喀大学学院改称为达累斯萨拉姆大学学院。1970 年，东非大学解散，因此，1970 年 7 月 1 日，达累斯萨拉姆大学学院成为独立的国家大学。20 世纪 80 年代中期以来，面对高等教育滞后的局面，在进行政治和经济改革的同时，政府采取了一系列的政策措施，对高等教育进行了改革。到 2004 年，坦桑尼亚的高等院校达到了 36 所。在坦桑尼亚的高校中，最著名的是达累斯萨拉姆大学，是坦桑尼亚唯一的门类齐全的综合性大

学，也是科学研究中心。长期以来，在坦桑尼亚的许多大学，博士、教授主要集中在几个学科，而且年龄老化。从 1994 年开始，达累斯萨拉姆大学采取了一系列措施加强师资队伍建设，大学各校区的教师学历水平均有很大提高。截至 2006 年，达累斯萨拉姆大学本部教师中具有博士学位的占 65.7%，其余全部为硕士学位。近年来，坦桑尼亚高等院校开始注重科研成果，教职工在学术期刊发表的论文、在各种学术会议上提交的论文、出版的著作、承担的科研课题和申请到的研究经费，均有不同程度的提高，并保持相对稳定。

在学习环境和学习效果方面，根据调查统计表可看出，被调查对象全部在坦桑尼亚的一流公立综合大学达累斯萨拉姆大学学习。在对国外教学质量总体评价上，100% 的人认为"较好"和"很好"，没有人选择"一般"、"较差"和"很差"，是各国调查中评价最高的两个国家之一。在对教学内容是否适宜的评价中，近 100% 的人认为"适宜"或"比较适宜"；在课程难易程度方面，选择"较难"和"适中"的分别占 28.6% 和 71.4%；在关于可选课程的多样性问题中，28.6% 的人认为"较多"，认为"一般"的占 71.4%。在对国外师资的评价中，对于教师资质认为"很好"和"较好"的占 85.7%，在对非通用语授课能力和与学生互动上，认为"很好"和"较好"的分别占 100%，在学术指导与咨询上，85.8% 的人认为"较好"和"很好"。这从一个侧面说明了坦桑尼亚的高校教师教学质量和教学水平较高，这与对坦桑尼亚高校师资调研情况一致。在个人选课方面，有 57.1% 的人除语言技能课外选修了其他类型的课程，在选择其他课程中，选择"对象国文化类课程"和"语言相关非语言技能课程"的各占 25%，而选择"与所学专业无关课程"的占 50%，这是在各国中比例最高的，这有可能是为自己将来工作做一定的知识准备。在对国外的研修情况的调查中，所有人都研修了本专业领域课程，并有 42.9% 的人"研修了感兴趣领域课程"，有 28.6% 的人受到了论文指导。关于参与田野调查和当地社会实践，选择这两项的分别占 14.3% 和 42.9%。在图书资料方面，认为"一般"和"较少"的占 70.5%；在计算机网络方面，认为"一般"和"较差"的各占 71.4% 和 14.3%。以上情况显示坦桑尼亚的大学在教学、师资等方面较好，但科研和基础设施存在不足。在学习效果的调查中，非通用语斯瓦希里语水平方面，100% 的人认为"有很大提高"和"较大提高"，其中认为有"很大提高"的占 57.1%，是各国调查统计中，选择此项比例最高的国家之一；在对留学国家历史、社会文化与风土人情的了解程度上，100% 的调查对象认为有"很大提高"或"较大提高"。从出国留学对个人素质影响的调查统计中可看出，在对所学语种兴趣方面，出国前 100% 的调查对象对所学语种感兴趣，在留学后，同样 100% 的人认为出国留学对他们的学习兴趣有"很大提高"和"较大提高"，这在各国调查统计中也是比例最高的。在学术水平方面和国际学术交流能力方面，认为有"较大提高"和"很大提高"的各占 71.4% 和 85.7%，这个比例可从一方面反映坦桑尼亚大学在教师资质和科研学术方面的实力情况；对于知识更新能力及观念的更新，表示有"很大提高"和"较大提高"的占 57.2%，对于批判和创新思维方面，表示有"很大提高"和"较大提高"的占 69.5%，由此也可看出坦桑尼亚的留学环境对于留学效果产生较好的影响。这与前面对于留学国家高校总体评价是一致的，坦桑尼亚高校总体评价排在各国评价的前 5 位。

在关于"赴对象国留学后，今后是否愿意从事与所学非通用语有关的工作"问题上，明确表示"愿意"的占 71.4%，表示"愿意但相关工作岗位少"的占 28.6%，这表明所有留学人员都愿意从事与非通用语种相关的工作，只是一些人担心没有工作岗位，没有人选择"不愿意"；在关于留学期间参与对象国民间及社会活动情况的调查中，对于"留学过程中参与对象国民间交往的程度"的问题中，回答"较频繁"的占 42.85%，高于各国的平均数，有交往的占 42.85%，表明多数留学生在坦桑尼亚留学期间参与了当地民众的交流和沟通活动。

在关于"您认为所留学的对象国对于中国的了解程度如何"的回答中，85.7%的人认为所留学国家对中国仅有一般性的了解，14%的人认为他们"不了解"，但没有人认为"存在误解与分歧"。这与中国与坦桑尼亚是传统友好国家密切相关。对于"您认为对中国文化的了解在与对象国民间交往中是否重要"这一问题的回答，85.7%的调查对象表示"重要"；对于"您所留学的国家对中国文化了解需求的迫切程度如何"这一问题，57.1%的人认为"亟须了解"；这一选项低于各国选择的平均数，认为"不需要"和"无所谓"的人占28.3%，这一选项高于各国选择的平均数；在"您对中国文化的了解能否满足对外交流的需要"问题上，回答"可满足"的占42.9%，在各国调查中所占比例最高，回答"需要进一步加强"的占57.1%。

第三节　中国亚非非通用语留学生访谈分析

本课题在了解分析中国向亚非地区派遣非通用语留学生的状况时，除进行问卷调查、对一所高校、一个专业进行重点个案调查外，还对北京外国语大学10名曾在泰国、伊朗、韩国、朝鲜、印度、老挝、缅甸、马来西亚、坦桑尼亚等亚非国家有过留学经历的学生进行了访谈，直接了解他们在对象国留学的状况、收获以及对一些问题的看法等。虽然各国的情况差异较大，每个留学生的个人体验有所不同，但访谈了解到的都是留学生原汁原味的真实想法。

一　主要留学收获

被访者普遍认为到对象国留学获益颇丰，一方面语言能力普遍得到提高；另一方面他们还深入当地农村、工厂体验当地的风土人情和独特的文化，更深入、更全面地了解了对象国。留学之前，大部分学生对所留学国家的印象与出国后所感受到的情况是有一定出入的，有的国家甚至出入很大，但通过留学，了解到对象国的实际情况，同时，也明确了今后的努力方向。

1. 提高了语言水平

在谈到留学收获时被访者谈道："我曾前往坦桑尼亚达累斯萨拉姆大学交流，主修斯瓦希里语。这次经历使我获益颇丰。其中最大的收获，是我在语言能力上的提高。"（斯瓦希里语专业学生）"虽然马来语是国语，各民族自己的语言都保存了下来，在日常生活中也经常使用，很多东西都是用英语和马来语标注的。而我们在马来西亚也经常需要在马来语、英语和华语三者间切换，这样的学习环境也算是一种难能可贵的资源了。"（马来语专业学生）"我们深知出国留学的核心目的是学习对象国语言，而我更坚信对语言的习得并不仅限于教室。将课堂所学运用到实际，对大脑言语区反复刺激，大大增强了对语言的敏感程度。"（印地语专业学生）

2. 了解了留学国家的真实情况

"时隔两年，当我再次回忆起这段留学经历时，内心充满的是最真挚的感激之情。从道听途说到眼见为实，对印度社会文化有了直观感受。"（印地语专业学生）"说到朝鲜，大家的第一印象大概都是神秘。有幸在留学基金委的资助下在朝鲜度过了半年的留学生活，我试图去客观地看它，试图去感受它，不知道它的明天会怎么样，但是我永远忘不掉那一段回忆。"（朝鲜语学生）也有一些国家的印象与出国前的印象有较大反差。"我留学之后对于留学对象国伊朗的印象发生了较大的改变。当地的基础设施建设程度低于我所预期的程度，对伊朗人的印象也有了新的认识。"（波斯语专业学生）"在仰光留学了 10 个月之后，我的确深深爱上了这座城市的多样与包容，整个缅甸给我也留下了一个相对不错的印象。最重要的是我的确更加清楚地从各个方面立体地对这个国家有了一些初步的了解。"（缅甸语专业学生）

无论何种感受和收获，学生出国留学得到了在国内不可能获得的真实体验以及收获。

3. 明确了自己的努力方向

"国家的出国留学政策，让我了解到了一个更广阔的世界，也让我明白了自己的努力方向：在泰语的路上坚持到底，为国家的公共外交事业尽一份绵薄之力。"（泰语专业学生）"我还是喜欢上了仰光这个城市，它具有多样的文化和极强的包容性，而整个缅甸，这个目前仍可以被称为'神秘'的东南亚国家也以它的独特和诸多待解的谜团深深吸引着我。我想我大概还是会继续从事与缅甸相关的工作。"（缅甸语专业学生）"我非常幸运在本科期间拥有公派留学的宝贵机会，通过它我更好地了解了印度，喜欢上了这个充满魅力的国家，而我今后的一生也许都和她密切相关。一年的留学经历只是一个美好的开始，'把世界介绍给中国，把中国介绍给世界'的理想伟大而充满挑战，需要所有中国人的共同努力，但是我相信秉持着这份坚定而美好的信念，作为小语种学习者的我们能更好地做到给中国及对象国讲好彼此的故事。"（印地语专业学生）

二 留学期间参与民间交往和社会实践调查情况

对于语言学习者，语言的实践和应用必不可少。同时，语言是沟通与交流的媒介和文化的载体，不同国家不同民族的文化差异必然会反映到语言运用的各个方面。真正掌握好一门外语就必须理解语言的深层基础——文化，只有把握了文化背景，才能在跨文化交际中得体地运用语言。因此，留学期间除了课堂学习外，参与民间交往和社会实践调研，是深入了解一个国家社会文化的重要途径。留学期间学生们基本上都参与了对象国民间交往和社会活动，有的同学利用公派留学的宝贵机会，对于所承担的"国家级大学生创业创新计划"项目，展开了实地调研考察，力求获得一手资料，取得了很好的效果。

在问及参与民间交往和社会实践调研问题时，被访者谈道："我和另外几位同学到尼赫鲁大学、康纳特广场、Priya 购物中心等地发放了问卷，对中央印地语学院的几位老师就印度传统节日习俗和禁忌进行了一对一的采访，深入地了解了他们对相关问题的看法，我们对获得的资料进行了整理，最终的论文和成果展示获得了'国家级大学生创业创新计划'项目的优秀称号。"（印地语专业学生）"我非常享受使用斯瓦希里语，包括一些非正式的街头俚语与当地朋友进行交流。这也帮助我结识了大量非洲伙伴，并获得了许多参与文化交流和社会活动的机会。我还深入体验了一把当地人的生活，曾经对当地的片面了解，也慢慢地丰满了起来。毫无疑问，留学之后，我对坦桑尼亚更加向往了。"（斯瓦希里语专业学生）"在拥有了一定的语言基础之后，我开始尝试更为广泛的接触。在一次讲座上，我认识了 T 君，他当时正为加州大学伯克利分校与仰光大学合作的缅甸社会经济调查项目工作，负责仰光近郊城市化进程中土地问题的调查研究。我从中了解到了不少关于缅甸土地问题的知识，包括其起源、发展与当代主要的土地问题等。我还跟随他一同到农村调查，这一过程当中的所见所闻对我来说获益匪浅。这段经历为我更好地了解缅甸当代社会提供了不可多得的机会，T 君所做的访谈，以及到缅甸农村后的所见，对我而言都是十分鲜活的、生动的缅甸国情教科书。也正因为有了这段经历，我个人认为，对于留学生而言，在对象国适当参与一些社会调查活动，或在条件允许的情况下开展一些探究性的学习，对于自身语言能力的提高和对对象国国情的深入了解，是有所裨益的。"（缅甸语专业学生）

三　非通用语民间交流的特殊效果

世界最受人尊敬的政治家之一、南非首位黑人总统曼德拉曾说过："如果你用一个人能听懂的语言与他交流，那么你的话会进入他的大脑。如果你用他自己的语言与他交流，那么你的话就会进入他的内心。"[①] 在留学过程中，许多学生深切体会到用对方的语言

[①]　http：//weibo.com/unesco？is_all＝1.

与对象国民众进行交流，可以增加交流的深度并增进彼此间的了解和信任。

在谈到用对象国语言进行交流时的感受，被访者谈道："在国外如果他们知道你会说波斯语，就会感到异常兴奋，就如同在异国他乡听到自己的母语一般，而这种使他们觉得自己的文化得到传播的心理优势，会拉近双方交流的心理距离，从而我们也就获得了印象方面的优势。在与以波斯语为母语的伊朗人交谈时，讲波斯语要比英语表达得更为清楚，假如以英语为媒介，双方在理解同一语句上就会有差别，从而影响了表达的效果，而用对方母语交谈，即使自己表达有误的情况下对方会加以纠正从而正确理解。"（波斯语专业学生）"想要深入了解对象国的社会文化，首先就需要放下自己作为一个外国人的身份，找到对对象国的认同。我有幸学习了坦桑尼亚国家的官方语言斯瓦希里语，而语言又是建立认同感的一条重要的纽带。我曾走访了坦中友谊纺织厂、东方之星鞋厂等多个中资机构，就坦桑尼亚员工对中方人员工作态度的看法等问题，对这些机构的坦方领导和雇员进行了斯语采访。在采访中，使用斯语给我带来了极大的便利。在友谊纺织厂，'不期而至'的我竟受到了热烈的欢迎，一位车间工人紧紧握住我的手，将我请进了车间参观。他们诚挚的友谊使我十分感动。我的调查大多是在这样友好的氛围下进行的。"（斯瓦希里语学生）"在马来西亚，我真正感受到语言的魅力在于交流，当然，语言不只是交流的工具，它承载的文化和历史也让我着迷。在马大学习期间，我们不只在课堂上了解马来文化，同时也深入民间。"（马来语专业学生）"身处泰国后发现，当泰国人知道我作为一个中国人能自如地用泰语交流时，他们感到无比的欣慰和感动，他们会好奇地询问在中国学泰语的人数有多少、就业前景如何、为什么想学泰语，从简单的对话中其实可以看出他们的一种感激，就是当我们身处大国的地位却用尊重、友好的态度去面对邻国时，邻国回敬的必将是同样的尊重和友好。"（泰语专业学生）

被访者普遍认为，用对方熟悉的语言与其交流，非常有利于双方的相互理解，减少不必要的误解，促进两国人民的友谊与合作。

四　留学生在民间外交中的作用

在一些亚非国家，由于过去人员交流较少，媒体报道并不全面，许多对象国民众是通过留学生了解中国、认识中国。

在谈到留学生在民间外交中发挥的作用问题时，被访者谈道："留学生作为与国外民众直接接触的群体是公共外交和民间外交的重要力量。留学生的言行举止直接影响着外国民众对中国形象的看法。在国外，很多关于中国的了解都是从媒体获得的，而因为伊朗国内环境的闭塞，使得大多数民众只是通过中国产品了解中国。而留学生数量稀少更使我们成为他们了解中国的一个窗口。走在伊朗大街上经常被问到李小龙是否还健在，中国产品质量为何如此差等诸如此类的问题。在这种情况下，留学生的责任就更加艰巨了。对于我们掌握对象国语言的留学生来说更是具有语言和心理方面的优势。"（波斯语专业学生）"随着通信技术的发展，了解世界似乎变得不再困难，但对于'理解'和'信任'，很多时候屏幕上的文字不如面对面的交谈来得更真切。'增强中印之间互信'一直是两国双边关系中出现频率最高的几个字，而我一直坚信双方的互信基础一定是建立在两国人民间的交流之上。留学生就是最好的'全权大使'。初到印度时，和印度友人的交流过程中我常常发现他们对中国存在诸多方面的误解，了解中国的窗口也仅仅通过媒体的夸张渲染，造成的直接结果就是逐渐形成心理上的隔阂和不信任。每每碰到这样的尴尬情况，我们都会极力进行客观的解释，通过一次次的努力，他们慢慢地开始尝试着去接受，去辩证地思考，有的印度朋友还下定决心尽快来趟中国之旅。我们积极地参加使馆的活动，在活动中认识了很多印度朋友；我们和他们一起过节日，一起感受多彩的印度；我们参加印度朋友的婚礼，献上最真挚的祝福；我们一起聊天，一起唱歌，渐渐地我们发现这份纯真美好的友谊必将是一笔很大的财富，这笔财富不仅属于我们个人，它属于整个中国。"（印地语专业学生）"我采访的坦桑尼亚人都认为中国人为他们带来了许多工作机会，也给他们树立了良好的榜样。他们均表示，中国人吃苦耐劳的精神令他们印象深刻，也逐渐吸引他们去效仿。中国的一些优秀电视剧，如《媳妇的美好时代》等，被翻译成斯语后在当地热播。不少当地人都十分向往中国人的生活，对中国人的好感更是与日俱增。另一方面，一些坦桑人对中国的了解渠道不多，有些人只是通过西方媒体或是街头传言来了解中国和中国人，这就造成了一些对中国人的误解。在坦桑，我曾多次听到一些关于中国的谣言，我只得花大工夫来一遍遍地辩解。"（斯瓦希里语专业学生）"随着老一辈缅甸人逐渐淡出我们的视野，新一代的缅甸人对于中国的印象不再来自于课本和官方的宣传，而更多地来自于非官方报纸与社交媒体上的点滴新闻。在与稍微上些年纪的缅甸人交谈时他们会有意识地提及《西游记》《射雕英雄传》等影视作品以证明他们对中国文化的了解，但中国影视剧在缅甸年轻人当中的影响力微乎其微，电视上播出的绝大多数是韩国影视剧，街头售卖的影碟也大多是美国大片。中国当代作家的缅文译作也极其罕见，除了某出版社的'诺贝尔译丛'中出现了莫言的《蛙》之外，在极其繁荣的缅甸出版市场当中很难见到其他中国著作，与每周都可以出现在'本周新书'货架上的英美不太知名作家们的图书译作形成鲜明的对比。有一件事让我觉得非常难过。在搭乘出租车时，被问及'从哪里来'这个问题，当回答'中国'之时，不止一次地，司机表示不相信。有一位司机甚至直接说道'中国人不会这么文明的'。另外，某些中国劣质产品也在缅甸人心中留下了相当坏的印象。有一位老师在上课时就举例子讲道，她家购买了中国的开关，用了两个星期就坏了。泰国产的虽然贵一些，但是用了好几年都没有问题。总而言之，当下，由于种种因素的综合作用，'中国'和'中国人'在相当一部分缅甸人当中所留下的印象是相当负面的。虽然绝大多数缅甸人还是表现得非常热情与友好，但如果在这一问题上与他们稍作交谈，便可以发现他们有意无意流露出的一些负面情感。改善缅甸人对华印象，在这件事上我们任重而道远。"（缅甸语专业学生）"个人觉得去国外留学，特别是公派的留学生必须得时刻注意自己的一言一行，因为外国人会通过你的言行来判断或者产生对中国的看法和见解，所以你呈现出的状态不仅仅代表自己，更代表着整个国家。在一些特殊问题上要有自己的立场，爱国心是必不可少的，因为首先你是个中国人。如果在对外交流中做不了多大的贡献，那至少不能损害我们国家的利益和形象。在自己力所能及的范围内可以宣传一下祖国和中华文化，由于我们是留学生，接触的对象国的留学生居多，学生之间的交流应该是不带有任何歧视和偏见的，在领略对象国的文化的同时可以向他们介绍我们自己的文化。"（印地语专业学生）

由此可看出，许多留学生认为，在民间外交方面他们能够发挥积极的作用。特别是在一些国家对中国产生误解时，他们都尽力做一些增进两国之间友谊的事情。他们认为作为新时代的青年，他们有责任也有义务，不断充实提高自己，为两国交流发展做出自己的一份贡献。

五　民间交往中留学生了解中国文化、国情的重要性

在与对象国民众进行交往的过程中，在积极了解留学国家的社会文化的同时，对方也有进一步了解中国的愿望。而掌握一定的中国文化历史知识、了解中国国情现状，对于促进双方理解大有益处。在调查问卷统计中，90%以上的人认为对中国文化国情的了解在民间交往中是重要的，并有74%的人认为留学国家对中国"亟须了解"，同时，有73%的人认为自己对于中国文化国情等方面"需要进一步加强"和"完全不够"，这也是学生在留学期间与对象国民众进行交往时的切身体会。

在谈到这一问题时，被访者谈道："在与韩国朋友的交往中，我渐渐认识到对中国文化的了解十分重要，不仅是历史、地理、传统文化，了解一些民间习俗也很重要。我和韩国朋友聊天时曾说起过韩国婚礼和中国婚礼的相关习俗，她很详细地告诉我韩国婚礼的步骤、服装以及各种礼节，面面俱到。在她询问我时，我却只能说

出个大概，具体的细节不太了解，只能告诉她，每个地区都有不同的风俗，差异很大。还有一次，在接待一位对中国历史很感兴趣的韩国官员来北外学习，路上聊起辛亥革命时，他准确说出了辛亥革命的时间以及标志着清政府倒台等历史意义，我不禁有些惊叹，虽然高中历史学到过这些，但是突然提起来还是要好好想想才记得起来。之后他还提到了中国政治上官员的晋升制度很合理，都是从基层开始一步步积累经验到高层领导人，所以国家领导永远都是经验丰富、有能力的人，不会出现有些国家国会议员空有高人气，却没什么实际能耐的现象。听了他的话，我不禁感慨随着中国国力增强，世界各国对中国各种体制、发展模式越来越感兴趣，是一件值得我们骄傲的事情。同时我也开始反思，我国的文化、我国的优秀制度竟要由一位外国人讲给我听，实在有些无地自容。向世界传播中国文化并不是一句空口号，要做到这一点，扎实了解中国文化显得尤为重要。"（朝鲜语专业学生）"中国文化对于伊朗人或者说其他外国人更多地还停留在文化符号上，譬如说功夫、筷子、长城这些。他们也确实没有更多的途径去了解，当地人对中国的普遍印象还停留在通过特定人物来体现中国的阶段，最常被当地人当面提起的名字还停留在李小龙、李连杰等地步。在书店中关于中国的书籍十分匮乏，甚至还停留在描绘 20 世纪 70 年代中国的阶段。另外就是存在一些误解。中国一些质量低下的商品抹黑了中国制造的形象，也损害了中国在当地的国家形象。各种媒体上偶尔也会报道中国政府在伊核谈判中所发挥的积极作用，但数量有限，宣传力度太小。而这一任务，无疑落到了两国青年人的肩上，所以作为新时代的青年，我们有责任也有义务，不断充实提高自己的中国文化能力，主动了解中国国情，日后为两国交流发展做出自己的一份贡献。"（波斯语专业学生）

六　部分留学生对出国留学政策和留学服务的建议

在出国留学政策和留学服务方面，被访者认为有些方面还可以做得更好。由于各国情况不同，因此，被访者根据自己的留学经历提出以下希望。

1. 希望有关机构提升服务质量

受访者反映最多的意见是希望各有关部门，如国家留学基金委、中国留学服务中心，能够加强对非通用语种留学生的服务、教育和管理，不断提升服务质量、管理水平和资助标准，把有关工作做得更细致一些、更全面一些、更周到一些。

2. 希望国家逐渐开展真正当地"非通用语"即当地各民族语言的教育

斯瓦希里语专业学生谈道："我们学习的斯瓦希里语，目前在国内还属于'非通用语'一类。而在多民族多语言的非洲国家坦桑尼亚，作为官方语言之一的斯瓦希里语，则是不折不扣的'通用语'。对当地人来说，'非通用语'则是各个民族的语言。"这说明，我们国家不能仅仅满足于国内所谓的"非通用语"的教育现状，应该在保证已有语种教育质量的前提下，稳扎稳打，逐渐开展真正当地"非通用语"的教育。

3. 希望根据不同国家、不同人才需求层次，在派出留学生时，提供多样化选择

缅甸语专业学生谈道："在课程学习过程当中，由于所赴学校资源较为有限，而缅甸开放后赴缅留学的学生数量急剧增长，班级容量过大，在一定程度上影响了教学效率。在留学期间，一个非常突出的感受就是作业完成之后往往得不到及时、有效的批改，这对于写作等技能的提高是非常不利的。另外，由于缅方在对外语言教学上经验较为缺乏，缅语本身使用规范性和精确性不足等特点，在学习过程中经常会出现一些不甚准确的内容，须课后查阅字典和其他资料后才能真正习得。总的来说，现有赴缅留学生派出体系形成于缅甸改革开放之前，但在缅甸改革开放之后，由于双边关系，特别是经贸关系的快速发展，留学生派出数量的急剧增多，各行各业用人需求的多样化和差异化，在留学生派出上，似乎也应提供更多样化的选择。由于现阶段缅甸政治体制的特殊性，即所有高等院校的人事权、财政权和部分行政权力高度集中在国家教育部门的现状，如果要推动其改变，仍需要我国的相关机构出面，推动缅方在接待留学生赴缅学习时，开设出更为多样的课程、安排更为灵活的学制，并通过向缅方传授我国在双语教学上的经验，帮助缅方培训、培育师资来推动缅方双语教学的发展。此外，我认为，通过国家以援助形式进行引导，推动缅方在对外缅语教学上投入更多的资源，或进行更为合理的师资资源分配亦并非不可能。"

4. 希望国家公派留学安排时，尽量与对方学校沟通，采取更利于提高留学效果的方式

朝鲜语专业学生谈道："我们 50 多个中国留学生单独在韩国庆熙大学语学院上课，分为三个班级，上课的除了老师是韩国人其他全是中国人，课上课下互相交流都只用中文，很不利于韩语水平的提高，交往圈子也往往比较小，不能更好地感受韩国课堂的氛围。虽然第二个学期的时候可以选修一部分本科生的课程，但是不计入学分，教课老师也不是很在意我们是否去上课或交作业，这部分选修课程也大部分是中国留学生在上，还是不能起到与韩国学生很好交流的效果。就我个人而言，我希望，留学基金委的这个项目可以改成和其他国家留学生一起上课的方式，就像北外中文学院那样。哪怕同学不是韩国人，想要交流毕竟要用韩语，效果应该会更好一些。还有住宿时，我们当时都是和自己学校的同学两人住一起，相互很熟悉，生活上虽然会很方便，但交流全部用中文，毕竟留学是为了提高自己的韩语水平、感受韩国文化而来的，这样的安排有些浪费资源。如果能安排和韩国室友一起住，韩语上的交流就是必要的了，可以更切实地了解她们平时的生活和语言表达习惯等，从而达到更好的留学效果。"

第四章　新时期中国对亚非地区非通用语留学人才培养战略研究

第一节　亚非地区非通用语留学人才培养的战略机遇

有学者指出，中国作为亚洲大国，长期以来在学科建设上严重忽略除国学与西方之外的其他东方国家、亚非国家的研究，对除西方学、国学以外的学问不甚重视，从而导致在学术体制上没有形成东方学这一独立的学科。近百年来的中国东方学研究往往是在被主流学术边缘化的境遇中，艰难并寂寞地发展着。这种状况虽已开始转变，但尚未得到彻底改变。在相应学科上投入的人力、物力、财力，无法与亚非各国的重要性相称，也无法与中国这个举世公认的东方中心大国的地缘政治地位相称，这是需要认真反思和研究的。事实上，研究任何一个亚洲或非洲的问题，都不可能与中国无关。这里有源远流长的历史渊源，有事实上的关系，也有逻辑上的关系，还有比较文化上的同形、同构的关系。①

进入 21 世纪以来，一是亚非地区问题的热点多、难点多，二是亚非问题的研究空间大，三是亚非国家的重要性日益凸显。

① 北京外国语大学亚非学院：《2014 首届中国非通用语战略发展高端论坛暨北京外国语大学新型智库建设研讨会发言》，2014 年 12 月 20 日；北京外国语大学亚非学院：《第二届中国非通用语战略发展高端论坛发言》，2015 年 12 月 19 日；中国东方文学研究会会长王向远教授在"2015 亚非研究学术论坛"上的致辞。

据此，当我们能够准确了解和表述亚非国家的时候，我们才能把握亚非、拥有亚非。在这方面，深度研究的价值无可替代。当一个国家的学术研究摆脱狭隘眼光，研究外国的问题像研究本国问题一样，感觉义不容辞的时候，我们的学术才能真正繁荣。对非通用语种的重视程度体现了大国和致力于成为强国的姿态与大国的战略思维，我们要与世界打交道，要维护我们的长远利益，因此，全面型、复合型、国际化的亚非非通用语种留学人才对于我们这样一个发展中的大国至关重要，与国家的崛起和命运息息相关。①

今天的亚洲拥有全世界 67% 的人口、1/3 的经济总量。尽管面临的风险和挑战也很多，但亚洲是今日之世界最具有发展潜力的地方。新世纪亚洲的崛起，需要有文化的形象、文明的复兴。"一带一路"要有文化支撑；经济上的"一带一路"，文化上就要互联互通；命运共同体要有理论支撑，需要文明的对话融通。要充分认识到开展与亚洲文明对话的复杂性和艰难性。复杂、困难主要体现在以下三方面。第一，价值观不同，这是最根本的。第二，亚洲文明有的地区很敏感。第三，长期以来，我们跟亚洲很多国家学术交流合作的基础也比较薄弱，很多方面都得重新开始。

亚洲是多元文明共同体，亚洲的团结与发展对世界意义重大。现在亚洲受各种因素的影响，特别是崇美因素的影响，传统友谊与团结受到挑战。当前构建亚洲命运共同体的一个重要任务是维护和增进亚洲的团结和友谊。亚洲文明对话不仅必要，而且非常紧迫。亚洲文明对话要务实，要有求实的精神，要着眼于亚洲的实际，要着眼于各国各地区的现实需要，切忌空谈。亚洲文明对话的求实，离不开汲取亚洲各国文明的经验与智慧。亚洲是世界几大重要文明的故乡，亚洲的历史经验与教训需要认真地总结与汲取，亚洲各地的文明智慧理应成为亚洲建设命运共同体，包括共同建设人类命运共同体的宝贵资源。

---

① 中国东方文学研究会会长王向远教授在"2015 亚非研究学术论坛"上的致辞。

当今世界固然矛盾重重，但是人类也面临着一些共同的问题。当这些共同的问题发展到严重的程度，成了人类的公害、公敌，直接威胁到人类生存的时候，人类自身、不同人群的矛盾往往退居次要地位，而共同应对公害、公敌就成为主要矛盾。正是这些共同的问题，把人类的命运联系在一起。所以提出人类命运共同体这个命题，不仅仅是一种美好的愿望，而且有它的现实可能性。开展文明对话、构建命运共同体，绕不开政府之间的合作，但是主体应该是人民，主渠道应该是在民间。不同国家、族群往往文化背景不一样、文化传统不一样，对彼此的文化不甚了解，在这种情况下就容易产生矛盾。文明、文化的对话不仅对消除人民之间、文化之间的误解很有帮助，甚至也可以帮助我们消除某些政治上的误判和误解。中国的现代化建设，不但体现了广大人民的一种愿景，而且也是中华文化本质的体现。这种理念要通过文明对话反复讲，特别是广泛的民间交流，引起世界人民的共鸣。

目前亚洲在崛起，发展很快，这是亚洲面临的人类历史上几百年来最好的发展机遇，国际关系重心也在向亚太地区转移。亚洲国家内部有争端在所难免，但是亚洲人非常珍惜和平。国与国之间有很多误解，人和人之间有很多误解，我们要相互谅解，要替人家着想，一厢情愿是不行的。通过相互了解，误解减少了，合作的可能性就上升了。通过找到双方合作的可能性，建立互信，最后推动进步。2011 年中国同亚洲各国贸易额为 1.2 万亿美元，超过了中美、中欧贸易的总和，这在历史上是第一次，所以亚洲对中国的外交来讲非常重要。中央提出"一带一路"非常及时，并要求我们在建设过程中注意虚实结合、快慢结合、远近结合。"一带一路"的建设思路属于国家层面的战略布局，对不同行业都有影响和涉及，它开辟了国际交流的新方向，增加了国际交流新内涵，开启了国际交流的新模式。

构建亚洲命运共同体有非常深刻的历史和外交背景。亚太地区现在已经发展成为世界上最具活力的地区之一，亚洲国家经济一体化程度和相互依存程度不断提高。但是亚洲地区面临的风险和挑战也不断增多，局部地区动荡、恐怖主义蔓延、安全局势恶化，这些因素都威胁着亚洲地区的和平与稳定。正是在这样的现实和大背景下，习主席提出构建亚洲命运共同体的倡议，具有非常现实和深远的意义。其目的就是深化亚洲国家之间的互利合作，努力让地区合作成果惠及各个亚洲国家的人民。习主席提出开展亚洲文明对话，反映了中华文化的本质，也体现了我们新型的外交理念。与这个相伴的就是"一带一路"的倡议。

我们在尊重他者的时候，能够看到各个国家、各个民族、各个宗教的不同的利益，能够看到他们在政治制度、宗教信仰以及价值观等各方面存在着的巨大差异，所以我们能够尊重他们的核心利益。世界是多元的，我们要开放包容、凝聚共识，通过对话形成一个互学互鉴、互惠互利的氛围。

从亚洲文明的历史性来看，亚洲文明一定程度上是人类文明之根，亚洲文明对世界文明的贡献巨大，经济史研究证明，在 1785 年以前，亚洲是世界经济的主体，西方人是后来挤进来的，在彻底地把印度变为殖民地以后，通过对华发动鸦片战争，英帝国经济才问鼎世界。在经济史上有大量的学者做这样的研究，实际上以印度洋和中国为中心的经济持续繁荣了将近 400 年，很长时间内是世界经济的一个很重要的推动力。而西方是以殖民主义方式摧毁了亚洲文明以后，才导致 19 世纪亚洲的衰落。鉴于亚洲的历史地位和亚洲的多元性，亚洲文明的对话一定要对亚洲本身文明的特征、历史根源、历史重要性有一定的阐述。推动亚洲文明对话，要重视民间力量，要尊重亚洲文明以及语言文化的丰富多样性。

任何一种文明长期在一个封闭的系统内，其命运必然是走向死寂，只有在与"他者文明"的交流融合中才能生生日新、保持旺盛生命活力。世界上没有一成不变的文明，各文明传统各有所长、没有高下优劣。文明发展史也表明，只有谦虚而主动地保持开放姿态、善于向他者学习的文明才能不断强盛。文明不仅能使各国得到精神上的依靠，也能彰显各民族不同文明的优秀成果，这也在提示着我们，以开放互鉴的胸怀，积极开展文明之间精神领域的相互学习，有助于超越政治隔阂，跨越地理界限，给人类文明的和谐和平带来长久的影响。①

中国与非洲作为世界史上的两大文明区域，都有悠久的历史传统与独特的文化遗产。近代以来，中非经历了相似的历史遭遇，同样以艰苦卓绝的奋斗去追求国家民族之复兴与解放，并在此过程中逐渐探索出一种从属于和服务于国家民族复兴目标的现代性知识体系与精神智慧。正是这样一种共同的历史命运与现实需要，为中非双方在当代世界体系中建立起一种基于相互尊重、真诚相待的思想交流体制与学术合作关系，提供了真实可感的现实空间与未来前景。今天的中国和非洲都正走在复兴与发展的道路上，中非双方的合作也日益超出政治经济领域而向更深层次、更具本质意义的思想交流与知识共享领域拓展。未来中非双方的发展将取决于其在思想创造与知识产生方面的位置。既充分汲取消化西方的思想智慧与合理内核，同时又跨越西方为阻遏发展中国家崛起所设置的"思想高墙"，是中非双方学术思想界必须同时完成的双重历史任务。中非合作关系要能长期保持可持续发展，需要中非双方的思想智库与各界专家通过共同努力，逐渐建构起一种以相互尊重和平等相待为特征、以共同发展为目标的"知识共享和思想交流伙伴关系"，以为中非合作提供更宽广、更坚实、更有效的战略支撑平台。为实现这一目标，中非双方需以持续的努力和有效的工具，来推进双方更好地认识自我、认识对方，认识变化中的彼此及与外部世界的关系结构，并在此过程中逐渐建构起具有鲜明时代特色和开放形态的"中国的非洲学"与"非洲的中国学"的话语形态与理念框架。在这方面，中国学界应该更积极主动地担负起时代责任。②

有关学者和专家普遍认为，"一带一路"建设愿景与规划的实

---

① 《推动亚洲文明对话 共建亚洲命运共同体——"亚洲文明对话"座谈会会议综述》，《光明日报》2015 年 6 月 29 日，第 16 版。

② 刘鸿武：《建构促进共同发展的中非智库新型伙伴关系》，《光明日报》2015 年 7 月 21 日，第 7 版。

现，要以语言沟通为前提。习主席指出："在世界多极化、经济全球化、文化多样化、国际关系民主化的时代背景下，人与人沟通很重要，国与国合作很必要。沟通交流的重要工具就是语言。一个国家文化的魅力、一个民族的凝聚力主要通过语言表达和传递。掌握一种语言就是掌握了通往一国文化的钥匙。"[①] 语言是人类最基本、最重要的交际工具，语言相通才能谈及经贸往来、文化交流、文明互鉴和民心相通。"一带一路"沿线国家达到 60 多个，所使用的国语及官方语 60 多种。其中，我国高校教学尚未开设的语种有 18 种，而即使我国高校已开设的一些语种，语言人才储备也明显不足。此外，虽然在政府交流层面英语可以解决一些问题，但"一带一路"建设必然深度介入沿线国家老百姓的生活，如基础设施建设必然涉及所在国的大量拆迁问题，如果不掌握当地语言，在宣传和解释中就会出现障碍。而且，对当地老百姓的宣传解释，包括在各种媒体和发布会上的宣传解释，使用当地语言可以收到更好的效果。可见，语言服务和语言能力问题在"一带一路"建设中具有基础性和先行性，应加快解决语言人才奇缺和语言服务能力不足问题。[②]

推进"一带一路"建设，对提高国家语言能力提出了紧迫要求。语言能力分为个人语言能力（母语能力、多语能力）、社会语言能力（各种职业、专业语言能力）和国家语言能力（行使国家力量时所需的语言能力，如在抢险救灾、反恐维稳、海外维和、远洋护航、联合军演、护侨撤侨及各种国际合作中，国家语言能力都起着关键作用），"一带一路"建设中的语言问题属于国家语言能力问题。广义的国家语言能力包括公民个人语言能力和社会语言能力，狭义的国家语言能力指国家层面在处理政治、经济、外交、军事、科技、文化等各种国内外事务中所需要的语

---

① 《习近平：在中外文化交流中要保持对自身文化的自信》，2014 年 3 月 29 日，中新网。
② 杨亦鸣：《"一带一路"建设面临语言服务能力不足问题　提高国家语言能力迫在眉睫》，《人民日报》2015 年 11 月 24 日，第 7 版。

言能力。①

　　解决"一带一路"建设中的语言问题，需要迅速构建相关语言服务和语言人才培养应急体系，这也是国家语言能力的一种体现。应急体系与建立在学科建设和专业建设基础上的高校外语人才培养体系都是国家语言能力体系的一部分，两者相互补充，但不能相互替代。美国能处理 500 多种语言，但通过院校培养的只是一小部分，通过各种渠道包括应急体系培养和储备的占大多数。因为有的语种用途范围较窄，甚至是单一用途，人才需求量少或需求急迫，设置专业进行培养，成本太高，或远水解不了近渴。对我国来说，使用特殊教学法随时灵活培养急需的语言人才，或者采用语言志愿者方式，将志愿者放到相关国家和地区培养和储备，同时建立详细信息档案以便国家随时征用，都是语言服务人才培养的新途径。语言人才培养需要创新思维方式、改革培养机制，走协同创新之路。当前，我国许多企业拟赴"一带一路"沿线国家开展经贸合作和投资，但无语言沟通障碍的企业少之又少。开展"一带一路"语言服务和语言人才培养工程，非常重要，也非常迫切。②

　　随着中国提出"一带一路"倡议，跨境贸易、基础设施建设、新金融机构等成为热门议题。与此同时，人们注意到，"一带一路"沿线国家众多民族讲着各种不同语言，文化多元且差异巨大，光会英语等国际通用语言，难以真正实现"民心相通"。与此同时，目前我国拟赴"一带一路"沿线国家进行战略布局的企业已经达到 11 万家，但是不存在语言沟通问题的极少。在这些国家，虽然可以用英语等通用语言进行一般沟通，但是要真正走到当地民众中，真正了解周边国家和民族的文化与思维模式，大大拉近与当地人的感情，就要用当地习惯和喜欢的语言来沟通。而实施"一带一路"战略，正需要大批既懂得通用语言也精通当地民族语言

---

① 杨亦鸣：《"一带一路"建设面临语言服务能力不足问题　提高国家语言能力迫在眉睫》，《人民日报》2015 年 11 月 24 日，第 7 版。
② 杨亦鸣：《"一带一路"建设面临语言服务能力不足问题　提高国家语言能力迫在眉睫》，《人民日报》2015 年 11 月 24 日，第 7 版。

的专业人才。"一带一路"的规划和实施，都要以语言沟通为基础，因此必须着手解决"一带一路"面临的语言问题。中国语言能力建设与发达国家相比差距不小。如前几年我海军在亚丁湾护航时，因为国内没有能力处理索马里海盗所使用的阿拉伯方言，需要用英语做语言中介，效率大打折扣。美国具有处理 500 多个语种的能力，可以为公民开设 200 多个语种课程。因此对我国来说，使用特殊教学法灵活培养各种急需语言人才，或者采用语言志愿者方式放在相关语言国家培养储备，以便国家随时征用，都是语言服务人才培养的新途径。①

第二节　亚非地区非通用语留学人才培养 进程中面临的严峻挑战②

世界主要国家大都把非通用语专业建设作为国家战略。"9·11"事件之后，美国开始把语言问题上升到国家安全的高度。2006 年，美国正式发布了"国家安全语言启动计划"，大力资助以维护国家安全为目标的"国家关键语言项目"，以应对非传统安全领域日益增多的威胁与挑战，维护自身在全球市场的领导地位，传播美国的

---

① 《"一带一路"需要语言铺路》，《新华日报》2015 年 11 月 4 日；《中国实施语言战略保障"一带一路"建设》，2015 年 8 月 3 日，新华网。

② 王文轩：《"一带一路"引领下加强外语人才培养的意义和措施初探》，《内蒙古科技与经济》2015 年第 14 期；张蔚磊：《美国 21 世纪初外语教育政策述评》，《外语界》2014 年第 2 期；赵世举：《"一带一路"建设的语言需求及服务对策》，《云南师范大学学报（哲学社会科学版）》2015 年第 4 期；焦一强：《中国文化走向中亚障碍因素分析》，《新疆大学学报（哲学社会科学版）》2013 年第 1 期；郝时远：《文化多样性与"一带一路"》，《光明日报》2015 年 5 月 28 日；沈骑：《"一带一路"倡议下国家外语能力建设的战略转型》，《云南师范大学学报（哲学社会科学版）》2015 年第 5 期；赵世举：《关于国家语言智库体系建设的构想》，《语言科学》2014 年第 1 期；蔡清辉：《对接"一带一路"战略：中国外语院校改革发展的机遇与风险探讨》，《经济界》2015 年第 4 期；《深化研究 培养人才 加强非通用语专业建设》，《人民日报》2011 年 9 月 19 日。

意识形态，满足海外军事、外交、情报等方面的需要。俄罗斯、日本等国家也在推行基于社会发展需要的外语政策，注重通过实施外语战略提高自身的国际政治、经济、文化竞争力。经过长期发展，在语种设置方面，世界主要国家开设的外语语种数量众多、覆盖广泛。例如，截至 2011 年的数据显示，美国哈佛大学开设有 90 多个语种，英国伦敦大学开设有 80 多个语种，法国国立东方语言文化学院开设有 90 多个语种，俄罗斯莫斯科大学开设有 120 多个语种，日本东京外国语大学和大阪大学开设有 60 多个语种。与这些国家相比，我国的外语政策还不够成熟，主要表现为：第一，尚未上升到国家战略层面，缺乏明确的战略目标和政策导向；第二，政策支持力度和资源投入不足，非通用语专业建设步伐较慢；第三，非通用语专业建设目标单一，局限于单纯的语言人才培养；第四，语种覆盖不够全面，2011 年开设的外语语种总数只有 60 多种。

美国等发达国家十分重视外语政策。以美国和澳大利亚为例，从 2003 年的《国家安全语言法案》到 2005 年的《国家外语协调法案》，再到 2006 年由布什总统正式发布的《国家安全语言计划》，美国政府逐渐明确了外语政策的国家安全目标，并成功实施了包括"国家旗舰语言启动项目""关键语言奖学金项目"在内的"国家安全教育项目"。该项目对德语、法语、汉语等 15 种关键语言进行教学和培训，目的是让美国人提高对关键语言的重视，加大对关键外语人才及师资队伍的培养。另据不完全统计，目前世界上主要发达国家的外语语种数量或开设的语种对象国研究数量，已有相当规模。美国开设有 270 多个语种，俄罗斯有 120 多个语种，法国有 90 多个语种，英国有 80 多个语种；中国却只有不到 70 个语种群，显然已严重滞后。

研究二战以来西方国家在"一带一路"区域和沿线国家建立影响力的经验也具有重要的借鉴意义。其实施和扩大影响力的过程大致经历了三个发展阶段：第一个阶段就是二战结束以后主要还是通过武力进一步扩大影响力的过程，其后随着世界各国相继的独立这个过程逐渐消失；第二个阶段则是通过原住和国际组织的渗透来扩大其影响力；第三个阶段即通过传播大众文化来植入其影响力。其中第二个和第三个阶段的经验很值得我们借鉴。由于我国的实际国情，中国的社会组织，特别是中国的非政府组织的规模和影响力相对来讲比较小。如果我们深入观察国际非政府组织和形形色色的基金会就不难发现，虽然标榜为非营利组织，但其后却往往可以看到政府或者大集团的背景。因此我国也可以建立、重组、创新一些专门针对国际社会的基金会，淡化政府色彩，突出民间交往的意义，对于政府不方便介入的区域可以由非政府组织和基金会承担相应的工作和责任。针对此，非通用语留学人才的作用就显得至关重要。

新中国成立以后 60 多年来，我国针对非洲的研究取得了一定成果，但确实也存在着严重的不足：从内容上看，偏重于经贸方面，比较多的是针对其经济技术、成套项目、农业领域等，对于各个领域之间的相互作用的战略性研究，或是没有涉猎，或是浅尝辄止；从时间上看，改革开放前的 20 世纪 50~70 年代，中国对非洲研究的成果非常少，改革开放后以及当前对非洲的研究成果虽不断增多，但与中非关系发展的实践相比其研究成果仍显太少；从深度上看，我国各界学者因受语言、实践、经费和资料等方面的限制，对非洲的整体认识还有相当大的局限性；从成果上看，已有的关于针对非洲的研究成果明显缺乏整体性和系统性，特别是国内比较罕见这方面的学术专著，因此有待进一步进行深入研究的路途还很漫长。①

当前我国在外语教学的语种选择方面，英语在外语专业教育中的比重高达95%以上，一些办学水平一般的高校，没有经过科学论证，动辄招收上千名英语专业学生。不少综合性大学和地方高校的小语种专业和课程相对匮乏，很多高校的外语学院，仅能开设英语、日语等通用语种专业。外语语种单一，势必带来学科同质化倾

---

① 程伟华：《中国对非洲智力援助：理论、成效与对策》，南京农业大学博士学位论文，2012。

向明显。如在语种数量和布局方面，我国目前开设的小语种专业和课程设置单一，明显不足。在与我国建交的 175 个国家中，至少涉及 95 种官方语言，还没有涉及更多的非官方重要语种。从开设语种的对象国和地区看，面向"一带一路"语言文化多样化地区的语种语言资源丰富，但针对中亚、南亚和非洲等地区开设的语种却很少，这反映出现有非通用语种分布和布局存在不均衡之处。

更为重要的是，我国战略语言规划起步较晚，关键战略语种建设工作滞后。我国没有借鉴国外语言规划经验，开展基于非传统安全威胁和风险的战略性语种规划工作，但这确与国家安全和利益攸关。因此必须清醒地看到，在"一带一路"的建设过程中，传统安全与非传统安全问题此消彼长，若隐若现，恐怖主义、跨国犯罪、非法移民、国际维和、国际人道救援和搜救等突发事件此起彼伏，交织复杂。语言在防范、规避、预警及保障丝路安全问题时，在消除和化解非传统安全威胁和风险过程中，都具有无可替代的战略价值，"一带一路"非传统安全战略性语种规划必须尽早实施。

十八大以来，我国对外交往频度越来越密集，形式越来越灵活，战略布局越来越清晰。在最近召开的中央外事工作会议上，习总书记明确提出，中国必须有自己特色的大国外交，要丰富和发展对外工作理念，使我国对外工作有鲜明的中国特色、中国风格和中国气派。"9·11"事件之后的美国，开始大量翻译百余种阿拉伯地区的文学作品，其目的正是在于通过文学了解阿拉伯民族的生存状态、思维方式、生活习俗和风土人情。印度外交部的官员曾对中国到访者表示，"你们都讲英语，你们英语很漂亮，没问题，但是你不讲印度语，你就永远没办法认识一个真正的印度"。南非著名政治家曼德拉也曾说过："如果你用一个人能理解的语言与他交谈，可以传递到他的大脑，如果你用一个人的母语与他交谈，就可以传递到他的心灵。"再如，在已举办多年的"非洲语言学大会"期间，各国参会者多达数千人，仅美国就有数百人参加，但很少或几乎未见有中国大陆学者与会。习近平主席于 2015 年 10 月 22 日在伦敦全英孔子学院和孔子课堂年会开幕式上提出的"语言是了解一个国家最好的钥匙"这一论断，精辟地指出了语言在认识世界、吸收人类文明和促进人类和谐发展历史进程中所具有的关键性作用。由此可见，加强亚非国家非通用语留学人才的培养，对了解现当代亚非国家的社会发展状况，了解他们在国家民族面临传统与现代转型之间进行现行抉择时的价值观变化及其心路历程，从而为我们了解当前国际政局中的亚非国家，为我国的高层战略决策提供一些直接、生动和有力的咨询意见，这无疑具有重要的价值和意义。

第三节　加快亚非地区非通用语留学人才培养的对策与建议

1. 创建"亚非地区非通用语留学发展智库"，即"亚非地区非通用语留学人才研究中心"①

不同语言文字之间进行思想、思维和意思表达交换过程中的差异，不仅会影响口头和书面交际行为，更将直接导致文化传承、标准语认同和语言政策的差异。因此深入研究这些问题，制订恰当的交流合作策略，努力避免文字差异带来的各方面分歧、误解和冲突，是中外关系和"一带一路"建设非常值得重视的环节。如"一带一路"的建设与延伸，首要的任务就是语言先行、沟通先行以及发展和谐关系先行。因此就首先应在"一带一路"所经之路和所往之国，打开语言认知和沟通的大门，更好地铺设起一条康庄大道。语言研究早就不仅局限于静态语言本身，通过了解一国的语

---

① 李鹏、曹佩弦：《中国实施语言战略 保障"一带一路"建设》，2015 年 8 月 3 日，新华网；曹佩弦、李惠子：《专家：推进"一带一路"战略须重视沿线国家语言文化多样性问题》，2015 年 7 月 31 日，新华网；李佳、李静峰：《"一带一路"需要语言服务跟进——专家学者为"一带一路"的语言服务献计》，《中国教育报》2015 年 7 月 15 日，第 6 版；赵世举：《"一带一路"建设的语言需求及服务对策》，《云南师范大学学报（哲学社会科学版）》2015 年第 4 期；沈骑：《"一带一路"倡议下国家外语能力建设的战略转型》，《云南师范大学学报（哲学社会科学版）》2015 年第 5 期。

言习惯、语言政策等，我们对当地的文化有了更深层次的了解。另外，一直以来，中国周边安全存在不稳定因素。为了加强对周边国家的了解，更好地保护国家安全，中国历来重视周边国家语言的研究。其中包括语种能力的建设，即国家总共能够了解和使用多少种语言。这是国家语言能力的重要组成部分。

从以上分析可以看出，"一带一路"建设的全面推进，必将带来不同层面的丰富多样的语言需求。努力回应这些需求，是语言领域及相关方面的责任，也是推动语言学科及相关事业快速发展的难得机遇。然而，我们面临的现实是，普遍的语言服务意识还没有形成，语言服务体系尚未建立，国家和社会的语言服务能力还比较薄弱。再加上，我们过去把主要目光投向欧美主要语言，对"一带一路"区域的语言关注不多，准备不足。无论是熟悉的语种数量、可用的语言人才，还是语言产品及相关的语言服务，都离"一带一路"建设必不可少的语言需求还有相当的差距。因此，增强语言服务意识，提升国家和社会的语言服务能力已迫在眉睫，且任重而道远。

自"一带一路"倡议提出以来，我国加强了对亚非地区非通用语言的研究，启动或开展了对亚非地区非通用语国家语言状况的调查研究工作。为提高国家语言能力，实施语言战略，建议在全国十余个"非通用语种本科人才培养基地"的基础上，由国家投资尽快创建"亚非地区非通用语留学发展智库"，即"亚非地区非通用语留学人才研究中心"，全方位支持研究中心开展工作，并在人、财、物等方面给予有力保障。通过国内外交流合作，该智库（中心）可以在国外培养能够研究和掌握关键语言的留学人才，尽快扭转目前精通非通用语种留学人才十分欠缺的局面；同时在亚非国家积极推广汉语和中国文化，创建亚非语言文化数据库，打造国家语言战略智库。

组建"亚非地区非通用语留学发展智库（中心）"，逐步形成结构优化、功能齐全、效能优良的具有中国特色和世界眼光的新型语言类留学问题智库体系是一项十分紧迫的工作。该智库（中心）

要针对亚非地区非通用语留学人才的培养工作尽快开展调查研究，为科学决策提供咨询意见，协助开展此类人才工作目标责任制的评估工作，承办全国性此类人才发展高端论坛，为全国此类高层次人才搭建交流与合作平台；要继续发挥相关大学的学科优势和人才培养优势，扎实推进此类留学人才的理论和政策咨询，把该研究中心打造成研究此类留学人才成长规律的专门智库，为我国留学人才事业的发展贡献力量。

该智库（中心）应主动服务于国家战略，承担留学人才培养使命，根据亚非地区非通用语留学人才的成长特点，研究和探索培养具有国际化管理创新和跨文化经营能力的企业家人才，培养通晓国际经济运行规则、熟悉"一带一路"沿线国家政策法律制度的复合型人才，与企业共同探索留学人才培养体系和模式，切实提高创新人才培养能力。

该智库（中心）的任务主要是以下三个方面。

（1）进行亚非地区非通用语发展政策研究。全面开展针对亚非地区非通用语种国家和地区语言政策的国别政策研究，以利于中国与相关各国间的政策沟通；与相关国家和地区的同类智库加强交流，探讨各国多语种的国际语言规划，深入推进面临的语言交流、语言保护、语言资源开发利用等一系列语言问题；提升关于我国语言政策的理论解释力，大力宣传我国多样和谐的语言政策体系，从语言文化的角度进一步丰富"一带一路"开放包容、合作发展、互利共赢的理念。

积极研究亚非地区的非通用语语言，旨在加快培养能够研究和掌握此类"关键语言"的各类留学人才；建立、维护和提升亚非地区非通用语的"语言互联网"；运用现代信息技术手段，对国内外亚非地区语言研究文献信息进行挖掘分析，探讨为打造"一带一路"建设提供信息服务的重要性和可行性；重视研究各类语言沟通的社会价值、政治价值和经济价值，为推动"一带一路"建设提供优质语言服务，并借以获取族群和谐、区域安全、经济发展等多方面的利益；重视语言规划，研究"一带一路"语言状况，摸清底数、列出清单、组织调研，建立语言数据库；在此基础上，编辑各国语言志，编纂单语词典、多语词典及各种专业词典，编写教科书及普及用书等；语言政策是公共政策的重要组成部分，语言使用习惯是重要文化习惯，因此也应有计划地研究亚非相关国家语言政策及语言使用习惯，出版相关书刊，以便当事者遵守这些政策、尊重这些习惯。此举不仅对保障国家安全有重大意义，更可为当下推进"一带一路"建设提供保障。

（2）开展亚非地区非通用语留学人才需求调研。"一带一路"涉及国家和地区广泛，沿线各国的语言文化状况千差万别，错综复杂，"外向型"外语能力需求调查必须提前启动，需要做好"内查外调"工作。所谓"内查"指的是对"一带一路"相关重要领域和行业对外语能力的需求调查，如中华文化思想术语丝路传播问题、中国海外投资语言风险调查、中国企业走出去外语需求调查等。此外，还需要加强国内"一带一路"中西部地区外语能力现状和需求的调查。所谓"外调"，是指对国外沿线语言状况和需求调查，研究"一带一路"沿线语言资源。国家需尽快掌握"一带一路"沿线国家语言国情，特别是周边国家和地区的语言生活状况，充分调研与国家利益密切相关的国家和区域的语言文化问题，例如"孟中印缅经济走廊"社会语言和文化调查研究、东南亚和中亚民族语言文化调查等。针对非通用语种语言规范相对缺乏问题，根据"内查外调"情况，外语规划部门应及时启动相关的各类语种外语能力标准研制工作，重点做好非官方语言标准与规范问题，用以指导和规范各语种外语教育有序开展。

（3）完善亚非地区非通用语人才培养规划机制。中国作为一个负责任的国际大国，需要完善外语语种规划机制，不仅继续加强国际通用语种教育，还需要逐步考虑加强"一带一路"沿线外语语种规划，妥善解决国家外语资源种类均衡与合理布局问题。目前不少地方高校盲目新设小语种专业，不考虑专业建设标准和市场需求，将来都会产生办学困难。外语规划部门要重视完善外语语种规划机制，在充分调研和分析基础上，稳步推进小语种建设问题。一方面，中国是一个多民族国家，不少民族语言同时也是"跨境语言"，对于这些宝贵的民族语言就应当加以规划和开发，充分利用现有的外语语种条件，因地制宜地制定民族地区的外语教育语种规划政策，这对于实现语言多元化发展和边疆安全稳定都有重要意义。另一方面，出于非传统安全考虑，外语规划部门必须实事求是地分析中国外语国情，从"一带一路"沿线国家和地区政治、经济、安全和教育等多领域状况，未雨绸缪，规划制定出具有战略价值的外语语种，即"战略语言"教育规划。所谓"战略语言"教育规划是出于"一带一路"建设中非传统安全威胁和风险防范需要，为维护和拓展中国海外利益所做的外语规划。开展"战略语言"教育规划，由国家负责调控，利用政策杠杆向"战略语言"教育倾斜，积极鼓励和倡导有计划、有选择、分步骤地在中学，特别是外国语学校开设"战略语言"外语课程相关外语院校实行"订单式"招生计划，制订合理培养计划。顺利实施这一"战略语言"教育计划，对于国家外语能力语种资源建设，维护国家安全和稳定具有战略意义。

（4）加强亚非地区非通用语留学人才规划建设。"一带一路"建设要求加强亚非地区非通用语留学人才培养的规划工作，这是对我国外语教育提出了学科转型的重大挑战。长期以来，我国外语教育偏重单纯的语言技能训练，外语类留学人才培养模式单一。在外语教学中存在"重语言，轻文化""重工具，轻人文""重西方，轻本土"的弊病。一方面，外语学科需要创新培养模式，探索培养多元化的国际型外语人才，加强外语教育中国别和区域知识教学，开展和促进跨文化、跨学科外语教学与研究，培养具有人文素养，学贯中外的国际化人才。另一方面，外语留学人才规划更要满足"一带一路"对于高层次国别、区域、领域外语专才的需要。随着"一带一路"建设步步推进，除了高水平翻译语言人才之外，培育精通沿线某一国家或地区当地语言，熟稔当地文化，甚至专攻于某一问题领域的专家学者已成当务之急。为此，亚非非通用语学科应当加大转型力度，研究语言能力与其他专业能力的组合问题，着力提升亚非地区非通用语教育的效率，使不同领域的专业人才能够获得必要的语言技能和跨文化沟通能力。这将直接关系"一带一路"全方位、多领域的开放发展、合作共赢。

2. 加快培养亚非地区的非通用语留学人才①

就现实而言，由于我国长期依赖主要聚焦于欧美语言，对亚非地区非通用语国家和"一带一路"区域的语言关注不多，准备不足，这就使得相关语言留学人才需求变得更为迫切。无论是熟悉的语种数量、可用的语言人才，还是语言产品及相关的语言服务，都难于满足"一带一路"建设的需要。由于此类非通用语种"开设不足、在校人数偏少、男女生比例严重失衡、培养模式单一、教师队伍薄弱、经费投入不足、保障条件不利、国别和区域研究滞后、人才储备和使用政策不完善、语言人才战略规划不完备"等诸多问题，造成我国"一带一路"重大战略中面临着亚非非通用语种留学人才匮乏的局面。因此，适当调整我国语言规划，切实加强语言建设，提高语言服务能力已是当务之急。而加快培养亚非地区的非通用语人才则是"重中之重"，即要针对不同区域、不同领域、不同层次的需求，加快调整我国针对该类语言人才的培养格局，尤其是优化地区布局，增加培养数量、改革培养模式，优化培养体系，提高培养质量。

随着"一带一路"建设的推进，需要越来越多的懂得沿线国家语言的双语、多语人才。提升个体语言能力，及时培养"一带一路"建设所需的外语人才是实现语言互通的主要途径。这种人才需求有三个特点：语言熟练程度不一样；数量巨大；语种需求不一样。语言熟练程度不一样表现为既需要一定数量精通相关外语、熟悉国际规则、具有国际视野，善于在全球化竞争中把握机遇

---

① 李鹏、曹佩弦：《中国实施语言战略 保障"一带一路"建设》，2015 年 8 月 3 日，新华网；曹佩弦、李惠子：《专家：推进"一带一路"战略须重视沿线国家语言文化多样性问题》，2015 年 7 月 31 日，新华网；李佳、李静峰：《"一带一路"需要语言服务跟进——专家学者为"一带一路"的语言服务献计》，《中国教育报》2015 年 7 月 15 日，第 6 版；王文轩：《"一带一路"引领下加强外语人才培养的意义及措施初探》，《内蒙古科技与经济》2015 年第 14 期，第 35~36 页；苏雁：《老挝苏州大学架起服务两地的桥梁》，《光明日报》2015 年 6 月 12 日。

和争取主动的国际化人才，也需要大量能熟练使用相关外语或能担当外语翻译的人才，还需要巨量的能用外语进行基本沟通、能在异国他乡顺畅生活的人才。如沿线交通项目的建设，离不开国内劳动力的大量输出，届时，将有大批工人前往国外务工，能用外语进行基本的沟通是在异国他乡顺畅地生活的基本要求。沿线 60 多个国家有 40 多种官方语言，语种需求与参与"一带一路"建设的密切程度、项目建设内容等有关，参与"一带一路"建设越多的国家，其语种人才需求越大。劳动密集型建设项目越多，对能用外语进行基本沟通的人才需求越大。智力密集型建设项目越多，对精通和熟练使用外语的人才需求越大。

面对上述需求，加快培养双语、多语人才成为迫在眉睫的事情。但是在留学人才培养过程中，学习语种的选择既要充分尊重个人意愿，注意发挥市场在资源配置中的决定作用，又要更好地利用政府政策的引导作用。此类留学生的培养规划要符合"三个一致"的原则，即"与国家目标相一致，与用人单位目标相一致，与个人目标相一致"。特别要将亚非小语种潜在留学者个人的意愿放在其自身生活方式、当地社会民情、国家政治经济发展三个方面的关系中来理解。亚非非通用语留学生面临的人生变化与就业挑战会更多一些，因此不能完全借助市场调节的办法，而要针对小语种留学人才适应性差等特点，正确解决在认识、规则、实践等方面长期存在的问题，妥善处理国家需要与个人生涯的关系，对此类留学人才的学习和工作阶段实行"语言补贴制度"。

随着中国与亚非地区交往的加深，具有留学经历的语言类学生的比例已逐渐增高，但此类人才不仅需要具有国际化的知识，还需要具备国际化实践的能力、国际化的生活经历、国际化的视野和态度，还需要具有开拓创新、勇于承担风险的精神品质；因此就需要尽快扭转当前多数学生的责任观念与担当意识相对薄弱的局面，需要进一步拓展和培养善于发现问题，敢于正视问题，妥善解决问题的理念；在解决问题的过程中，不仅要运用国际化的素质和能力，更需要维护国家的利益，而且要善于争取国家的利益，因此还需要培养学生了解掌握中国国情和中国文化，具有中国情怀；打造精通"一带一路"语言文化，具有多岗位锻炼经历的，充分利用国际规则维护国家利益、争取国家利益的各类国际化专门人才。

有关部门应做好相关语种、不同语言熟练程度人才及其数量需求的预测和信息发布，做好语言教育规划，为语言学习使用者提供相应的咨询服务。有关高校应根据市场需求和国家需求做好语种教育规划及专业、课程设置，系统培养沿线国家有关语种的外语人才。这种系统培养外语专业人才的方法周期较长，数量有限，难以满足近期的急需。相关企业应根据投资、贸易、交通建设、旅游等需求，做好人才需求规划，和有关高校合作，采取多种方式培养企业急需的外语人才。既可以采取定向或委托培养的方法，培养精通相关外语的复合型人才或能熟练使用外语的专业人才；也需要采取快速、强化培训的方法，以适应发展急需；需要采取简洁、有效的培训方法，培训劳动者更好地适应国外务工生活；还需要开发一些操作简便的语言服务工具、产品，提供便捷、及时、有效的服务。

总之，采取有效措施，在提升个体语言能力的同时，及时培养"一带一路"建设所需要的亚非非通用语留学人才是实现语言互通的主要途径。要按需培养，培养过程中既要发挥个体的积极性，也要发挥企业（组织）和政府机构的积极性。

3. 培养亚非地区非通用语留学人才需要解决的若干问题

综上所述，中亚、中非关系的推进以及"一带一路"建设的实施，促使中外国家之间人员来往更加频密，各种深度合作日益增多，因而需要大量的精通相关国家主体语言和相关地区语言的留学人才。就我国当前亚非地区非通用语留学人才培养的现状而言，特别需要定规划、有步骤、分阶段、轻重缓急地关注以下几个方面并有所作为。[1]

---

[1]　赵世举：《"一带一路"建设的语言需求及服务对策》，《云南师范大学学报（哲学社会科学版）》2015 年第 4 期，第 36 ~ 42 页。

（1）加快改善各语种留学人才结构。有数据显示，目前世界上仍在使用的语言有 6000 多种，而进入我国教育部"本科专业目录"的外语语种仅有 70 余种。亚非地区非通用语国家以及"一带一路"所覆盖的中亚、南亚、西亚等地区，涉及官方语言达 50 余种，而目前内地教授的语种仅 20 多种。① 尽管全国学习外语的绝对人数很多，但绝大多数学习的是英语。中外关系以及"一带一路"建设过程中，需要大量通晓两国语言、了解双方文化的非通用语人才，但目前我国外语教育中非通用语人才依然匮乏。在与我国建交国家中，仍有 38 个官方语种在我国还未开设相关教育专业。由此可知，我国外语资源贫乏，不仅语种不多，而且语种结构不合理。从"一带一路"建设的需要看，更是难于满足未来之用。因此，通过调整专业布局、增加语种数量、改善语种结构，来加快语言人才培养是当务之急。北外、广外等高校已在 2015 年新增蒙古语、泰米尔语、孟加拉语和菲律宾语 4 个语种，北京外国语大学的语言专业种类将达到 70 种。广外在原有的 19 个非通用语专业的基础上，也于 2015 年新增马来语和乌尔都语两个专业。另据规划，未来 3 年，北外将在已有的 67 个外语专业基础上，新增 30 多个非通用语语种，未来 5 年内开设语言专业种类扩充至超过百种，实现与中国建交国家官方语言的全覆盖；这些新建的非通用语专业主要分布在"一带一路"沿线的亚非地区国家。②

（2）不断提升非通用语留学人才标准。在亚非非通用语种留学人才培养方面，硕士和博士层次的培养几乎是空白，限制了今后的发展。针对过去我国语言教育存在的人才素质单一、能力薄弱等问题，需进一步加强语言人才综合素质培养和实际能力的提高，提

---

① 《"一带一路"大战略带动中国内地小语种热》，2015 年 5 月 7 日，中新网。
② 彭龙：《服务"一带一路" 未来 5 年语言专业种类将扩充至超百种》，2015 年 3 月 28 日，新华网；《"一带一路"大战略带动中国内地小语种热》，2015 年 5 月 7 日，中新网；《中法高校共育亚非语人才 为一带一路提供智力支持》，2015 年 4 月 11 日，中新网；魏晖：《"一带一路"与语言互通》，《云南师范大学学报（哲学社会科学版）》2015 年第 4 期。

升培养标准和规格，提高培养质量和水平。其中应着力优化学生知识结构，除了基本的语言文学知识之外，还应强化相应的文化、历史、政治、经济等知识教育；再则，强化实践训练，努力增强学生的语言能力、跨文化交际能力和研究能力，培养语言能力、国际交往实务能力和国别研究能力并重的高级人才。

（3）迫切需要大量培养跨文化专门语言的留学人才。亚非国家在历史传统、语言文字、社会制度和宗教信仰等方面存在巨大差异，"一带一路"建设不可避免地面临诸多问题和困难。因此要从文化交融入手，优先培育精通中外文化的"跨文化留学人才"，注意克服我国在跨文化留学人才培养中存在的缺陷和不足，真正深入了解亚非各国的政策法规、决策程序、社会制度、文化习俗、价值观念和民心走向等重要因素。专门语言人才不仅需要精通沿线国家的主体语言和相关地区语言乃至部族语言，而且应当熟悉当地文化、制度、风土人情和地理，具有国际视野和跨文化交际能力，以满足各种复杂的语言需求，例如翻译、各类语言教师、语言策划师（服务于地区和企事业单位的语言规划及话语策划）、语言技术人员（语言信息处理人员、语言软件开发人员、语言资源建设和开发人员）、语言研究人员等。

（4）重视培养复合型留学人才。基于"一带一路"建设行业领域的整体布局和大规模推进的人才需求，以不同方式，统筹培养"非通用语＋通用语"模式、"非通用语＋多语种"模式、"非通用语＋国别或区域研究"模式和"非通用语＋专业（工程技术、商贸、法律、文化艺术、政治等）"模式的各类复合型人才。逐步实现从"单一技能型外语人才"到"具有较强思想素质与文化素养"的非通用语人才的转变。"一带一路"建设会带来大量工程技术人员、经贸人员、交通运输人员、法律政治人士、文学艺术工作者、历史地理研究者等跨国工作或在本国从事国际业务的机会，因而，就这些人士而言，不仅需要过硬的专业知识和业务能力，而且需要掌握工作目标国家和地区的语言。一些中资或中外合资企业一致认为，人才问题是目前遇到的最大困难。例如，在老挝境内共有200

多家中资企业，迫切需要通晓两国语言、文化，同时又具备专业知识的留学人才。

（5）勇于创新留学人才培养模式。"一带一路"建设对语言人才具有多样化需求，传统的培养模式和专业格局难胜其任，因此必须加强合作，整合资源，创新培养模式及方式。通过中外联合培养，提高人才对不同语言文化及社会环境的适应能力；通过校校合作，整合优势教学资源，对学生进行优质教育；通过校企合作，提高人才的针对性和实践能力；通过跨学科专业培养，提升人才的综合素质和全面能力。在培养形式上，可全日制培养与短期培训和在职学习并举，走出去培养与请进来培养相结合，输出性培养与本地化培养相结合，以适应各种不同类型的语言类留学人才培养的需要。

（6）加强与国际亚非研究顶尖级大学与研究机构合作，培养亚非研究高层次人才和紧缺语种留学人才。随着中国与亚非国家交往的不断扩大和深化，要重视具有学术能力的非通用语留学人才的储备工作，持续培养既精通非通用语，又具备学术研究能力的留学人才。由于历史的原因，亚非国家多有被殖民的历史背景，亚非研究的话语权与信息资料多集中在西方发达国家手中，如伦敦大学亚非学院有丰富的亚非藏书和资料，在亚非区域研究和人才培养方面有许多重要成果和成熟经验。鉴于国内掌握亚非非通用语的留学人才较少，对于有志于在亚非区域国别领域进行深入研究的非通用语人员，在经历了对象国留学的基础上，应选派至国际亚非研究顶尖级大学与研究机构继续提高或进一步深造，了解和接触国际亚非研究的最新情况。这对于开阔视野，从多维视角研究问题不无裨益。另一方面，对于我国暂无条件开设、对象国环境不太适合留学但又是国家需要的亚非非通用语人才的培养，也可与英、法等国相关大学联合培养，成为既掌握非通用语又有研究能力的留学人才。今后应建立更多的学术交流、人员交流渠道，促进国际意识进一步提高，培养亚非非通用语人才具有更广阔的国际视野。

（7）走入社会，面向实践培养留学人才。社会是语言应用的最终舞台，学校可以与"一带一路"经济沿线上知名的企事业单位建立长期的合作关系，将企事业单位作为学生的实践基地。学生可以利用实习期、节假日或假期去实践锻炼，从而发现自己语言能力的不足，并在解决问题中不断提高自身的综合素质。此外，充分发挥高校的人力、财力、物力资源，将"一带一路"经济战略合作国家的第一语言和高校的主学科相对应，有针对性地形成"一带一路"关键语言专项培养基地。许多非通用语学生正是在留学、交流之后，体验到了异国风情，不仅加深了对对象国的了解，看到了自己所学语种在中外深入交流中不可替代的作用，同时也找到了就业机会，从而产生了学好非通用语的动力，提高了学习的自豪感和自信心。借助高校在主学科的投入力度大、师资力量强等优势，将工、商、理、农等各领域领先的高校结合在一起，分工有序，主次分明，着力培养专业、外语兼通的高素质人才，推动"一带一路"经济健康快速发展。

（8）加强国际交流与合作培养留学人才。"合作交流"促进非通用语用语融会贯通主要渠道，在"一带一路"经济互联的新形势下，上至各行各业的高精尖专业人才，下至普通的小商小贩，他们都在"一带一路"经济发展中发挥着举足轻重的作用，因此各国间必须通过更加广泛的合作交流才能使非通用语的应用融会贯通。我国与其他各国间通过建立友好的合作关系，搭建长期合作平台，采取两国业务互通交流、人员交换合作等方式，建立语言联通网络政策，搭起良好的沟通学习桥梁，必将有利于语言的进一步融合发展，使非通用语学习更加本土化、接地气，以此推进"一带一路"经济快速健康发展。"一带一路"为我国的非通用语留学人才培养注入了新鲜活力，非通用语的广泛应用又推动和刺激着"一带一路"的经济发展，两者互相影响，相互促进。为契合"一带一路"经济发展需求，我们应从教育革新和寻求广泛社会支持入手，多措并举加强非通用语类留学人才培养。

附录1 亚非非通用语出国留学人员调查问卷

问卷编号

亲爱的同学，您好！

为全面了解我国亚非非通用语留学人才培养状况和存在的问题，提高留学效益，实现非通用语留学人才培养的战略目标和选择途径，经教育部社科司批准，设立了《中国向亚非地区派遣非通用语留学生状况及战略研究》课题。为深化课题研究，拟在相关高校对留学人员进行问卷调查。本次研究成果，将为国家、部门制定相关政策提供依据，并为进一步改善亚非非通用语留学人才培养工作提供政策性建议。因此，您提供的信息非常重要，烦请拨冗填写。

问卷采用无记名方式，我们将对您提供的信息严格保密。特此向您表示衷心的感谢！

《中国向亚非地区派遣非通用语留学生状况及战略研究》课题组

2013 年 6 月

请在您所选择的选项号上划勾

第一部分：个人基本情况

1. 您是否为在校生：1）是 2）否   您所在的国内院校：_____
_____性别：1）男 2）女   年龄：1）25 岁以上 2）25 岁以下

2. 本科入学年份：_____年 专业：_____

3. 英语水平：1）大学英语四级（CET4）　2）大学英语六级（CET6）　3）其他_____（请注明）

4. 现工作单位：_____行业：_____工作年限：_____

第二部分：出国留学基本情况调查

5. 你留学的亚非国家为_____。

6. 您出国留学的时间为_____年；留学期限为_____；

　　您出国时所在年级为本科____年级；硕士研究生____年级

7. 您的出国派遣方式为：1）国家公派　2）校际交流　3）自费留学　4）其他_____

8. 您的留学身份是：1）本科插班生　2）硕士插班生　3）攻读硕士学位　4）其他_____

9. 您在国外留学时是：1）插入所在大学相应年级，与当地人一起学习　2）参加专为各国留学生所设课程　3）参加对方单独专门为你们（全班出国）所开设课程　4）其他（请说明）_____

10. 您所留学的院校为____国____大学；这所大学属于

　　1）公立综合大学　2）私立综合大学　3）综合大学中的语言培训机构　4）语言类大学　5）公立语言培训机构　6）私立语言培训机构　7）不清楚　8）其他，请说明_____

11. 您选择这所高校或机构留学的原因是

　　1）校际交流协议学校　2）互换奖学金项目指定学校　3）留学基金委全额资助并由院系专业推荐的学校　4）凭个人喜好　5）因自费考虑学费　6）其他（请说明）_____

12. 您留学所在地属于该国

　　1）首都　2）一线大城市　3）一般中等城市　4）普通小城市　5）偏僻乡镇

13. 留学前，国内所在院系或专业是否与您留学学校或专业进行过教学方面的沟通或联系

　　1）有过　2）无　3）不清楚

14. 出国前，是否有兴趣学习非通用语

1）是　2）否　3）无所谓

15. 留学期间，您所修的语言技能课程共____门，人文社科类课程共____门。

16. 留学期间，您平均每周上课时间为

1）4~6小时　2）6~8小时　3）8~10小时　4）10小时以上

17. 除语言课程外，您是否选修其他课程：1）是　2）否

若是，该课程为：A. 对象国文化类课程　B. 语言相关非语言技能课程　C. 以上全有　　D. 与所学专业无关课程

若无，原因为：A. 需要更多时间用于语言学习　B. 留学机构为语言类学校，未安排其他课程　C. 其他_____

18. 您在国外的研修情况为（可多选）

1）研修了本专业领域的课程

2）研修了感兴趣领域的课程

3）参与了科研课题的研究

4）收集查阅了本专业领域的学术资料

5）参加了学术会议和讲座

6）参与了田野调查

7）受到了论文写作指导

8）参加了当地社会实践

9）其他（请注明）_____

19. 您每月所获得资助金额平均为（或相当于）____美元/月

A. 您留学期间的学费为____美元；生活费为____美元/月

B. 您认为您在国外的生活水平是：1）等同于　2）高于　3）低于　当地生活水平；

C. 您认为每月适当的资助量应为____美元/月

D. 您每月获得的资助是否有结余 1）无结余　2）有结余，结余占资助金额的____%

E. 留学费用是否需要自己补贴 1）不需要　2）需要，每月需

要自己补贴＿＿＿美元/月

20. 请评价您所获得的资助对您留学期间的影响（可多选）

1）让我有良好的学习和研究的精神状态

2）让我有机会扩展学术视野

3）使我有机会与当地社会交往

4）方便我获取学术资料

5）使我有充裕的学习和研究的时间

第三部分：国外留学情况调查与评价

您出国留学所在高校基本情况

21. 您出国留学所在高校是否为对象国一流高校

1）是　2）不是　3）不清楚

国外教学情况

22. 教学质量总体评价

1）很好　2）较好　3）一般　4）较差　5）很差

23. 教学内容是否适宜

1）适宜　2）比较适宜　3）一般　4）不太适宜　5）很不适宜

24. 可选课程多样性如何

1）很多　2）较多　3）一般　4）较少　5）很少

25. 课程的难易度如何

1）很难　2）较难　3）适中　4）容易

国外师资情况评价

26. 教师资质

1）很好　2）较好　3）一般　4）较差　5）很差

27. 非通用语授课能力

1）很好　2）较好　3）一般　4）较差　5）很差

28. 教学中对最新研究成果的介绍

1）很好　2）较好　3）一般　4）较差　5）很差

29. 与学生的交流与互动

1）很好　2）较好　3）一般　4）较差　5）很差

30. 学术指导与咨询

1）很好　2）较好　3）一般　4）较差　5）很差

校园基础设施

31. 图书馆图书及资料

1）丰富　2）较多　3）一般　4）较少

32. 计算机网络设施

1）好　2）较好　3）一般　4）较差

住宿与饮食

33. 学校是否提供宿舍

1）提供（填此项者，请继续填 34）　2）不提供（填此项者，请继续填 38）

34. 如提供，宿舍条件如何

1）好　2）较好　3）一般　4）较差

35. 选择民间住宿，价格如何

1）较高　2）一般　3）较低

36. 是否习惯当地饮食

1）习惯　2）还可以　3）不习惯

对留学高校的总体评价

37. 您对出国留学所在高校的总体评价

1）很好　2）较好　3）一般　4）较差　5）很差

38. 您是否建议其他非通用语学生在该校留学：1）是　2）否

第四部分：出国留学效果与就职就业

对国外学习所收获的技能与知识的评价

39. 非通用语水平

1）有很大提高　2）有较大提高　3）略有提高　4）没有提高　5）有所降低

40. 英语水平

1）有很大提高　2）有较大提高　3）略有提高　4）没有提

高　5）有所降低

41. 对所学语言对象国历史知识、社会文化与风土人情的了解程度

1）有很大提高　2）有较大提高　3）略有提高　4）没有提高

42. 对所学语言对象国及周边国家状况的了解程度

1）有很大提高　2）有较大提高　3）略有提高　4）没有提高

43. 您在留学期间或回国后，有无相关成果（论文、调研报告、留学收获发表等）

1）有，成果为：A 论文　B 调研报告　C 留学收获发表　D 其他（请注明）＿＿＿＿＿＿　2）无

对个人综合素质的影响

44. 出国留学对您的学术水平

1）有很大提高　2）有较大提高　3）略有提高　4）没有提高

45. 出国留学对您的国际学术交流能力

1）有很大提高　2）有较大提高　3）略有提高　4）没有提高

46. 学习兴趣的提高

1）有很大提高　2）有较大提高　3）略有提高　4）没有提高

47. 知识更新能力及观念的更新

1）有很大提高　2）有较大提高　3）略有提高　4）没有提高

48. 批判和创新思维

1）有很大提高　2）有较大提高　3）略有提高　4）没有提高

49. 分析问题能力

1）有很大提高　2）有较大提高　3）略有提高　4）没有

提高

50. 解决问题能力

1) 有很大提高 2) 有较大提高 3) 略有提高 4) 没有提高

51. 团队合作能力

1) 有很大提高 2) 有较大提高 3) 略有提高 4) 没有提高

52. 人际交往及有效沟通能力

1) 有很大提高 2) 有较大提高 3) 略有提高 4) 没有提高

53. 个人生活自理能力

1) 有很大提高 2) 有较大提高 3) 略有提高 4) 没有提高

对就职就业的看法

54. 作为非通用语学生，您认为所学专业是否有利于就业（可多选）

1) 有利于 2) 不利于 3) 根据当年社会需求而定 4) 不清楚

55. 赴对象国留学后，今后是否愿意从事与所学非通用语有关的工作

1) 愿意 2) 不愿意（填写此项者继续填写第56题）

3) 愿意但相关工作岗位少 4) 无所谓

56. 不愿意从事与非通用语相关工作的主要原因（可多选）

1) 对象国条件艰苦 2) 个人发展空间受限制 3) 受到社会认可度低 4) 相关工作待遇低 5) 其他（请说明）

第五部分：留学期间参与对象国民间交往及社会活动情况

57. 留学过程中参与对象国民间交往的程度

1) 较频繁 2) 有交往 3) 较少 4) 无交往

58. 您留学之后对所留学国家的印象及了解与留学前是否有

出入

1）有较大出入　2）有一些出入　3）基本一致

59. 您认为所留学的对象国对于中国的了解程度如何

1）不了解　2）一般　3）较深入　4）存在误解和分歧

60. 您认为对中国文化的了解在与对象国民间交往中是否重要

1）重要　2）不重要　3）无所谓

61. 对象国对中国文化了解需求的迫切程度如何

1）亟须了解　2）不需要　3）无所谓　4）不知道

62. 您对中国文化的了解能否满足对外交流的需要

1）可满足　2）需进一步增强　3）完全不够

63. 请列举在留学期间参与对象国民间交往的具体方式和内容。

64. 您在留学期间是否参加过社会调查

1）参加过（填此项者请继续填65）　2）未参加

65. 您认为参加社会调查对于深入了解对象国社会文化

1）有较大帮助　2）有一定帮助　3）没什么帮助

第六部分：主观题目

66. 您认为出国留学政策、留学服务等方面还存在哪些问题？应如何改进？

提示：您感觉教育部留基委和您本人就读大学在留学生选派方面有哪些不足和需要改进的地方？可分阶段分析和叙述。如在出国前的选派程序方面，在出国后的各种服务和日常生活方面，在回国后的安置与派遣方面，在各种信息的提供和指导方面等。

67. 您在留学期间对留学安全方面的问题有何经验、体会和建议？

提示：您留学所在国家的安全状况如何？有无留学人员发生安

全事故的案例？您在出国前后是否系统接受过留学安全方面的培训？您在留学期间于安全方面都采取了哪些措施？您是否具有基本的安全防范意识和紧急避险的常识？

68. 您认为留学生在中国公共外交、民间外交方面能否发挥积极的作用？如何发挥？

提示：作为中国留学人员，通过自己的留学实践和留学生活，您自觉不自觉地参与到和国外政府、学校以及民众的交往过程中，其间您觉得能否做并是否做过一些增进两国之间友谊的事情？有何建议与体会？（注：如填写不下，可写在背面。）

感谢您抽时间参加此次问卷调查！

附录 2 留学人员调查问卷统计（总体）

第一部分：个人基本情况

个人情况 %	在校生	非在校生	男	女	25 岁以下	25 岁以上
	96.1	3.9	28.5	71.5	92.8	7.2

调查院校 %	北京外国语大学	广东外语外贸大学	云南民族大学	大连外国语大学	上海外国语大学	天津外国语大学
	40.71	14.29	14.29	13.21	10.71	6.79

本科入学年份 %	2008 年	2009 年	2010 年	2011 年	2012 年
	7.2	23.6	54.3	13.8	1.1

专业 %	泰语	10	朝鲜语	37.8	豪萨语	0.7
	波斯语	5.2	土耳其语	2.6	斯瓦希里语	2.6
	印尼语	8.9	印地语	3	希伯来语	3.3
	马来语	4.1	柬埔寨语	6.7	越南语	8.5
	老挝语	1.8	僧伽罗语	4.8		

英语水平 %	大学英语四级（CET4）通过	大学英语六级（CET6）通过	其 他
	31.6	59	28.4

第二部分：出国留学基本情况调查

留学国家 %	泰国	10	朝鲜	6.7	尼日利亚	0.7
	伊朗	5.2	土耳其	2.6	坦桑尼亚	2.6
	印度尼西亚	8.9	印度	3	以色列	3.3
	马来西亚	4.1	柬埔寨	6.7	越南	8.5
	老挝	1.8	斯里兰卡	4.8	韩国	31.1

亚非地区留学研究

出国留学时间 %	2009 年	2010 年	2011 年	2012 年	2013 年	2014 年
	0.8	21.9	12.7	50.8	13.5	0.4

留学期限 %	3 个月及以下		4~6 个月		7~12 个月	
	3.1		25.8		71.1	

出国时年级（本科）%	一年级	二年级	三年级	四年级
	2.6	33.9	55.3	2.2

出国留学派遣方式 %	国家公派	校际交流	自费留学	其他
	46.4	28.1	25.5	

留学身份 %	本科插班生	硕士插班生	攻读硕士学位	其他
	85	0.1	0.7	14.2

国外留学学习方式 %	插入相应年级，与当地人一起学习	参加专为各国留学生所设课程	参加对方专门为全班留学所设课程	其他
	26.8	43.5	29.3	0.4

留学院校性质 %	公立综合大学	私立综合大学	综合大学语言培训机构	语言类大学	公立语言培训机构	私立语言培训机构	不清楚	其他
	63	21.4	7.6		2.17	2.17	1.45	2.21

选择这所高校或机构留学的原因 %	校际交流协议学校	互换奖学金项目指定学校	国家全额资助并由院系专业推荐的学校	凭个人喜好	因自费考虑学费	其他
	43.6	18.2	27.9	3.9	2.9	3.5

留学所在地属于该国 %	首都	一线大城市	一般中等城市	普通小城市	偏僻乡镇	其他
	58.6	16.8	17.9	4.6	1.8	0.4

留学前，国内所在院系或专业是否与您留学学校或专业进行过教学方面沟通或联系 %	有	无	不清楚
	73.7	7.6	18.7

出国前，是否有兴趣学习非通用语 %	有兴趣	无兴趣	无所谓
	90.4	3.9	5.7

	所修课程	无	1门	2门	3门	4门	5门	6门	7~9门	10门及以上
	语言技能课程	1.62	8.1	10.9	16.6	25.1	10.9	12.96	10.12	3.63
	所修课程	无	1门	2门	3门	4门	5门	6门	7~9门	10门及以上
留学期间学习情况 %	人文社科类课程	23.08	17	19.84	12.55	8.91	6.07	4.07	6.47	2.01
	留学期间平均每周上课时间	4~6小时		6~8小时		8~10小时		10小时以上		
		13.63		7.14		15.36		62.14		
	除语言课程外是否选修其他课程	选修其他课程				未选修其他课程				
		58.6				41.4				
	选修的其他课程类型	对象国文化类课程		语言相关非语言技能课程		与所学专业无关课程		以上全有		
		60.5		16.7		8.6		14.2		
	未选择其他课程的原因	需要更多时间用于语言学习		留学机构为语言类学校，未安排其他课程		其他				
		17.9		57.1		25				

	研修了本专业领域课程	研修了感兴趣领域课程	参与了科研课题的研究	收集查阅了本专业领域的学术资料	参加了学术会议和讲座	参与了田野调查	受到了论文写作指导	参加了当地社会实践	其他
在国外的研修情况（可多选）%	82	22.5	6.9	30.9	16	11.6	12.7	48.7	

	每月所获得资助金额平均为（或相当于）多少美元/月	无资助	500美元以下	500美元	500美元以上
		27.1	27.2	25.5	20.2
	在国外的生活水平相对于当地生活水平	等同于	高于		低于
		44	46.5		9.5
获得资助及生活状况 %	每月适当的资助量您认为应多少美元/月	500美元以内	500~1000美元		1000美元以上
		56.2	38.1		
	您每月获得的资助是否有结余	无结余	有结余		未填写
		65.5	34.4		
	留学费用是否需要自己补贴	不需要补贴	需要补贴		未填写
		41	59		

您所获得的资助对您留学期间的影响（可多选）%	让我有良好的学习和研究的精神状态	让我有机会扩展学术视野	使我有机会与当地社会交往	方便我获取学术资料	使我有充裕的学习和研究的时间
	71.8	57.3	79.8	36.6	43.7

第三部分：国外留学情况调查与评价

出国留学所在高校是否为对象国一流高校 %	是	不是	不清楚
	70	22.5	7.5

国外教学情况 %	教学质量总体评价	很好	较好	一般	较差	很差
		33.6	45.4	16.8	3.9	0.4
	教学内容是否适宜	适宜	比较适宜	一般	不太适宜	很不适宜
		31.1	47.1	16.1	5	0.7
	可选课程多样性	很多	较多	一般	较少	很少
		17.5	31.4	30.3	13.5	7.3
	课程的难易度	很难	较难	适中	容易	
		4.4	22.5	64	9.1	

国外师资情况评价 %		很好	较好	一般	较差	很差
	教师资质	39.6	45.8	12.7	1.5	0.4
	非通用语授课能力	41.1	43.6	14.2	1.1	
	教学中对最新研究成果的介绍	14.6	31	43.4	8.8	2.2
	与学生的交流与互动	39.1	43.1	15.3	1.8	0.7
	学术指导与咨询	26.9	40.7	26.2	3.3	2.9

校园基础设施 %		丰富	较多	一般	较少
	图书馆图书及资料	41.4	21.6	26.4	10.6
	计算机网络设施	好	较好	一般	较差
		35.6	17.5	29.8	17.1

	学校是否提供宿舍	提供宿舍		不提供宿舍	
住宿与饮食%		77.7		22.3	
	提供宿舍条件如何	好	较好	一般	较差
		37.4	33.5	20.9	8.3
	选择民间住宿价格	较高	一般	较低	
		46.8	45.7	7.5	
	是否习惯当地饮食	习惯	还可以	不习惯	
		38.4	50	11.6	

对出国留学所在高校的总体评价 %	很好	较好	一般	较差	很差
	30.3	50	18.2	1.1	0.4

是否建议其他非通用语学生在该校留学 %	建议	不建议
	86.8	13.2

第四部分：出国留学效果与就职就业

		有很大提高	有较大提高	略有提高	没有提高	有所降低
对国外学习所收获的技能与知识的评价%	非通用语水平	30.7	51	17.5	0.4	0.4
	英语水平	4.3	18.6	28.6	34.6	13.6
	对留学国家历史、社会文化与风土人情的了解程度	38.7	51.6	9.7		
	对留学国家及周边国家状况的了解程度	26.2	52	20.4	1.4	

留学期间或回国后，有无相关成果（论文、调研报告、留学收获发表等）%	有无相关成果		相关成果形式			
			论文	调研报告	留学收获发表	其他
	有	46.5	39.6	25.2	29.7	5.4
	无	3.5				

		有很大提高	有较大提高	略有提高	没有提高
出国留学对个人综合素质的影响 %	学术水平	19.4	44.1	32.6	3.9
	国际学术交流能力	16.8	50.4	27.1	5.7
	学习兴趣的提高	29.6	50	17.9	2.5
	知识更新能力及观念的更新	31.1	49.3	16.8	2.9
	批判和创新思维	20.7	45.7	28.2	5.4
	分析问题能力	18	44.6	32.1	4.3
	解决问题能力	35	42.5	19.6	2.9
	团队合作能力	33.6	42.9	21.8	1.8
	人际交往及有效沟通能力	36	47.5	15.1	1.4
	个人生活自理能力	50.4	39.2	8.6	1.8

	作为非通用语学生，您认为所学专业是否有利于就业（可多选）	有利于	不利于	根据当年社会需求而定		不清楚	
对就职就业的看法 %		38.5	16.6	49.6		3.8	
	赴对象国留学后，今后是否愿意从事与所学非通用语有关的工作	愿意	不愿意	愿意但相关工作岗位少		无所谓	
		53	4.7	34.8		7.2	
	不愿意从事与非通用语相关工作的主要原因（可多选）	对象国条件艰苦	个人发展空间受限制	受到社会认可度低	相关工作待遇低	其他	
		27.6	55.2	18.4	25.3	16.9	

第五部分：留学期间参与对象国民间交往及社会活动情况

留学过程中参与对象国民间交往的程度 %	较频繁	有交往	较少	无交往
	36	51.8	12.2	

留学之后对所留学国家的印象及了解与留学前是否有出入 %	有较大出入	有一些出入		基本一致
	20	60.4		19.6

您认为所留学的对象国对于中国的了解程度如何 %	不了解	一般	较深入	存在误解和分歧
	10.8	57	10.5	21.7
您认为对中国文化的了解在与对象国民间交往中是否重要 %	重要	不重要		无所谓
	91.7	5.1		3.2
您所留学的国家对中国文化了解需求的迫切程度如何 %	亟须了解	不需要	无所谓	不知道
	68.2	5.4	13.7	12.7
您对中国文化的了解能否满足对外交流的需要 %	可满足	需进一步增强		完全不够
	26.7	68.6		4.7

您在留学期间是否参加过社会调查 %	留学期间是否参加过社会调查		您认为参加社会调查对于深入了解对象国社会文化		
	参加过	未参加	有较大帮助	有一定帮助	没什么帮助
	23	77	33.1	57.4	9

附录 3 分国别调查问卷数据统计

留学人员调查问卷统计（朝鲜）

第一部分：个人基本情况

个人情况 %	在校生	非在校生	男	女	25 岁以下	25 岁以上
	100		20	80	91.7	8.3

第二部分：出国留学基本情况调查

出国留学派遣方式 %	国家公派	校际交流	自费留学	其他
	100			

留学身份 %	本科插班生	硕士插班生	攻读硕士学位	其他
	100			

国外留学学习方式 %	插入相应年级，与当地人一起学习	参加专为各国留学生所设课程	参加对方专门为全班留学所设课程	其他
	11.8	47	41.2	

留学院校性质 %	公立综合大学	私立综合大学	综合大学语言培训机构	语言类大学	公立语言培训机构	私立语言培训机构	不清楚	其他
	100							

选择这所高校或机构留学的原因 %	校际交流协议学校	互换奖学金项目指定学校	国家全额资助并由院系专业推荐的学校	凭个人喜好	因自费考虑学费	其他
	5.6	38.9	55.6			

184

留学所在地 %	首都	一线大城市	一般中等城市	普通小城市	偏僻乡镇
	94.4			5.6	

留学前，国内所在院系或专业是否与您留学学校或专业进行过教学方面沟通或联系 %	有	无	不清楚
	55.6	4.8	21.7

出国前，是否有兴趣学习非通用语 %	有兴趣	无兴趣	无所谓
	94.4		5.6

	所修课程	无	1门	2门	3门	4门	5门	6门	7~9门	10门及以上
留学期间学习情况 %	语言技能课程			23.5	29.4	17.6	5.9	17.6	5.9	
	人文社科类课程	5.9	5.9	17.6	58.8	5.9	5.9			
	留学期间平均每周上课时间	4~6小时		6~8小时		8~10小时		10小时以上		
				5.6		11.1		83.3		
	除语言课程外是否选修其他课程	选修其他课程				未选修其他课程				
		58.8				41.2				
	选修的其他课程类型	对象国文化类课程	语言相关非语言技能课程		与所学专业无关课程		以上全有			
		57.1					42.9			
	未选择其他课程的原因	需要更多时间用于语言学习		留学机构为语言类学校，未安排其他课程		其他				
		50		50						

在国外的研修情况（可多选）%	研修了本专业领域课程	研修了感兴趣领域课程	参与了科研课题的研究	收集查阅了本专业领域的学术资料	参加了学术会议和讲座	参与了田野调查	受到了论文写作指导	参加了当地社会实践	其他
	94.4	11.1		5.6	11.1	5.6	11.1	61.1	

	每月所获得资助金额平均为（或相当于）多少美元/月	无资助	500 美元以下	500 美元	500 美元以上
			77.8	5.6	16.7
	在国外的生活水平相对于当地生活水平	等同于	高于		低于
获得资助及生活状况%		12.5	72.2		5.6
	每月适当的资助量您认为应为多少美元/月	500 美元以内	500~1000 美元		1000 美元以上
		50	50		
	您每月获得的资助是否有结余	无结余	有结余		未填写
		27.8	55.6		16.7
	留学费用是否需要自己补贴	不需要补贴	需要补贴		未填写
		55.6	11.1		33.3

您所获得的资助对您留学期间的影响（可多选）%	让我有良好的学习和研究的精神状态	让我有机会扩展学术视野	使我有机会与当地社会交往	方便我获取学术资料	使我有充裕的学习和研究的时间
	83.3	33.3	66.7	16.7	50

第三部分：国外留学情况调查与评价

出国留学所在高校是否为对象国一流高校 %	是	不是	不清楚
	94.4		5.6

		很好	较好	一般	较差	很差
	教学质量总体评价	61.1	33.3	5.6		
国外教学情况 %	教学内容是否适宜	适宜	比较适宜	一般	不太适宜	很不适宜
		44.4	44.4	11.1		
	可选课程多样性	很多	较多	一般	较少	很少
		5.6	16.7	55.6	16.7	5.4
	课程的难易度	很难	较难	适中	容易	
			27.8	66.7	5.6	

附录3 分国别调查问卷数据统计

		很好	较好	一般	较差	很差
国外师资情况评价 %	教师资质	77.8	16.7	5.6		
	非通用语授课能力	72.2	22.2	5.6		
	教学中对最新研究成果的介绍	16.7	38.9	27.8	11.1	5.6
	与学生的交流与互动	38.9	33.3	27.8		
	学术指导与咨询	50	33.3	16.7		

校园基础设施 %	图书馆图书及资料	丰富	较多	一般	较少
		23.5	17.6	35.3	23.5
	计算机网络设施	好	较好	一般	较差
		5.6	11.1	27.8	55.6

住宿与饮食 %	学校是否提供宿舍	提供宿舍		不提供宿舍	
		94.4			
	提供宿舍条件如何	好	较好	一般	较差
		50	44.4	5.6	
	选择民间住宿价格	较高	一般	较低	
		20	60	20	
	是否习惯当地饮食	习惯	还可以	不习惯	
		55.6	44.4		

对出国留学所在高校的总体评价 %	很好	较好	一般	较差	很差
	55.6	38.9	5.6		

是否建议其他非通用语学生在该校留学 %	建议	不建议
	72.2	11.1

第四部分：出国留学效果与就职就业

		有很大提高	有较大提高	略有提高	没有提高	有所降低
对国外学习所收获的技能与知识的评价 %	非通用语水平	27.8	55.6	16.6		
	英语水平		5.6	11.1	61.1	22.2
	对留学国家历史、社会文化与风土人情的了解程度	50	50			
	对留学国家及周边国家状况的了解程度	22.2	61.1	16.7		

留学期间或回国后，有无相关成果（论文、调研报告、留学收获发表等）%	有无相关成果		相关成果形式			
			论文	调研报告	留学收获发表	其他
	有	50	22.2		66.7	11.1
	无	50				

		有很大提高	有较大提高	略有提高	没有提高
出国留学对个人综合素质的影响 %	学术水平	27.8	55.6	16.7	
	国际学术交流能力	16.7	66.7	11.1	5.6
	学习兴趣的提高	22.2	72.2	5.6	
	知识更新能力及观念的更新	11.1	66.7	11.1	11.1
	批判和创新思维	16.7	55.6	22.2	5.6
	分析问题能力	27.8	50	22.2	
	解决问题能力	33.3	50	16.7	
	团队合作能力	38.9	55.6	5.6	
	人际交往及有效沟通能力	27.8	61.1	11.1	
	个人生活自理能力	50	50		

	作为非通用语学生，您认为所学专业是否有利于就业（可多选）	有利于	不利于	根据当年社会需求而定	不清楚
对就职就业的看法 %		33.3	11.1	50	5.6
	赴对象国留学后，今后是否愿意从事与所学非通用语有关的工作	愿意	不愿意	愿意但相关工作岗位少	无所谓
		55.6		38.9	5.6
	不愿意从事与非通用语相关工作的主要原因（可多选）	对象国条件艰苦	个人发展空间受限制	受到社会认可度低	相关工作待遇低	其他
			66.7			

第五部分：留学期间参与对象国民间交往及社会活动情况

留学过程中参与对象国民间交往的程度 %	较频繁 23.5	有交往 52.9		较少 23.5	无交往
留学之后对所留学国家的印象及了解与留学前是否有出入 %	有较大出入 41.2	有一些出入 58.8			基本一致
您认为所留学的对象国对于中国的了解程度如何 %	不了解 11.8	一般 58.8		较深入 23.5	存在误解和分歧 5.9
您认为对中国文化的了解在与对象国民间交往中是否重要 %	重要 94.1	不重要 5.9			无所谓
您所留学的国家对中国文化了解需求的迫切程度如何 %	亟须了解 82.4	不需要 11.8		无所谓 5.9	不知道
您对中国文化的了解能否满足对外交流的需要 %	可满足	需进一步增强 94.4			完全不够
您在留学期间是否参加过社会调查 %	留学期间是否参加过社会调查	您认为参加社会调查对于深入了解对象国社会文化			
	参加过	未参加	有较大帮助	有一定帮助	没什么帮助
	11.1	83.3	25	37.5	37.5

189

留学人员调查问卷统计（韩国）

第一部分：个人基本情况

个人情况 %	在校生	非在校生	男	女	25 岁以下	25 岁以上
	100		20	80	89.6	10.4

第二部分：出国留学基本情况调查

出国留学派遣方式 %	国家公派	校际交流	自费留学	其他
	10.7	73.8	15.5	

留学身份 %	本科插班生	硕士插班生	攻读硕士学位	其他
	80.5		1.2	18.3

国外留学学习方式 %	插入相应年级，与当地人一起学习	参加专为各国留学生所设课程	参加对方专门为全班留学所设课程	其他
	37.3	43.3	18.1	

留学院校性质 %	公立综合大学	私立综合大学	综合大学语言培训机构	语言类大学	公立语言培训机构	私立语言培训机构	不清楚	其他
	27.7	56.6	6	3.6			3.6	2.4

选择这所高校或机构留学的原因 %	校际交流协议学校	互换奖学金项目指定学校	国家全额资助并由院系专业推荐的学校	凭个人喜好	因自费考虑学费	其他
	72.6	3.6	9.5	8.3	4.8	1.2

留学所在地 %	首都	一线大城市	一般中等城市	普通小城市	偏僻乡镇
	50	29.8	17.9	2.4	

留学前，国内所在院系或专业是否与您留学学校或专业进行过教学方面沟通或联系 %		有	无	不清楚
		73.5	4.8	21.7

出国前，是否有兴趣学习非通用语 %	有兴趣	无兴趣	无所谓
	86.9	7.1	6

附录3 分国别调查问卷数据统计

	所修课程	无	1门	2门	3门	4门	5门	6门	7~9门	10门及以上
留学期间学习情况%	语言技能课程	1.4	8.7	13	17.4	27.5	11.6	5.8	10	4.3
	人文社科类课程	30	20	15.7	10	7.1	4.3	4.3	5.7	2.8
	留学期间平均每周上课时间	4~6小时		6~8小时		8~10小时		10小时以上		
		9.6		12		21.7		56.6		
	除语言课程外是否选修其他课程	选修其他课程				未选修其他课程				
		73.8				26.2				
	选修的其他课程类型	对象国文化类课程		语言相关非语言技能课程		与所学专业无关课程		以上全有		
		50.8		18		13.1		27.9		
	未选择其他课程的原因	需要更多时间用于语言学习		留学机构为语言类学校，未安排其他课程		其他				
		50		25		25				

	研修了本专业领域课程	研修了感兴趣领域课程	参与了科研课题的研究	收集查阅了本专业领域的学术资料	参加了学术会议和讲座	参与了田野调查	受到了论文写作指导	参加了当地社会实践	其他
在国外的研修情况（可多选）%	91.6	28.9	2.4	18.1	12	4.8	3.6	48.2	2.4

	每月所获得资助金额平均为（或相当于）多少美元/月	无资助	500美元以下	500美元	500美元以上
获得资助及生活状况%		27.4	9.5	1.2	61.9
	在国外的生活水平相对于当地生活水平	等同于	高于		低于
		39.3	32.1		3.6
	每月适当的资助量您认为应为多少美元/月	500美元以内	500~1000美元		1000美元以上
		23.8	66.7		9.5
	您每月获得的资助是否有结余	无结余	有结余		未填写
		31	4.8		64.3
	留学费用是否需要自己补贴	不需要补贴	需要补贴		未填写
		6	47.6		46.4

191

您所获得的资助对您留学期间的影响（可多选）%	让我有良好的学习和研究的精神状态	让我有机会扩展学术视野	使我有机会与当地社会交往	方便我获取学术资料	使我有充裕的学习和研究的时间
	44	29.8	41.7	9.5	21.4

第三部分：国外留学情况调查与评价

出国留学所在高校是否为对象国一流高校 %	是	不是	不清楚
	51.2	38.1	10.7

国外教学情况 %	教学质量总体评价	很好	较好	一般	较差	很差
		50	41.7	7.1	1.2	
	教学内容是否适宜	适宜	比较适宜	一般	不太适宜	很不适宜
		40.5	50	7.1	2.4	
	可选课程多样性	很多	较多	一般	较少	很少
		31.3	36.1	20.5	6	6
	课程的难易度	很难	较难	适中	容易	
		2.4	27.7	6.3	3.6	

国外师资情况评价 %		很好	较好	一般	较差	很差
	教师资质	51.2	38.1	8.3	1.2	
	非通用语授课能力	47	43.4	9.6		
	教学中对最新研究成果的介绍	24.1	45.8	27.7	2.4	
	与学生的交流与互动	47	41	9.6	2.4	
	学术指导与咨询	33.7	42.2	20.5	3.6	

校园基础设施 %	图书馆图书及资料	丰富	较多	一般	较少
		78.3	13.3	8.4	
	计算机网络设施	好	较好	一般	较差
		84.3	13.3	2.4	

附录3　分国别调查问卷数据统计

<table>
<tr><td rowspan="8">住宿与
饮食 %</td><td>学校是否提供宿舍</td><td colspan="2">提供宿舍</td><td colspan="2">不提供宿舍</td></tr>
<tr><td></td><td colspan="2">92.9</td><td colspan="2">3.6</td></tr>
<tr><td rowspan="2">提供宿舍条件如何</td><td>好</td><td>较好</td><td>一般</td><td>较差</td></tr>
<tr><td>60.7</td><td>29.8</td><td colspan="2">6</td></tr>
<tr><td rowspan="2">选择民间住宿价格</td><td>较高</td><td>一般</td><td colspan="2">较低</td></tr>
<tr><td>55.8</td><td>34.6</td><td colspan="2">9.6</td></tr>
<tr><td rowspan="2">是否习惯当地饮食</td><td>习惯</td><td>还可以</td><td colspan="2">不习惯</td></tr>
<tr><td>48.2</td><td>48.2</td><td colspan="2">3.6</td></tr>
</table>

对出国留学所在高 校的总体评价 %	很好	较好	一般	较差	很差
	44.6	50.6	4.8		

是否建议其他非通用语学生 在该校留学 %	建议	不建议
	81	7.1

第四部分：出国留学效果与就职就业

<table>
<tr><td rowspan="6">对国外学习
所收获的技
能与知识的
评价 %</td><td></td><td>有很大
提高</td><td>有较大
提高</td><td>略有提高</td><td>没有提高</td><td>有所降低</td></tr>
<tr><td>非通用语水平</td><td>29.8</td><td>58.3</td><td>10.7</td><td>1.2</td><td></td></tr>
<tr><td>英语水平</td><td>6</td><td>16.7</td><td>20.2</td><td>45.2</td><td></td></tr>
<tr><td>对留学国家历史、
社会文化与风土人
情的了解程度</td><td>30.1</td><td>59</td><td>10.8</td><td></td><td></td></tr>
<tr><td>对留学国家及周边
国家状况的了解
程度</td><td>25.3</td><td>53</td><td>20.5</td><td>1.2</td><td></td></tr>
</table>

<table>
<tr><td rowspan="3">留学期间或回国
后，有无相关成
果（论文、调研
报告、留学收获
发表等）%</td><td colspan="2" rowspan="2">有无相关成果</td><td colspan="4">相关成果形式</td></tr>
<tr><td>论文</td><td>调研报告</td><td>留学收获发表</td><td>其他</td></tr>
<tr><td>有</td><td>36.3</td><td>41.4</td><td>13.8</td><td>37.9</td><td>6.9</td></tr>
<tr><td></td><td>无</td><td>63.7</td><td></td><td></td><td></td><td></td></tr>
</table>

		有很大提高	有较大提高	略有提高	没有提高
出国留学对个人综合素质的影响 %	学术水平	19	54.8	23.8	2.4
	国际学术交流能力	21.4	48.8	25	4.8
	学习兴趣的提高	32.1	52.4	13.1	2.4
	知识更新能力及观念的更新	38.1	51.2	9.5	1.2
	批判和创新思维	25	51.2	22.6	1.2
	分析问题能力	22.6	46.4	29.8	1.2
	解决问题能力	38.1	41.7	19	1.2
	团队合作能力	33.3	45.2	20.2	1.2
	人际交往及有效沟通能力	31.3	55.4	12	1.2
	个人生活自理能力	42.2	45.8	10.8	1.2

对就职就业的看法 %	作为非通用语学生，您认为所学专业是否有利于就业（可多选）	有利于	不利于	根据当年社会需求而定	不清楚
		33.3	21.4	45.2	3.6
	赴对象国留学后，今后是否愿意从事与所学非通用语有关的工作	愿意	不愿意	愿意但相关工作岗位少	无所谓
		57.1	7.1	27.4	8.3
	不愿意从事与非通用语相关工作的主要原因（可多选）	对象国条件艰苦	个人发展空间受限制	受到社会认可度低 / 相关工作待遇低	其他
		10	53.3	16.7 / 33.3	

第五部分：留学期间参与对象国民间交往及社会活动情况

留学过程中参与对象国民间交往的程度 %	较频繁	有交往	较少	无交往
	22.6	61.9	15.5	
留学之后对所留学国家的印象及了解与留学前是否有出入 %	有较大出入	有一些出入		基本一致
	13.3	57.8		28.9

194

附录 3   分国别调查问卷数据统计

您认为所留学的对象国对于中国的了解程度如何 %	不了解	一般	较深入	存在误解和分歧
	12	54.2	12	21.7

您认为对中国文化的了解在与对象国民间交往中是否重要 %	重要	不重要		无所谓
	90.4	6		3.6

您所留学的国家对中国文化了解需求的迫切程度如何 %	亟须了解	不需要	无所谓	不知道
	59	6	18.1	15.7

您对中国文化的了解能否满足对外交流的需要 %	可满足	需进一步增强		完全不够
	30.1	66.3		3.6

您在留学期间是否参加过社会调查 %	留学期间是否参加过社会调查		您认为参加社会调查对于深入了解对象国社会文化		
	参加过	未参加	有较大帮助	有一定帮助	没什么帮助
	25	70.2	36.4	56.8	6.8

留学人员调查问卷统计（柬埔寨）

第一部分：个人基本情况

个人情况 %	在校生	非在校生	男	女	25 岁以下	25 岁以上
	100		22.2	77.8	88.9	11.1

第二部分：出国留学基本情况调查

出国留学派遣方式 %	国家公派	校际交流	自费留学	其他
	22.2		77.8	

留学身份 %	本科插班生	硕士插班生	攻读硕士学位	其他
	94.4			5.6

国外留学学习方式 %	插入相应年级，与当地人一起学习	参加专为各国留学生所设课程	参加对方专门为全班留学所设课程	其他
		33.3	66.7	

留学院校性质 %	公立综合大学	私立综合大学	综合大学语言培训机构	语言类大学	公立语言培训机构	私立语言培训机构	不清楚	其他
	100							

选择这所高校或机构留学的原因 %	校际交流协议学校	互换奖学金项目指定学校	国家全额资助并由院系专业推荐的学校	凭个人喜好	因自费考虑学费	其他
	61.1	27.8				11.1

留学所在地 %	首都	一线大城市	一般中等城市	普通小城市	偏僻乡镇
	100				

留学前，国内所在院系或专业是否与您留学学校或专业进行过教学方面沟通或联系 %	有	无	不清楚
	72.2	16.7	11.1

出国前，是否有兴趣学习非通用语 %	有兴趣	无兴趣	无所谓
	83.3	11.1	5.6

留学期间学习情况 %	所修课程	无	1门	2门	3门	4门	5门	6门	7~9门	10门及以上
	语言技能课程			6.3	18.8	31.3	6.3	12.5	18.8	6
	人文社科类课程	6		12.5	6.3	43.8	6.3	12.5	12.6	

	留学期间平均每周上课时间	4~6小时	6~8小时	8~10小时	10小时以上	
		16.7		11.1	72.2	

	除语言课程外是否选修其他课程	选修其他课程		未选修其他课程	
		44.4		55.6	

	选修的其他课程类型	对象国文化类课程	语言相关非语言技能课程	与所学专业无关课程	以上全有
		87.5	12.5		11.1

	未选择其他课程的原因	需要更多时间用于语言学习	留学机构为语言类学校，未安排其他课程	其他
			42.9	57.1

在国外的研修情况（可多选）%	研修了本专业领域课程	研修了感兴趣领域课程	参与了科研课题的研究	收集查阅了本专业领域的学术资料	参加了学术会议和讲座	参与了田野调查	受到了论文写作指导	参加了当地社会实践	其他
	83.3	16.7	5.6	66.7			5.6	44.4	

	每月所获得资助金额平均为（或相当于）多少美元/月	无资助	500美元以下	500美元	500美元以上
获得资助及生活状况%		16.7			83.3
	在国外的生活水平相对于当地生活水平	等同于	高于		低于
		5.6	83.3		5.6
	每月适当的资助量您认为应为多少美元/月	500美元以内	500~1000美元		1000美元以上
		55.6	44.4		
	您每月获得的资助是否有结余	无结余	有结余		未填写
		16.7	22.2		61.1
	留学费用是否需要自己补贴	不需要补贴	需要补贴		未填写
		22.2	38.9		38.9

您所获得的资助对您留学期间的影响（可多选）%	让我有良好的学习和研究的精神状态	让我有机会扩展学术视野	使我有机会与当地社会交往	方便我获取学术资料	使我有充裕的学习和研究的时间
	27.8	44.4	44.4	22.2	50

第三部分：国外留学情况调查与评价

出国留学所在高校是否为对象国一流高校 %	是	不是	不清楚
	100		

国外教学情况 %	教学质量总体评价	很好	较好	一般	较差	很差
		27.8	16.7	38.9	16.7	
	教学内容是否适宜	适宜	比较适宜	一般	不太适宜	很不适宜
		16.7	33.3	27.8	16.7	5.6
	可选课程多样性	很多	较多	一般	较少	很少
		5.6	22.2	33.3	16.7	22.2
	课程的难易度	很难	较难	适中	容易	
		5.6	5.6	55.6	33.3	

国外师资情况评价 %		很好	较好	一般	较差	很差
	教师资质	11.1	61.1	27.8		
	非通用语授课能力	11.1	50	27.8	11.1	
	教学中对最新研究成果的介绍		11.1	66.7	16.7	5.6
	与学生的交流与互动	16.7	44.4	33.3	5.6	
	学术指导与咨询	5.6	27.8	50		16.7

校园基础设施 %	图书馆图书及资料	丰富	较多	一般	较少
		27.8	38.9	27.8	5.6
	计算机网络设施	好	较好	一般	较差
			33.3	38.9	27.8

住宿与饮食 %	学校是否提供宿舍	提供宿舍		不提供宿舍	
		23.5		76.5	
	提供宿舍条件如何	好	较好	一般	较差
		9.1	36.4	27.3	27.3
	选择民间住宿价格	较高	一般	较低	
		40	53.3	6.7	
	是否习惯当地饮食	习惯	还可以	不习惯	
		22.2	55.6	22.2	

附录3　分国别调查问卷数据统计

对出国留学所在高校的总体评价 %	很好	较好	一般	较差	很差
	11.8	58.8	29.4		

是否建议其他非通用语学生在该校留学 %	建议	不建议
	83.3	16.7

第四部分：出国留学效果与就职就业

对国外学习所收获的技能与知识的评价 %		有很大提高	有较大提高	略有提高	没有提高	有所降低
	非通用语水平	22.2	27.8	50		
	英语水平		27.8	33.3	38.9	
	对留学国家历史、社会文化与风土人情的了解程度	27.8	55.6	16.7		
	对留学国家及周边国家状况的了解程度	22.2	38.9	33.3	5.6	

留学期间或回国后，有无相关成果（论文、调研报告、留学收获发表等）%	有无相关成果		相关成果形式			
			论文	调研报告	留学收获发表	其他
	有	16.7	100			
	无	83.3				

出国留学对个人综合素质的影响 %		有很大提高	有较大提高	略有提高	没有提高
	学术水平	22.2	5.6	55.6	16.6
	国际学术交流能力	5.6	44.3	33.3	16.7
	学习兴趣的提高	16.7	38.9	27.8	16.6
	知识更新能力及观念的更新	22.2	27.8	33.3	16.7
	批判和创新思维	16.7	22.2	38.9	22.2
	分析问题能力	22.2	27.8	27.8	22.2
	解决问题能力	38.9	22.2	22.2	16.7
	团队合作能力	50	16.7	22.1	11.1
	人际交往及有效沟通能力	27.8	44.4	16.7	11.1
	个人生活自理能力	66.7	22.2	5.6	5.6

对就职就业的看法 %	作为非通用语学生，您认为所学专业是否有利于就业（可多选）	有利于	不利于	根据当年社会需求而定	不清楚
		50		61.1	
	赴对象国留学后，今后是否愿意从事与所学非通用语有关的工作	愿意	不愿意	愿意但相关工作岗位少	无所谓
		44.3	5.6	33.3	

不愿意从事与非通用语相关工作的主要原因（可多选）	对象国条件艰苦	个人发展空间受限制	受到社会认可度低	相关工作待遇低	其他
	27.8	40	40	20	

第五部分：留学期间参与对象国民间交往及社会活动情况

留学过程中参与对象国民间交往的程度 %	较频繁	有交往	较少	无交往
	16.7	61.1	22.2	

留学之后对所留学国家的印象及了解与留学前是否有出入 %	有较大出入	有一些出入		基本一致
	22.2	61.1		

您认为所留学的对象国对于中国的了解程度如何 %	不了解	一般	较深入	存在误解和分歧
		50	33.3	16.7

您认为对中国文化的了解在与对象国民间交往中是否重要 %	重要	不重要		无所谓
	88.9	5.6		5.6

您所留学的国家对中国文化了解需求的迫切程度如何 %	亟须了解	不需要	无所谓	不知道
	72.2		11.1	16.7

您对中国文化的了解能否满足对外交流的需要 %	可满足	需进一步增强		完全不够
	22.2	72.2		5.6

您在留学期间是否参加过社会调查 %	留学期间是否参加过社会调查		您认为参加社会调查对于深入了解对象国社会文化		
	参加过	未参加	有较大帮助	有一定帮助	没什么帮助
	16.7	83.3	28.6	57.1	14.3

留学人员调查问卷统计（老挝）

第一部分：个人基本情况

个人情况 %	在校生	非在校生	男	女	25 岁以下	25 岁以上
	100		100		100	

第二部分：出国留学基本情况调查

出国留学派遣方式 %	国家公派	校际交流	自费留学	其他
	20		80	

留学身份 %	本科插班生	硕士插班生	攻读硕士学位	其他
	60			40

国外留学学习方式 %	插入相应年级，与当地人一起学习	参加专为各国留学生所设课程	参加对方专门为全班留学所设课程	其他
	20	80		

留学院校性质 %	公立综合大学	私立综合大学	综合大学语言培训机构	语言类大学	公立语言培训机构	私立语言培训机构	不清楚	其他
	100							

选择这所高校或机构留学的原因 %	校际交流协议学校	互换奖学金项目指定学校	国家全额资助并由院系专业推荐的学校	凭个人喜好	因自费考虑学费	其他
	20	20			20	40

留学所在地 %	首都	一线大城市	一般中等城市	普通小城市	偏僻乡镇
	60			20	20

留学前，国内所在院系或专业是否与您留学学校或专业进行过教学方面沟通或联系 %	有	无	不清楚
	40	20	40

出国前，是否有兴趣学习非通用语 %	有兴趣	无兴趣	无所谓
	100		

	所修课程	无	1门	2门	3门	4门	5门	6门	7~9门	10门及以上
留学期间学习情况 %	语言技能课程			40			40	20		
	人文社科类课程		40		40			20		

	留学期间平均每周上课时间	4~6 小时	6~8 小时	8~10 小时	10 小时以上
		25	25		50

	除语言课程外是否选修其他课程	选修其他课程		未选修其他课程
		60		40

	选修的其他课程类型	对象国文化类课程	语言相关非语言技能课程	与所学专业无关课程	以上全有
		100			

	未选择其他课程的原因	需要更多时间用于语言学习	留学机构为语言类学校，未安排其他课程	其他

在国外的研修情况（可多选）%	研修了本专业领域课程	研修了感兴趣领域课程	参与了科研课题的研究	收集查阅了本专业领域的学术资料	参加了学术会议和讲座	参与了田野调查	受到了论文写作指导	参加了当地社会实践	其他
	80	40	20				20		

	每月所获得资助金额平均为（或相当于）多少美元/月	无资助	500 美元以下	500 美元	500 美元以上
获得资助及生活状况 %		40	20		40
	在国外的生活水平相对于当地生活水平	等同于	高于		低于
		33.3	66.7		
	每月适当的资助量您认为应为多少美元/月	500 美元以内	500~1000 美元		1000 美元以上
		40	60		
	您每月获得的资助是否有结余	无结余	有结余		未填写
		20	20		60
	留学费用是否需要自己补贴	不需要补贴	需要补贴		未填写
		20			80

您所获得的资助对您留学期间的影响（可多选）%	让我有良好的学习和研究的精神状态	让我有机会扩展学术视野	使我有机会与当地社会交往	方便我获取学术资料	使我有充裕的学习和研究的时间
	40	40	80	60	40

第三部分：国外留学情况调查与评价

出国留学所在高校是否为对象国一流高校 %	是	不是	不清楚
	100		

国外教学情况 %	教学质量总体评价	很好	较好	一般	较差	很差
				40	40	20
	教学内容是否适宜	适宜	比较适宜	一般	不太适宜	很不适宜
				80		20
	可选课程多样性	很多	较多	一般	较少	很少
				20	20	60
	课程的难易度	很难	较难	适中	容易	
				80	20	

国外师资情况评价 %		很好	较好	一般	较差	很差
	教师资质		20	40	20	20
	非通用语授课能力		40	60		
	教学中对最新研究成果的介绍			40	20	40
	与学生的交流与互动		20	40		40
	学术指导与咨询			20	40	40

校园基础设施 %	图书馆图书及资料	丰富	较多	一般	较少
				20	80
	计算机网络设施	好	较好	一般	较差
				20	80

	学校是否提供宿舍	提供宿舍		不提供宿舍	
住宿与饮食 %		80		20	
	提供宿舍条件如何	好	较好	一般	较差
			20	40	40
	选择民间住宿价格	较高	一般	较低	
		50	50		
	是否习惯当地饮食	习惯	还可以	不习惯	
		20	60	20	

对出国留学所在高校的总体评价 %	很好	较好	一般	较差	很差
			20	60	20

是否建议其他非通用语学生在该校留学 %	建议	不建议
	20	80

第四部分：出国留学效果与就职就业

		有很大提高	有较大提高	略有提高	没有提高	有所降低
对国外学习所收获的技能与知识的评价 %	非通用语水平	20	20	60		
	英语水平				60	40
	对留学国家历史、社会文化与风土人情的了解程度	20		80		
	对留学国家及周边国家状况的了解程度	20		60	20	

留学期间或回国后，有无相关成果（论文、调研报告、留学收获发表等）%	有无相关成果		相关成果形式			
			论文	调研报告	留学收获发表	其他
	有	60	50		50	
	无	40				

		有很大提高	有较大提高	略有提高	没有提高
出国留学对个人综合素质的影响 %	学术水平			60	40
	国际学术交流能力	20		20	60
	学习兴趣的提高	20	20	40	20
	知识更新能力及观念的更新	20		60	20
	批判和创新思维			40	60
	分析问题能力			40	60
	解决问题能力		20	60	20
	团队合作能力		20	60	20
	人际交往及有效沟通能力		20	60	20
	个人生活自理能力	20	20	40	20

	作为非通用语学生，您认为所学专业是否有利于就业（可多选）	有利于	不利于	根据当年社会需求而定	不清楚
对就职就业的看法 %		80	20		
	赴对象国留学后，今后是否愿意从事与所学非通用语有关的工作	愿意	不愿意	愿意但相关工作岗位少	无所谓
		80	20		
	不愿意从事与非通用语相关工作的主要原因（可多选）	对象国条件艰苦	个人发展空间受限制	受到社会认可度低	相关工作待遇低	其他
			100			

第五部分：留学期间参与对象国民间交往及社会活动情况

留学过程中参与对象国民间交往的程度 %	较频繁	有交往	较少	无交往
	20	20	60	

留学之后对所留学国家的印象及了解与留学前是否有出入 %	有较大出入	有一些出入		基本一致
		40		60

续表

您认为所留学的对象国对于中国的了解程度如何 %	不了解	一般	较深入	存在误解和分歧
		100		

您认为对中国文化的了解在与对象国民间交往中是否重要 %	重要	不重要		无所谓
	80	20		

您所留学的国家对中国文化了解需求的迫切程度如何 %	亟须了解	不需要	无所谓	不知道
	60	20		20

您对中国文化的了解能否满足对外交流的需要 %	可满足	需进一步增强		完全不够
	40	40		20

您在留学期间是否参加过社会调查 %	留学期间是否参加过社会调查		您认为参加社会调查对于深入了解对象国社会文化		
	参加过	未参加	有较大帮助	有一定帮助	没什么帮助
		100			

留学人员调查问卷统计（马来西亚）

第一部分：个人基本情况

个人情况 %	在校生	非在校生	男	女	25 岁以下	25 岁以上
	100		33.3	66.7	87.5	12.5

第二部分：出国留学基本情况调查

出国留学派遣方式 %	国家公派	校际交流	自费留学	其他
	90.9		9.1	

留学身份 %	本科插班生	硕士插班生	攻读硕士学位	攻读博士学位	其他
	100				

附录 3 分国别调查问卷数据统计

国外留学学习方式 %	插入相应年级，与当地人一起学习	参加专为各国留学生所设课程	参加对方专门为全班留学所设课程	其他
	100			

留学院校性质 %	公立综合大学	私立综合大学	综合大学语言培训机构	语言类大学	公立语言培训机构	私立语言培训机构	不清楚	其他
	100							

选择这所高校或机构留学的原因 %	校际交流协议学校	互换奖学金项目指定学校	国家全额资助并由院系专业推荐的学校	凭个人喜好	因自费考虑学费	其他
		18.2	81.8			

留学所在地 %	首都	一线大城市	一般中等城市	普通小城市	偏僻乡镇
	90.9	9.1			

留学前，国内所在院系或专业是否与您留学学校或专业进行过教学方面沟通或联系 %	有	无	不清楚
	100		

出国前，是否有兴趣学习非通用语 %	有兴趣	无兴趣	无所谓
	81.8	9.1	9.1

	所修课程	无	1门	2门	3门	4门	5门	6门	7~9门	10门及以上
留学期间学习情况 %	语言技能课程	18.2	9.1	27.3	27.3	9.1		9.1		
	人文社科类课程	9.1		27.3	27.3	9.1	27.3			
	留学期间平均每周上课时间	4~6小时		6~8小时		8~10小时		10小时以上		
								100		
	除语言课程外是否选修其他课程			选修其他课程				未选修其他课程		
				81.8				18.2		
	选修的其他课程类型	对象国文化类课程		语言相关非语言技能课程		与所学专业无关课程		以上全有		
		66.7		11.1				33.3		
	未选择其他课程的原因	需要更多时间用于语言学习		留学机构为语言类学校，未安排其他课程		其他				

207

在国外的研修情况（可多选）%	研修了本专业领域课程	研修了感兴趣领域课程	参与了本科研课题的研究	收集查阅了本专业领域的学术资料	参加了学术会议和讲座	参与了田野调查	受到了论文写作指导	参加了当地社会实践	其他
	90.9			63.6		72.7	18.2	18.2	

获得资助及生活状况%	每月所获得资助金额平均为（或相当于）多少美元/月	无资助	500 美元以下		500 美元		500 美元以上
		9.1			90.9		
	在国外的生活水平相对于当地生活水平	等同于		高于			低于
		50		30			20
	每月适当的资助量您认为应为多少美元/月	500 美元以内		500 ~ 1000 美元			1000 美元以上
		27.3		72.7			
	您每月获得的资助是否有结余	无结余		有结余			未填写
		81.8		9.1			9.1
	留学费用是否需要自己补贴	不需要补贴		需要补贴			未填写
		36.4		54.5			9.1

您所获得的资助对您留学期间的影响（可多选）%	让我有良好的学习和研究的精神状态	让我有机会扩展学术视野	使我有机会与当地社会交往	方便我获取学术资料	使我有充裕的学习和研究的时间
	63.6	27.3	72.7	36.4	9.1

第三部分：国外留学情况调查与评价

出国留学所在高校是否为对象国一流高校 %	是	不是	不清楚
	100		

附录3 分国别调查问卷数据统计

国外教学情况 %	教学质量总体评价	很好	较好	一般	较差	很差
		27.3	54.5	18.2		
	教学内容是否适宜	适宜	比较适宜	一般	不太适宜	很不适宜
		9.1	45.5	18.2	27.3	
	可选课程多样性	很多	较多	一般	较少	很少
		36.4	45.5		18.2	
	课程的难易度	很难	较难	适中	容易	
		45.5	54.5			

国外师资情况评价 %		很好	较好	一般	较差	很差
	教师资质	36.4	54.5	9.1		
	非通用语授课能力	45.5	36.4	18.2		
	教学中对最新研究成果的介绍	18.2	27.3	54.5		
	与学生的交流与互动	27.3	27.3	45.5		
	学术指导与咨询	27.3	36.4	36.4		

校园基础设施 %	图书馆图书及资料	丰富	较多	一般	较少
		81.8	9.1	9.1	
	计算机网络设施	好	较好	一般	较差
		45.5	36.4	18.2	

住宿与饮食 %	学校是否提供宿舍	提供宿舍		不提供宿舍	
		100			
	提供宿舍条件如何	好	较好	一般	较差
		9.1	36.4	45.5	9.1
	选择民间住宿价格	较高	一般	较低	
		50	50		
	是否习惯当地饮食	习惯	还可以	不习惯	
		27.3	45.5	27.3	

对出国留学所在高校的总体评价 %	很好	较好	一般	较差	很差
	18.2	45.5	36.3		

是否建议其他非通用语学生在该校留学 %	建议		不建议	
	81.8		18.2	

第四部分：出国留学效果与就职就业

对国外学习所收获的技能与知识的评价 %		有很大提高	有较大提高	略有提高	没有提高	有所降低
	非通用语水平	18.2	72.7	9.1		
	英语水平	9.1	9.1	45.5	36.4	
	对留学国家历史、社会文化与风土人情的了解程度	27.3	72.7			
	对留学国家及周边国家状况的了解程度	9.1	63.6	27.3		

留学期间或回国后，有无相关成果（论文、调研报告、留学收获发表等）%	有无相关成果		相关成果形式			
			论文	调研报告	留学收获发表	其他
	有	100	9.1	72.7	18.2	
	无					

出国留学对个人综合素质的影响 %		有很大提高	有较大提高	略有提高	没有提高
	学术水平		27.3	63.6	16.7
	国际学术交流能力		36.4	54.5	9.1
	学习兴趣的提高	9.1	36.4	45.5	9.1
	知识更新能力及观念的更新	9.1	45.5	36.4	9.1
	批判和创新思维		27.3	63.6	9.1
	分析问题能力		45.5	45.5	9.1
	解决问题能力		54.5	36.4	9.1
	团队合作能力	18.2	45.5	36.4	
	人际交往及有效沟通能力	18.2	36.4	45.5	
	个人生活自理能力	9.1	63.6	18.2	9.1

	作为非通用语学生，您认为所学专业是否有利于就业（可多选）	有利于	不利于	根据当年社会需求而定	不清楚
对就职就业的看法 %		27.3	18.2	54.5	
	赴对象国留学后，今后是否愿意从事与所学非通用语有关的工作	愿意	不愿意	愿意但相关工作岗位少	无所谓
		72.7	9.1	18.2	

	不愿意从事与非通用语相关工作的主要原因（可多选）	对象国条件艰苦	个人发展空间受限制	受到社会认可度低	相关工作待遇低	其他
			27.3	33.3	33.3	

第五部分：留学期间参与对象国民间交往及社会活动情况

留学过程中参与对象国民间交往的程度 %	较频繁	有交往	较少	无交往
	36.4	54.5	9.1	

留学之后对所留学国家的印象及了解与留学前是否有出入 %	有较大出入	有一些出入		基本一致
	18.2	63.6		18.2

您认为所留学的对象国对于中国的了解程度如何 %	不了解	一般	较深入	存在误解和分歧
		100		

您认为对中国文化的了解在与对象国民间交往中是否重要 %	重要	不重要		无所谓
	90.9			9.1

您所留学的国家对中国文化了解需求的迫切程度如何 %	亟须了解	不需要	无所谓	不知道
	54.5	9.1	9.1	27.3

您对中国文化的了解能否满足对外交流的需要 %	可满足	需进一步增强		完全不够
	18.2	81.8		

	留学期间是否参加过社会调查		您认为参加社会调查对于深入了解对象国社会文化		
您在留学期间是否参加过社会调查 %	参加过	未参加	有较大帮助	有一定帮助	没什么帮助
	36.4	63.6	28.6	71.4	

留学人员调查问卷统计（尼日利亚）

第一部分：个人基本情况

个人情况 %	在校生	非在校生	男	女	25 岁以下	25 岁以上
	100	0	100	0	100	0

第二部分：出国留学基本情况调查

出国留学派遣方式 %	国家公派	校际交流	自费留学	其他
	100			

留学身份 %	本科插班生	硕士插班生	攻读硕士学位	其他
	100			

国外留学学习方式 %	插入相应年级，与当地人一起学习	参加专为各国留学生所设课程	参加对方专门为全班留学所设课程	其他
			100	

留学院校性质 %	公立综合大学	私立综合大学	综合大学语言培训机构	语言类大学	公立语言培训机构	私立语言培训机构	不清楚	其他
	100							

选择这所高校或机构留学的原因 %	校际交流协议学校	互换奖学金项目指定学校	国家全额资助并由院系专业推荐的学校	凭个人喜好	因自费考虑学费	其他
			100			

留学所在地 %	首都	一线大城市	一般中等城市	普通小城市	偏僻乡镇
		50		50	

留学前，国内所在院系或专业是否与您留学学校或专业进行过教学方面沟通或联系 %	有	无	不清楚
	50	50	

出国前，是否有兴趣学习非通用语 %	有兴趣	无兴趣	无所谓
	100		

附录3 分国别调查问卷数据统计

	所修课程	无	1门	2门	3门	4门	5门	6门	7~9门	10门及以上
留学期间学习情况 %	语言技能课程			50	50					
	人文社科类课程		50		50					

	留学期间平均每周上课时间	4~6小时	6~8小时	8~10小时	10小时以上
		50			50

	除语言课程外是否选修其他课程	选修其他课程		未选修其他课程
		100		

	选修的其他课程类型	对象国文化类课程	语言相关非语言技能课程	与所学专业无关课程	以上全有
					100

	未选择其他课程的原因	需要更多时间用于语言学习	留学机构为语言类学校，未安排其他课程	其他

在国外的研修情况（可多选）%	研修了本专业领域课程	研修了感兴趣领域课程	参与了本科研课题的研究	收集查阅了本专业领域的学术资料	参加了学术会议和讲座	参与了田野调查	受到了论文写作指导	参加了当地社会实践	其他
	50						50	50	

	每月所获得资助金额平均为（或相当于）多少美元/月	无资助	500美元以下	500美元	500美元以上
获得资助及生活状况 %			50		50
	在国外的生活水平相对于当地生活水平	等同于	高于		低于
			100		
	每月适当的资助量您认为应为多少美元/月	500美元以内	500~1000美元		1000美元以上
			100		
	您每月获得的资助是否有结余	无结余	有结余		未填写
					100
	留学费用是否需要自己补贴	不需要补贴	需要补贴		未填写
					100

213

您所获得的资助对您留学期间的影响（可多选）%	让我有良好的学习和研究的精神状态	让我有机会扩展学术视野	使我有机会与当地社会交往	方便我获取学术资料	使我有充裕的学习和研究的时间
			100	100	

第三部分：国外留学情况调查与评价

出国留学所在高校是否为对象国一流高校 %	是	不是	不清楚
	50	50	

国外教学情况 %	教学质量总体评价	很好	较好	一般	较差	很差
				50	50	
	教学内容是否适宜	适宜	比较适宜	一般	不太适宜	很不适宜
		50		50		
	可选课程多样性	很多	较多	一般	较少	很少
					50	50
	课程的难易度	很难	较难	适中	容易	
			50	50		

国外师资情况评价 %		很好	较好	一般	较差	很差
	教师资质		50		50	
	非通用语授课能力			50	50	
	教学中对最新研究成果的介绍				100	
	与学生的交流与互动	100				
	学术指导与咨询		100			

校园基础设施 %	图书馆图书及资料	丰富	较多	一般	较少
		50	50		
	计算机网络设施	好	较好	一般	较差
				50	50

	提供宿舍		不提供宿舍	
学校是否提供宿舍	100			
提供宿舍条件如何	好	较好	一般	较差
			50	50
选择民间住宿价格	较高	一般	较低	
是否习惯当地饮食	习惯	还可以	不习惯	

住宿与饮食 %

对出国留学所在高校的总体评价 %	很好	较好	一般	较差	很差
		50	50		

是否建议其他非通用语学生在该校留学 %	建议		不建议	
	50		50	

第四部分：出国留学效果与就职就业

		有很大提高	有较大提高	略有提高	没有提高	有所降低
对国外学习所收获的技能与知识的评价 %	非通用语水平	50	50			
	英语水平		50	50		
	对留学国家历史、社会文化与风土人情的了解程度	100				
	对留学国家及周边国家状况的了解程度	100				

留学期间或回国后，有无相关成果（论文、调研报告、留学收获发表等）%	有无相关成果		相关成果形式			
			论文	调研报告	留学收获发表	其他
	有					
	无	100				

	有很大提高	有较大提高	略有提高	没有提高
学术水平		100		
国际学术交流能力		50	50	
学习兴趣的提高	50	50		
知识更新能力及观念的更新	50	50		
批判和创新思维	50	50		
分析问题能力	50	50		
解决问题能力	100			
团队合作能力	100			
人际交往及有效沟通能力	100			
个人生活自理能力	100			

出国留学对个人综合素质的影响 %（上表左侧）

作为非通用语学生，您认为所学专业是否有利于就业（可多选）	有利于	不利于	根据当年社会需求而定	不清楚
				100

赴对象国留学后，今后是否愿意从事与所学非通用语有关的工作	愿意	不愿意	愿意但相关工作岗位少	无所谓
	50		50	

不愿意从事与非通用语相关工作的主要原因（可多选）	对象国条件艰苦	个人发展空间受限制	受到社会认可度低	相关工作待遇低	其他

对就职就业的看法 %（上表左侧）

第五部分：留学期间参与对象国民间交往及社会活动情况

留学过程中参与对象国民间交往的程度 %	较频繁	有交往	较少	无交往
留学之后对所留学国家的印象及了解与留学前是否有出入 %	有较大出入	有一些出入		基本一致

附录3　分国别调查问卷数据统计

您认为所留学的对象国对于中国的了解程度如何 %	不了解	一般	较深入	存在误解和分歧
				100

您认为对中国文化的了解在与对象国民间交往中是否重要 %	重要	不重要		无所谓
	100			

您所留学的国家对中国文化了解需求的迫切程度如何 %	亟须了解	不需要	无所谓	不知道
	100			

您对中国文化的了解能否满足对外交流的需要 %	可满足	需进一步增强		完全不够
	100			

您在留学期间是否参加过社会调查 %	留学期间是否参加过社会调查		您认为参加社会调查对于深入了解对象国社会文化	
	参加过	未参加	有较大帮助	有一定帮助	没什么帮助
		100			

留学人员调查问卷统计（斯里兰卡）

第一部分：个人基本情况

个人情况 %	在校生	非在校生	男	女	25 岁以下	25 岁以上
	100		46.2	53.8	100	

第二部分：出国留学基本情况调查

出国留学派遣方式 %	国家公派	校际交流	自费留学	其他
	100			

留学身份 %	本科插班生	硕士插班生	攻读硕士学位	攻读博士学位	其他
	100				

国外留学学习方式 %	插入相应年级，与当地人一起学习	参加专为各国留学生所设课程	参加对方专门为全班留学所设课程	其他
		30.8	69.2	

217

留学院校性质 %	公立综合大学	私立综合大学	综合大学语言培训机构	语言类大学	公立语言培训机构	私立语言培训机构	不清楚	其他
	100							

选择这所高校或机构留学的原因 %	校际交流协议学校	互换奖学金项目指定学校	国家全额资助并由院系专业推荐的学校	凭个人喜好	因自费考虑学费	其他
	15.4	46.2	38.5			

留学所在地 %	首都	一线大城市	一般中等城市	普通小城市	偏僻乡镇
	61.5		7.7		31.8

留学前，国内所在院系或专业是否与您留学学校或专业进行过教学方面沟通或联系 %	有	无	不清楚
	76.9	7.7	15.4

出国前，是否有兴趣学习非通用语 %	有兴趣	无兴趣	无所谓
	92.3		7.7

	所修课程	无	1门	2门	3门	4门	5门	6门	7~9门	10门及以上
留学期间学习情况 %	语言技能课程				23.1	76.9				
	人文社科类课程	7.7	15.4	38.5		15.4	23.1			
	留学期间平均每周上课时间	4~6小时		6~8小时		8~10小时		10小时以上		
		15.4						84.6		
	除语言课程外是否选修其他课程			选修其他课程				未选修其他课程		
				53.8				46.2		
	选修的其他课程类型	对象国文化类课程		语言相关非语言技能课程		与所学专业无关课程		以上全有		
		53.8		28.6						
	未选择其他课程的原因	需要更多时间用于语言学习		留学机构为语言类学校，未安排其他课程				其他		
								100		

附录3　分国别调查问卷数据统计

在国外的研修情况（可多选）%	研修了本专业领域课程	研修了感兴趣领域课程	参与了科研课题的研究	收集查阅了本专业领域的学术资料	参加了学术会议和讲座	参与了田野调查	受到了论文写作指导	参加了当地社会实践	其他
	92.3	7.7	46.2	61.5	61.5			69.2	

获得资助及生活状况 %	每月所获得资助金额平均为（或相当于）多少美元/月	无资助	500 美元以下	500 美元	500 美元以上
			46.2	38.5	15.4
	在国外的生活水平相对于当地生活水平	等同于	高于		低于
		23.1	53.8		15.4
	每月适当的资助量您认为应为多少美元/月	500 美元以内	500~1000 美元		1000 美元以上
		30.8	69.2		
	您每月获得的资助是否有结余	无结余	有结余		未填写
		69.2	23.1		7.7
	留学费用是否需要自己补贴	不需要补贴	需要补贴		未填写
		53.8	38.5		7.7

您所获得的资助对您留学期间的影响（可多选）%	让我有良好的学习和研究的精神状态	让我有机会扩展学术视野	使我有机会与当地社会交往	方便我获取学术资料	使我有充裕的学习和研究的时间
	69.2	84.6	92.3	53.8	53.8

第三部分：国外留学情况调查与评价

出国留学所在高校是否为对象国一流高校 %	是	不是	不清楚
	92.3		7.7

国外教学情况 %	教学质量总体评价	很好	较好	一般	较差	很差
		7.7	61.5	30.8		
	教学内容是否适宜	适宜	比较适宜	一般	不太适宜	很不适宜
		23.1	30.8	46.2		
	可选课程多样性	很多	较多	一般	较少	很少
		7.7	23.1	46.2	7.7	15.4
	课程的难易度	很难	较难	适中	容易	
			46.2	46.2	7.7	

国外师资情况评价 %		很好	较好	一般	较差	很差
	教师资质	46.2	46.2	7.7		
	非通用语授课能力	46.2	38.5	15.4		
	教学中对最新研究成果的介绍		53.8	23.1	15.4	7.7
	与学生的交流与互动	38.5	61.5			
	学术指导与咨询	15.4	53.8	23.1		7.7

校园基础设施 %	图书馆图书及资料	丰富	较多	一般	较少
		7.7	38.5	53.8	
	计算机网络设施	好	较好	一般	较差
			7.7	30.8	61.5

住宿与饮食 %	学校是否提供宿舍	提供宿舍		不提供宿舍	
		61.5		38.5	
	提供宿舍条件如何	好	较好	一般	较差
		50	12.5	25	12.5
	选择民间住宿价格	较高	一般	较低	
		25	66.7	8.3	
	是否习惯当地饮食	习惯	还可以	不习惯	
		15.4	30.8	53.8	

对出国留学所在高校的总体评价 %	很好	较好	一般	较差	很差
	15.4	53.8	30.8		

是否建议其他非通用语学生在该校留学 %	建议	不建议
	61.5	38.5

第四部分：出国留学效果与就职就业

		有很大提高	有较大提高	略有提高	没有提高	有所降低
对国外学习所收获的技能与知识的评价 %	非通用语水平	15.4	61.5	23.1		
	英语水平	7.7	38.5	46.2	7.7	
	对留学国家历史、社会文化与风土人情的了解程度	30.8	53.8	15.4		
	对留学国家及周边国家状况的了解程度	7.7	69.2	15.4	7.7	

留学期间或回国后，有无相关成果（论文、调研报告、留学收获发表等）%	有无相关成果		相关成果形式			
			论文	调研报告	留学收获发表	其他
	有	53.8	14.3	14.3	71.4	
	无	46.2				

		有很大提高	有较大提高	略有提高	没有提高
出国留学对个人综合素质的影响 %	学术水平	7.7	23.1	61.5	7.7
	国际学术交流能力	7.7	53.8	38.5	
	学习兴趣的提高	15.4	69.2	15.4	
	知识更新能力及观念的更新	15.4	69.2	15.4	
	批判和创新思维	15.4	53.8	30.8	
	分析问题能力	15.4	46.2	38.5	
	解决问题能力	23.1	61.5	15.4	
	团队合作能力	15.4	61.5	23.1	
	人际交往及有效沟通能力	38.5	53.8	7.7	
	个人生活自理能力	46.2	46.2	7.7	

	作为非通用语学生，您认为所学专业是否有利于就业（可多选）	有利于	不利于	根据当年社会需求而定		不清楚
对就职就业的看法 %		23.1	15.4	69.2		7.7
	赴对象国留学后，今后是否愿意从事与所学非通用语有关的工作	愿意	不愿意	愿意但相关工作岗位少		无所谓
		38.5	15.4	46.2		
	不愿意从事与非通用语相关工作的主要原因（可多选）	对象国条件艰苦	个人发展空间受限制	受到社会认可度低	相关工作待遇低	其他
		30.8	60	40	40	

第五部分：留学期间参与对象国民间交往及社会活动情况

留学过程中参与对象国民间交往的程度 %	较频繁	有交往	较少	无交往
	46.2	53.8		

留学之后对所留学国家的印象及了解与留学前是否有出入 %	有较大出入	有一些出入		基本一致
	15.4	46.2		38.5

您认为所留学的对象国对于中国的了解程度如何 %	不了解	一般	较深入	存在误解和分歧
	23.1	69.2	7.7	

您认为对中国文化的了解在与对象国民间交往中是否重要 %	重要	不重要		无所谓
	92.3			7.7

您所留学的国家对中国文化了解需求的迫切程度如何 %	亟须了解	不需要	无所谓	不知道
	69.2		23.1	7.7

您对中国文化的了解能否满足对外交流的需要 %	可满足	需进一步增强		完全不够
	38.5	53.8		7.7

您在留学期间是否参加过社会调查 %	留学期间是否参加过社会调查		您认为参加社会调查对于深入了解对象国社会文化		
	参加过	未参加	有较大帮助	有一定帮助	没什么帮助
	16.7	83.3	28.6	57.1	14.3

留学人员调查问卷统计（泰国）

第一部分：个人基本情况

个人情况 %	在校生	非在校生	男	女	25 岁以下	25 岁以上
	100		0	100	100	

第二部分：出国留学基本情况调查

出国留学派遣方式 %	国家公派	校际交流	自费留学	其他
	22.2	25.9	51.9	

留学身份 %	本科插班生	硕士插班生	攻读硕士学位	其他
	92			8

国外留学学习方式 %	插入相应年级，与当地人一起学习	参加专为各国留学生所设课程	参加对方专门为全班留学所设课程	其他
	42.3	11.5	46.2	

留学院校性质 %	公立综合大学	私立综合大学	综合大学语言培训机构	语言类大学	公立语言培训机构	私立语言培训机构	不清楚	其他
	61.5	38.5						

选择这所高校或机构留学的原因 %	校际交流协议学校	互换奖学金项目指定学校	国家全额资助并由院系专业推荐的学校	凭个人喜好	因自费考虑学费	其他
	59.3	11.1	11.1	11.1	7.4	

留学所在地 %	首都	一线大城市	一般中等城市	普通小城市	偏僻乡镇
	29.6	14.8	40.7	14.8	

留学前，国内所在院系或专业是否与您留学学校或专业进行过教学方面沟通或联系 %	有	无	不清楚
	84.6	11.5	3.8

出国前，是否有兴趣学习非通用语 %	有兴趣	无兴趣	无所谓
	85.2	3.7	11.1

留学期间学习情况 %	所修课程	无	1门	2门	3门	4门	5门	6门	7~9门	10门及以上
	语言技能课程	4.2	4.2	16.7	20.8	12.5	8.3	12.5	20.9	
	人文社科类课程	8.7	17.4	13	4.3	4.3	8.7	13	26.1	4.5
	留学期间平均每周上课时间	4~6 小时		6~8 小时		8~10 小时		10 小时以上		
		7.7		15.4		7.7		69.2		
	除语言课程外是否选修其他课程	选修其他课程			未选修其他课程					
		70.4			29.6					
	选修的其他课程类型	对象国文化类课程		语言相关非语言技能课程		与所学专业无关课程		以上全有		
		78.9		21.1						
	未选择其他课程的原因	需要更多时间用于语言学习		留学机构为语言类学校，未安排其他课程		其他				
		75		25						

在国外的研修情况（可多选）%	研修了本专业领域课程	研修了感兴趣领域课程	参与了科研课题的研究	收集查阅了本专业领域的学术资料	参加了学术会议和讲座	参与了田野调查	受到了论文写作指导	参加了当地社会实践	其他
	92.6	81.5	0	37	14.8	3.7	0	59.3	0

获得资助及生活状况 %	每月所获得资助金额平均为（或相当于）多少美元/月	无资助	500 美元以下	500 美元	500 美元以上
		29.6		11.1	59.3
	在国外的生活水平相对于当地生活水平	等同于	高于		低于
		84.6	15.4		
	每月适当的资助量您认为应为多少美元/月	500 美元以内	500~1000 美元		1000 美元以上
		63	33.3		3.7
	您每月获得的资助是否有结余	无结余	有结余		未填写
		75	25		
	留学费用是否需要自己补贴	不需要补贴	需要补贴		未填写
		40	60		

您所获得的资助对您留学期间的影响（可多选）	让我有良好的学习和研究的精神状态	让我有机会扩展学术视野	使我有机会与当地社会交往	方便我获取学术资料	使我有充裕的学习和研究的时间
	72.2	77.8	94.4	44.4	33.3

第三部分：国外留学情况调查与评价

出国留学所在高校是否为对象国一流高校 %	是	不是	不清楚
	40.7	48.1	11.1

国外教学情况 %	教学质量总体评价	很好	较好	一般	较差	很差
		11.1	70.4	18.5		
	教学内容是否适宜	适宜	比较适宜	一般	不太适宜	很不适宜
		18.5	55.6	25.9		
	可选课程多样性	很多	较多	一般	较少	很少
		7.4	48.1	33.3	11.1	
	课程的难易度	很难	较难	适中	容易	
			11.1	88.9		

国外师资情况评价 %		很好	较好	一般	较差	很差
	教师资质	14.8	70.4	14.8		
	非通用语授课能力	18.5	59.3	22.2		
	教学中对最新研究成果的介绍		48.1	51.9		
	与学生的交流与互动	22.2	55.6	22.2		
	学术指导与咨询	11.1	55.6	33.3		

校园基础设施 %	图书馆图书及资料	丰富	较多	一般	较少
		33.3	33.3	33.3	
	计算机网络设施	好	较好	一般	较差
		37	29.6	33.3	

住宿与饮食 %	学校是否提供宿舍	提供宿舍		不提供宿舍	
		70.4		29.6	
	提供宿舍条件如何	好	较好	一般	较差
		36.8	47.4	15.8	
	选择民间住宿价格	较高	一般	较低	
		36.4	59.1		
	是否习惯当地饮食	习惯	还可以	不习惯	
		33.3	55.6	11.1	

对出国留学所在高校的总体评价 %	很好	较好	一般	较差	很差
	22.2	70.4	7.4		

是否建议其他非通用语学生在该校留学 %	建议	不建议
	92.3	7.7

第四部分：出国留学效果与就职就业

对国外学习所收获的技能与知识的评价 %		有很大提高	有较大提高	略有提高	没有提高	有所降低
	非通用语水平	22.2	37	40.7		
	英语水平			40.7	40.7	18.5
	对留学国家历史、社会文化与风土人情的了解程度	22.2	63	14.8		
	对留学国家及周边国家状况的了解程度	22.2	37	40.7		

留学期间或回国后，有无相关成果（论文、调研报告、留学收获发表等）%	有无相关成果		相关成果形式			
			论文	调研报告	留学收获发表	其他
	有	48	36.4	27.3	18.2	18.2
	无	52				

附录3　分国别调查问卷数据统计

		有很大提高	有较大提高	略有提高	没有提高
出国留学对个人综合素质的影响 %	学术水平	18.5	44.4	37	
	国际学术交流能力	11.1	44.4	40.7	3.7
	学习兴趣的提高	29.6	40.7	29.6	
	知识更新能力及观念的更新	22.2	51.9	25.9	
	批判和创新思维	18.5	48.1	29.6	3.7
	分析问题能力	18.5	48.1	29.6	3.7
	解决问题能力	29.6	44.4	22.2	3.7
	团队合作能力	33.3	37	29.6	
	人际交往及有效沟通能力	29.6	44.4	25.9	
	个人生活自理能力	48.1	37	14.8	

对就职就业的看法 %	作为非通用语学生，您认为所学专业是否有利于就业（可多选）	有利于	不利于	根据当年社会需求而定	不清楚
		37	18.5	51.9	7.4
	赴对象国留学后，今后是否愿意从事与所学非通用语有关的工作	愿意	不愿意	愿意但相关工作岗位少	无所谓
		44.4	3.7	37	14.8
	不愿意从事与非通用语相关工作的主要原因（可多选）	对象国条件艰苦	个人发展空间受限制	受到社会认可度低	相关工作待遇低	其他
			54.5	9.1	18.2	

第五部分：留学期间参与对象国民间交往及社会活动情况

	较频繁	有交往	较少	无交往
留学过程中参与对象国民间交往的程度 %	29.6	55.6	14.8	

	有较大出入	有一些出入	基本一致
留学之后对所留学国家的印象及了解与留学前是否有出入 %	7.4	74.1	18.5

续表

您认为所留学的对象国对于中国的了解程度如何 %	不了解	一般	较深入	存在误解和分歧
	7.4	66.7	7.4	18.5
您认为对中国文化的了解在与对象国民间交往中是否重要 %	重要	不重要		无所谓
	100			
您所留学的国家对中国文化了解需求的迫切程度如何 %	亟须了解	不需要	无所谓	不知道
	74.1	7.4	11.1	7.4
您对中国文化的了解能否满足对外交流的需要 %	可满足	需进一步增强		完全不够
	14.8	74.1		11.1

您在留学期间是否参加过社会调查 %	留学期间是否参加过社会调查		您认为参加社会调查对于深入了解对象国社会文化		
	参加过	未参加	有较大帮助	有一定帮助	没什么帮助
	22.8	77.2	25	66.7	8.3

留学人员调查问卷统计（坦桑尼亚）

第一部分：个人基本情况

个人情况 %	在校生	非在校生	男	女	25 岁以下	25 岁以上
	57.1	42.9	50	50	85.7	14.3

第二部分：出国留学基本情况调查

出国留学派遣方式 %	国家公派	校际交流	自费留学	其他
	85.7	14.3		

留学身份 %	本科插班生	硕士插班生	攻读硕士学位	其他
	100			

国外留学学习方式 %	插入相应年级，与当地人一起学习	参加专为各国留学生所设课程	参加对方专门为全班留学所设课程	其他
	85.7	14.3		

留学院校性质 %	公立综合大学	私立综合大学	综合大学语言培训机构	语言类大学	公立语言培训机构	私立语言培训机构	不清楚	其他
	100							

选择这所高校或机构留学的原因 %	校际交流协议学校	互换奖学金项目指定学校	国家全额资助并由院系专业推荐的学校	凭个人喜好	因自费考虑学费	其他
	28.6	28.6	42.9			

留学所在地 %	首都	一线大城市	一般中等城市	普通小城市	偏僻乡镇
	57.1	42.9			

留学前，国内所在院系或专业是否与您留学学校或专业进行过教学方面沟通或联系 %	有	无	不清楚
	85.7		14.3

出国前，是否有兴趣学习非通用语 %	有兴趣	无兴趣	无所谓
	100		

留学期间学习情况 %	所修课程	无	1门	2门	3门	4门	5门	6门	7~9门	10门及以上
	语言技能课程			33.3	16.7	16.7		33.3		
	人文社科类课程	16.7	50	33.3						
	留学期间平均每周上课时间	4~6小时		6~8小时		8~10小时		10小时以上		
				16.7		66.7		16.7		
	除语言课程外是否选修其他课程	选修其他课程				未选修其他课程				
		57.1				42.9				
	选修的其他课程类型	对象国文化类课程		语言相关非语言技能课程		与所学专业无关课程		以上全有		
		25		25		50				
	未选择其他课程的原因	需要更多时间用于语言学习		留学机构为语言类学校，未安排其他课程		其他				
		66.7				33.3				

在国外的研修情况（可多选）%	研修了本专业领域课程	研修了感兴趣领域课程	参与了科研课题的研究	收集查阅了本专业领域的学术资料	参加了学术会议和讲座	参与了田野调查	受到了论文写作指导	参加了当地社会实践	其他
	100	42.9	28.6	42.9		14.3	28.6	42.9	

获得资助及生活状况 %	每月所获得资助金额平均为（或相当于）多少美元/月	无资助	500 美元以下	500 美元	500 美元以上
				14.3	85.7
	在国外的生活水平相对于当地生活水平	等同于	高于		低于
		28.6	71.4		
	每月适当的资助量您认为应为多少美元/月	500 美元以内	500~1000 美元		1000 美元以上
		14.3	85.7		
	您每月获得的资助是否有结余	无结余	有结余		未填写
			28.6		71.4
	留学费用是否需要自己补贴	不需要补贴	需要补贴		未填写
		28.6			71.4

您所获得的资助对您留学期间的影响（可多选）%	让我有良好的学习和研究的精神状态	让我有机会扩展学术视野	使我有机会与当地社会交往	方便我获取学术资料	使我有充裕的学习和研究的时间
	85.7	71.4	100	42.9	57.1

第三部分：国外留学情况调查与评价

出国留学所在高校是否为对象国一流高校 %	是	不是	不清楚
	100		

国外教学情况 %	教学质量总体评价	很好	较好	一般	较差	很差
		28.6	71.4			
	教学内容是否适宜	适宜	比较适宜	一般	不太适宜	很不适宜
		14.3	85.7			
	可选课程多样性	很多	较多	一般	较少	很少
		14.3	14.3	71.4		
	课程的难易度	很难	较难	适中	容易	
			28.6	71.4		

国外师资情况评价 %		很好	较好	一般	较差	很差
	教师资质	28.6	57.1	14.3		
	非通用语授课能力	57.1	42.9			
	教学中对最新研究成果的介绍	16.7	33.3	50		
	与学生的交流与互动	57.1	42.9			
	学术指导与咨询	42.9	42.9	14.3		

校园基础设施 %	图书馆图书及资料	丰富	较多	一般	较少
			28.5	42.9	28.6
	计算机网络设施	好	较好	一般	较差
		14.3		71.4	14.3

住宿与饮食 %	学校是否提供宿舍	提供宿舍		不提供宿舍	
		100			
	提供宿舍条件如何	好	较好	一般	较差
			28.6	57.1	14.3
	选择民间住宿价格	较高	一般	较低	
	是否习惯当地饮食	习惯	还可以	不习惯	
			50	50	

对出国留学所在高校的总体评价 %	很好	较好	一般	较差	很差
	42.9	42.9	14.2		

是否建议其他非通用语学生在该校留学 %	建议	不建议
	100	

第四部分：出国留学效果与就职就业

		有很大提高	有较大提高	略有提高	没有提高	有所降低
对国外学习所收获的技能与知识的评价 %	非通用语水平	57.1	42.9			
	英语水平	14.2	42.9	42.9		
	对留学国家历史、社会文化与风土人情的了解程度	42.9	57.1			
	对留学国家及周边国家状况的了解程度	42.9	42.9	14.2		

留学期间或回国后，有无相关成果（论文、调研报告、留学收获发表等）%	有无相关成果	相关成果形式			
		论文	调研报告	留学收获发表	其他
	有　28.6	28.6			
	无				

		有很大提高	有较大提高	略有提高	没有提高
出国留学对个人综合素质的影响 %	学术水平	14.3	57.1	14.3	14.3
	国际学术交流能力		85.7	14.3	
	学习兴趣的提高	28.6	71.4		
	知识更新能力及观念的更新	28.6	28.6	42.8	
	批判和创新思维	28.6	42.9	28.5	
	分析问题能力	14.3	28.6	57.1	
	解决问题能力	42.9	42.9	14.3	
	团队合作能力	28.6	57.1	14.3	
	人际交往及有效沟通能力	42.9	57.1		
	个人生活自理能力	57.1	42.9		

对就职就业的看法 %	作为非通用语学生，您认为所学专业是否有利于就业（可多选）	有利于	不利于	根据当年社会需求而定	不清楚
		28.6		14.3	
	赴对象国留学后，今后是否愿意从事与所学非通用语有关的工作	愿意	不愿意	愿意但相关工作岗位少	无所谓
		71.4		28.6	
	不愿意从事与非通用语相关工作的主要原因（可多选）	对象国条件艰苦	个人发展空间受限制	受到社会认可度低	相关工作待遇低	其他
			100	50	50	

第五部分：留学期间参与对象国民间交往及社会活动情况

留学过程中参与对象国民间交往的程度 %	较频繁	有交往	较少	无交往
	42.85	42.85	14.3	

留学之后对所留学国家的印象及了解与留学前是否有出入 %	有较大出入	有一些出入		基本一致
		28.6		

您认为所留学的对象国对于中国的了解程度如何 %	不了解	一般	较深入	存在误解和分歧
	14.3	85.7		

您认为对中国文化的了解在与对象国民间交往中是否重要 %	重要	不重要		无所谓
	85.7	14.3		

您所留学的国家对中国文化了解需求的迫切程度如何 %	亟须了解	不需要	无所谓	不知道
	57.1	14.3	14.3	14.3

您对中国文化的了解能否满足对外交流的需要 %	可满足	需进一步增强		完全不够
	42.9	57.1		

您在留学期间是否参加过社会调查 %	留学期间是否参加过社会调查		您认为参加社会调查对于深入了解对象国社会文化		
	参加过	未参加	有较大帮助	有一定帮助	没什么帮助
	14.3	85.7		100	

留学人员调查问卷统计（土耳其）

第一部分：个人基本情况

个人情况 %	在校生	非在校生	男	女	25 岁以下	25 岁以上
	100		14.3	85.7	83.3	16.7

第二部分：出国留学基本情况调查

出国留学派遣方式 %	国家公派	校际交流	自费留学	其他
	71.4	28.6		

留学身份 %	本科插班生	硕士插班生	攻读硕士学位	其他
	100			

国外留学学习方式 %	插入相应年级，与当地人一起学习	参加专为各国留学生所设课程	参加对方专门为全班留学所设课程	其他
			100	

留学院校性质 %	公立综合大学	私立综合大学	综合大学语言培训机构	语言类大学	公立语言培训机构	私立语言培训机构	不清楚	其他
	28.6		71.4					

选择这所高校或机构留学的原因 %	校际交流协议学校	互换奖学金项目指定学校	国家全额资助并由院系专业推荐的学校	凭个人喜好	因自费考虑学费	其他
	14.3	57.1	14.3			14.3

留学所在地 %	首都	一线大城市	一般中等城市	普通小城市	偏僻乡镇
	71.4	14.3	14.3		

留学前，国内所在院系或专业是否与您留学学校或专业进行过教学方面沟通或联系 %	有	无	不清楚
	42.85	14.3	42.85

出国前，是否有兴趣学习非通用语 %	有兴趣	无兴趣	无所谓
	100		

附录3　分国别调查问卷数据统计

<table>
<tr><td rowspan="8">留学期间学习情况%</td><td>所修课程</td><td>无</td><td>1门</td><td>2门</td><td>3门</td><td>4门</td><td>5门</td><td>6门</td><td>7~9门</td><td>10门及以上</td></tr>
<tr><td>语言技能课程</td><td></td><td>28.6</td><td>14.3</td><td></td><td>57.1</td><td></td><td></td><td></td><td></td></tr>
<tr><td>人文社科类课程</td><td>85.7</td><td>14.3</td><td></td><td></td><td></td><td></td><td></td><td></td><td></td></tr>
<tr><td>留学期间平均每周上课时间</td><td colspan="2">4~6小时
28.6</td><td colspan="2">6~8小时
14.3</td><td colspan="2">8~10小时</td><td colspan="3">10小时以上
57.1</td></tr>
<tr><td>除语言课程外是否选修其他课程</td><td colspan="4">选修其他课程</td><td colspan="5">未选修其他课程
100</td></tr>
<tr><td>选修的其他课程类型</td><td colspan="2">对象国文化类课程</td><td colspan="2">语言相关非语言技能课程</td><td colspan="3">与所学专业无关课程</td><td colspan="2">以上全有</td></tr>
<tr><td>未选择其他课程的原因</td><td colspan="4">需要更多时间用于语言学习</td><td colspan="3">留学机构为语言类学校，未安排其他课程
71.4</td><td colspan="2">其他
28.6</td></tr>
</table>

<table>
<tr><td rowspan="2">在国外的研修情况（可多选）%</td><td>研修了本专业领域课程</td><td>研修了感兴趣领域课程</td><td>参与了科研课题的研究</td><td>收集查阅了本专业领域的学术资料</td><td>参加了学术会议和讲座</td><td>参与了田野调查</td><td>受到了论文写作指导</td><td>参加了当地社会实践</td><td>其他</td></tr>
<tr><td>100</td><td></td><td></td><td></td><td>28.6</td><td></td><td></td><td>14.3</td><td></td></tr>
</table>

<table>
<tr><td rowspan="10">获得资助及生活状况%</td><td>每月所获得资助金额平均为（或相当于）多少美元/月</td><td>无资助</td><td>500美元以下</td><td>500美元</td><td>500美元以上</td></tr>
<tr><td></td><td></td><td>28.6</td><td>42.9</td><td>28.6</td></tr>
<tr><td>在国外的生活水平相对于当地生活水平</td><td>等同于</td><td colspan="2">高于</td><td>低于</td></tr>
<tr><td></td><td>57.1</td><td colspan="2">14.3</td><td>28.6</td></tr>
<tr><td>每月适当的资助量您认为应为多少美元/月</td><td>500美元以内</td><td colspan="2">500~1000美元</td><td>1000美元以上</td></tr>
<tr><td></td><td>85.7</td><td colspan="2">14.3</td><td></td></tr>
<tr><td>您每月获得的资助是否有结余</td><td>无结余</td><td colspan="2">有结余</td><td>未填写</td></tr>
<tr><td></td><td>42.9</td><td colspan="2">57.1</td><td></td></tr>
<tr><td>留学费用是否需要自己补贴</td><td>不需要补贴</td><td colspan="2">需要补贴</td><td>未填写</td></tr>
<tr><td></td><td>85.7</td><td colspan="2">14.3</td><td></td></tr>
</table>

235

您所获得的资助对您留学期间的影响（可多选）%	让我有良好的学习和研究的精神状态	让我有机会扩展学术视野	使我有机会与当地社会交往	方便我获取学术资料	使我有充裕的学习和研究的时间
	100	14.3	71.4	14.3	71.4

第三部分：国外留学情况调查与评价

出国留学所在高校是否为对象国一流高校 %	是	不是	不清楚
	100		

		很好	较好	一般	较差	很差
国外教学情况 %	教学质量总体评价	28.6	57.1	14.3		
	教学内容是否适宜	适宜	比较适宜	一般	不太适宜	很不适宜
		57.1	42.9			
	可选课程多样性	很多	较多	一般	较少	很少
		25	50	25		
	课程的难易度	很难	较难	适中	容易	
				100		

		很好	较好	一般	较差	很差
国外师资情况评价 %	教师资质	50	50			
	非通用语授课能力	75	25			
	教学中对最新研究成果的介绍	25	50	25		
	与学生的交流与互动	57.1				
	学术指导与咨询	42.9	14.3			

		丰富	较多	一般	较少
校园基础设施 %	图书馆图书及资料	14.3	28.6	14.3	
	计算机网络设施	好	较好	一般	较差
		14.3	28.6	14.3	

住宿与饮食 %	学校是否提供宿舍	提供宿舍		不提供宿舍	
		57.1			
	提供宿舍条件如何	好	较好	一般	较差
		25	75		
	选择民间住宿价格	较高	一般	较低	
		50	50		
	是否习惯当地饮食	习惯	还可以	不习惯	
		42.9	14.3		

对出国留学所在高校的总体评价 %	很好	较好	一般	较差	很差
	28.6	28.6			

是否建议其他非通用语学生在该校留学 %	建议	不建议
	83.3	16.7

第四部分：出国留学效果与就职就业

对国外学习所收获的技能与知识的评价 %		有很大提高	有较大提高	略有提高	没有提高	有所降低
	非通用语水平	14.3	71.4	14.3		
	英语水平		14.3	28.6	28.6	28.6
	对留学国家历史、社会文化与风土人情的了解程度	71.4	14.3	14.3		
	对留学国家及周边国家状况的了解程度	28.6	57.1	14.3		

留学期间或回国后，有无相关成果（论文、调研报告、留学收获发表等）%	有无相关成果		相关成果形式			
			论文	调研报告	留学收获发表	其他
	有	57.1	33.3	33.3	33.3	
	无	42.9				

237

		有很大提高	有较大提高	略有提高	没有提高
出国留学对个人综合素质的影响 %	学术水平	14.3	57.1	28.6	
	国际学术交流能力	14.3	57.1	14.3	14.3
	学习兴趣的提高	14.3	57.1	28.6	
	知识更新能力及观念的更新	14.3	42.9	42.9	
	批判和创新思维	14.3	14.3	42.9	28.6
	分析问题能力		28.6	57.1	14.3
	解决问题能力	14.3	57.1	14.3	14.3
	团队合作能力	14.3	57.1	28.6	
	人际交往及有效沟通能力	42.9	42.9	14.3	
	个人生活自理能力	57.1	28.6	14.3	

对就职就业的看法 %	作为非通用语学生，您认为所学专业是否有利于就业（可多选）	有利于	不利于	根据当年社会需求而定	不清楚
		71.4		28.6	
	赴对象国留学后，今后是否愿意从事与所学非通用语有关的工作	愿意	不愿意	愿意但相关工作岗位少	无所谓
		85.7		14.3	
	不愿意从事与非通用语相关工作的主要原因（可多选）	对象国条件艰苦	个人发展空间受限制	受到社会认可度低	相关工作待遇低	其他
			100			

第五部分：留学期间参与对象国民间交往及社会活动情况

留学过程中参与对象国民间交往的程度 %	较频繁	有交往	较少	无交往
	85.7	14.3		
留学之后对所留学国家的印象及了解与留学前是否有出入 %	有较大出入	有一些出入		基本一致
	14.3	57.1		28.6

续表

您认为所留学的对象国对于中国的了解程度如何 %	不了解	一般	较深入	存在误解和分歧
		57.1		42.9

您认为对中国文化的了解在与对象国民间交往中是否重要 %	重要	不重要		无所谓
	100			

您所留学的国家对中国文化了解需求的迫切程度如何 %	亟须了解	不需要	无所谓	不知道
	85.7		14.3	

您对中国文化的了解能否满足对外交流的需要 %	可满足	需进一步增强		完全不够
	28.6	71.4		

您在留学期间是否参加过社会调查 %	留学期间是否参加过社会调查		您认为参加社会调查对于深入了解对象国社会文化		
	参加过	未参加	有较大帮助	有一定帮助	没什么帮助
		100			

留学人员调查问卷统计（伊朗）

第一部分：个人基本情况

个人情况 %	在校生	非在校生	男	女	25 岁以下	25 岁以上
	100	0	64.3	35.7	42.9	57.1

第二部分：出国留学基本情况调查

出国留学派遣方式 %	国家公派	校际交流	自费留学	其他
	92.3	7.7		

留学身份 %	本科插班生	硕士插班生	攻读硕士学位	其他
	92.9			7.1

国外留学学习方式 %	插入相应年级，与当地人一起学习	参加专为各国留学生所设课程	参加对方专门为全班留学所设课程	其他
	7.7	76.9	15.4	

239

亚非地区留学研究

留学院校性质 %	公立综合大学	私立综合大学	综合大学语言培训机构	语言类大学	公立语言培训机构	私立语言培训机构	不清楚	其他
			76.9		15.4			

选择这所高校或机构留学的原因 %	校际交流协议学校	互换奖学金项目指定学校	国家全额资助并由院系专业推荐的学校	凭个人喜好	因自费考虑学费	其他
	7.1	14.3	78.6			

留学所在地 %	首都	一线大城市	一般中等城市	普通小城市	偏僻乡镇
	64.3	7.1	28.6		

留学前，国内所在院系或专业是否与您留学学校或专业进行过教学方面沟通或联系 %	有	无	不清楚
	78.6		21.4

出国前，是否有兴趣学习非通用语 %	有兴趣	无兴趣	无所谓
	71.4		28.6

	所修课程	无	1门	2门	3门	4门	5门	6门	7~9门	10门及以上
留学期间学习情况 %	语言技能课程				8.3			75.0	16.6	
	人文社科类课程	33.3	41.7	25						
	留学期间平均每周上课时间	4~6 小时		6~8 小时		8~10 小时		10 小时以上		
		50						50		
	除语言课程外是否选修其他课程			选修其他课程				未选修其他课程		
				64.3				35.7		
	选修的其他课程类型	对象国文化类课程		语言相关非语言技能课程		与所学专业无关课程		以上全有		
		50		14.5						
	未选择其他课程的原因	需要更多时间用于语言学习		留学机构为语言类学校，未安排其他课程		其他				
				100						

附录3　分国别调查问卷数据统计

在国外的研修情况（可多选）%	研修了本专业领域课程	研修了感兴趣领域课程	参与了科研课题的研究	收集查阅了本专业领域的学术资料	参加了学术会议和讲座	参与了田野调查	受到了论文写作指导	参加了当地社会实践	其他
	100	14.3	0	21.4	7.1	0	7.1	57.1	0

获得资助及生活状况%				
每月所获得资助金额平均为（或相当于）多少美元/月	无资助	500美元以下	500美元	500美元以上
		57.1	35.7	7.1
在国外的生活水平相对于当地生活水平	等同于	高于		低于
	41.7	41.7		16.7
每月适当的资助量您认为应为多少美元/月	500美元以内	500~1000美元		1000美元以上
	57.1	42.9		
您每月获得的资助是否有结余	无结余	有结余		未填写
	75	25		
留学费用是否需要自己补贴	不需要补贴	需要补贴		未填写
	41.7	58.3		

您所获得的资助对您留学期间的影响（可多选）%	让我有良好的学习和研究的精神状态	让我有机会扩展学术视野	使我有机会与当地社会交往	方便我获取学术资料	使我有充裕的学习和研究的时间
	71.4	71.4	85.7	35.7	28.6

第三部分：国外留学情况调查与评价

出国留学所在高校是否为对象国一流高校 %	是	不是	不清楚
	85.7	0	14.3

国外教学情况 %	教学质量总体评价	很好	较好	一般	较差	很差
		35.7	64.3			
	教学内容是否适宜	适宜	比较适宜	一般	不太适宜	很不适宜
		50	50			
	可选课程多样性	很多	较多	一般	较少	很少
		14.3	42.9	21.4	21.4	
	课程的难易度	很难	较难	适中	容易	
		14.3	35.7	50	0	

国外师资情况评价 %		很好	较好	一般	较差	很差
	教师资质	42.9	57.1			
	非通用语授课能力	28.6	64.3	7.1		
	教学中对最新研究成果的介绍	28.6	21.4	50		
	与学生的交流与互动	35.7	64.3			
	学术指导与咨询	35.7	42.9	21.4		

校园基础设施 %	图书馆图书及资料	丰富	较多	一般	较少
			50	35.7	14.3
	计算机网络设施	好	较好	一般	较差
			7.1	71.4	21.4

住宿与饮食 %	学校是否提供宿舍	提供宿舍		不提供宿舍	
		85.7		14.3	
	提供宿舍条件如何	好	较好	一般	较差
			46.2	46.2	7.7
	选择民间住宿价格	较高	一般	较低	
		90	10		
	是否习惯当地饮食	习惯	还可以	不习惯	
		57.1	28.6	14.3	

对出国留学所在高校的总体评价 %	很好	较好	一般	较差	很差
		57.1	42.9		

是否建议其他非通用语学生在该校留学 %	建议	不建议
	92.9	7.1

第四部分：出国留学效果与就职就业

		有很大提高	有较大提高	略有提高	没有提高	有所降低
对国外学习所收获的技能与知识的评价 %	非通用语水平	14.3	85.7			
	英语水平	35.7	7.1	14.3	42.9	
	对留学国家历史、社会文化与风土人情的了解程度	28.6	50	21.4		
	对留学国家及周边国家状况的了解程度	21.4	64.3	14.3		

留学期间或回国后，有无相关成果（论文、调研报告、留学收获发表等）%	有无相关成果		相关成果形式			
			论文	调研报告	留学收获发表	其他
	有	57.1	14.3	28.6	42.9	14.3
	无	42.9				

		有很大提高	有较大提高	略有提高	没有提高
出国留学对个人综合素质的影响 %	学术水平		85.7	14.3	
	国际学术交流能力		85.7	14.3	
	学习兴趣的提高	14.3	57.1	28.6	
	知识更新能力及观念的更新	35.7	57.1	7.1	
	批判和创新思维	14.3	57.1	28.6	
	分析问题能力		64.3	35.7	
	解决问题能力	35.7	42.9	21.4	
	团队合作能力	28.6	35.7	35.7	
	人际交往及有效沟通能力	38.5	46.2	15.4	
	个人生活自理能力	46.2	53.8		

	作为非通用语学生，您认为所学专业是否有利于就业（可多选）	有利于	不利于	根据当年社会需求而定		不清楚
对就职就业的看法 %		46.2	7.7	46.2		
	赴对象国留学后，今后是否愿意从事与所学非通用语有关的工作	愿意	不愿意	愿意但相关工作岗位少		无所谓
		38.5	0	53.8		7.7
	不愿意从事与非通用语相关工作的主要原因（可多选）	对象国条件艰苦	个人发展空间受限制	受到社会认可度低	相关工作待遇低	其他
		42.9	66.7	33.3	33.3	

第五部分：留学期间参与对象国民间交往及社会活动情况

留学过程中参与对象国民间交往的程度 %	较频繁	有交往	较少	无交往
	61.5	38.5		
留学之后对所留学国家的印象及了解与留学前是否有出入 %	有较大出入	有一些出入		基本一致
	23.1	76.9		
您认为所留学的对象国对于中国的了解程度如何 %	不了解	一般	较深入	存在误解和分歧
	30.8	38.5		30.8
您认为对中国文化的了解在与对象国民间交往中是否重要 %	重要	不重要		无所谓
	69.2	23.1		7.7
您所留学的国家对中国文化了解需求的迫切程度如何 %	亟须了解	不需要	无所谓	不知道
	84.6	15.4		
您对中国文化的了解能否满足对外交流的需要 %	可满足	需进一步增强		完全不够
	30.8	69.2		

您在留学期间是否参加过社会调查 %	留学期间是否参加过社会调查		您认为参加社会调查对于深入了解对象国社会文化		
	参加过	未参加	有较大帮助	有一定帮助	没什么帮助
	100		20	80	

留学人员调查问卷统计（以色列）

第一部分：个人基本情况

个人情况 %	在校生	非在校生	男	女	25 岁以下	25 岁以上
	66.7	33.3	44.4	55.6	100	0

第二部分：出国留学基本情况调查

出国留学派遣方式 %	国家公派	校际交流	自费留学	其他
	37.5	12.5	50	

留学身份 %	本科插班生	硕士插班生	攻读硕士学位	其他
	55.6			44.4

国外留学学习方式 %	插入相应年级，与当地人一起学习	参加专为各国留学生所设课程	参加对方专门为全班留学所设课程	其他
		100		

留学院校性质 %	公立综合大学	私立综合大学	综合大学语言培训机构	语言类大学	公立语言培训机构	私立语言培训机构	不清楚	其他
	77.8	22.2						

选择这所高校或机构留学的原因 %	校际交流协议学校	互换奖学金项目指定学校	国家全额资助并由院系专业推荐的学校	凭个人喜好	因自费考虑学费	其他
	33.3		33.3			33.3

留学所在地 %	首都	一线大城市	一般中等城市	普通小城市	偏僻乡镇
	55.6	44.4			

留学前，国内所在院系或专业是否与您留学学校或专业进行过教学方面沟通或联系 %	有	无	不清楚
	66.7		33.3

出国前，是否有兴趣学习非通用语 %	有兴趣	无兴趣	无所谓
	100		

	所修课程	无	1门	2门	3门	4门	5门	6门	7~9门	10门及以上
留学期间学习情况 %	语言技能课程		66.7	11.1	11.1					11.1
	人文社科类课程	77.8		22.2						
	留学期间平均每周上课时间	4~6小时		6~8小时		8~10小时		10小时以上		
						50		50		
	除语言课程外是否选修其他课程	选修其他课程				未选修其他课程				
		22.2				77.8				
	选修的其他课程类型	对象国文化类课程		语言相关非语言技能课程		与所学专业无关课程		以上全有		
		100								
	未选择其他课程的原因	需要更多时间用于语言学习		留学机构为语言类学校，未安排其他课程				其他		
		50		50						

	研修了本专业领域课程	研修了感兴趣领域课程	参与了科研课题的研究	收集查阅了本专业领域的学术资料	参加了学术会议和讲座	参与了田野调查	受到了论文写作指导	参加了当地社会实践	其他
在国外的研修情况（可多选）%	88.9	22.2		33.3	44.4		11.1	66.7	

	每月所获得资助金额平均为（或相当于）多少美元/月	无资助	500美元以下	500美元	500美元以上
获得资助及生活状况 %		33.3			66.7
	在国外的生活水平相对于当地生活水平	等同于	高于		低于
		25			75
	每月适当的资助量您认为应为多少美元/月	500美元以内	500~1000美元		1000美元以上
		11.1	77.8		11.1
	您每月获得的资助是否有结余	无结余	有结余		未填写
		22.2	11.1		66.7
	留学费用是否需要自己补贴	不需要补贴	需要补贴		未填写
		11.1	33.3		55.6

您所获得的资助对您留学期间的影响（可多选）%	让我有良好的学习和研究的精神状态	让我有机会扩展学术视野	使我有机会与当地社会交往	方便我获取学术资料	使我有充裕的学习和研究的时间
	55.6	55.6	55.6	22.2	44.4

第三部分：国外留学情况调查与评价

出国留学所在高校是否为对象国一流高校 %	是	不是	不清楚
	100		

国外教学情况 %	教学质量总体评价	很好	较好	一般	较差	很差
		77.8	22.2			
	教学内容是否适宜	适宜	比较适宜	一般	不太适宜	很不适宜
		66.7	33.3			
	可选课程多样性	很多	较多	一般	较少	很少
		22.2	55.6	11.1		11.1
	课程的难易度	很难	较难	适中	容易	
			44.4	55.6		

国外师资情况评价 %		很好	较好	一般	较差	很差
	教师资质	55.6	44.4			
	非通用语授课能力	77.8	22.2			
	教学中对最新研究成果的介绍	22.2	11.1	66.7		
	与学生的交流与互动	77.8	22.2			
	学术指导与咨询	55.6	33.3	11.1		

校园基础设施 %	图书馆图书及资料	丰富	较多	一般	较少
		100			
	计算机网络设施	好	较好	一般	较差
		77.8	22.2		

	学校是否提供宿舍	提供宿舍		不提供宿舍	
		100			
住宿与 饮食 %	提供宿舍条件如何	好	较好	一般	较差
		55.6		22.2	22.2
	选择民间住宿价格	较高	一般	较低	
		100			
	是否习惯当地饮食	习惯	还可以	不习惯	
			44.4		

对出国留学所在高 校的总体评价 %	很好	较好	一般	较差	很差
	77.8	22.2			

是否建议其他非通用语学生 在该校留学 %	建议	不建议
	88.9	11.1

第四部分：出国留学效果与就职就业

		有很大 提高	有较大 提高	略有提高	没有提高	有所降低
对国外学习 所收获的技 能与知识的 评价 %	非通用语水平	55.6	33.3	11.1		
	英语水平	22.2	44.4	33.3		
	对留学国家历史、 社会文化与风土人 情的了解程度	77.8	22.2			
	对留学国家及周边 国家状况的了解 程度	44.4	44.4	11.2		

留学期间或回国 后，有无相关成 果（论文、调 研报告、留学收 获发表等）%	有无相关成果		相关成果形式			
			论文	调研报告	留学收获发表	其他
	有					
	无	100				

		有很大提高	有较大提高	略有提高	没有提高
出国留学对个人综合素质的影响 %	学术水平	44.4	33.3	22.2	
	国际学术交流能力	22.2	66.7	11.1	
	学习兴趣的提高	55.6	22.2	22.2	
	知识更新能力及观念的更新	66.7	22.1	11.1	
	批判和创新思维	22.2	66.7	11.1	
	分析问题能力	77.8	22.2		
	解决问题能力	33.3	44.4	22.2	
	团队合作能力	44.4	33.3	22.2	
	人际交往及有效沟通能力	55.6	44.4		
	个人生活自理能力	77.8	22.2		

对就职就业的看法 %	作为非通用语学生，您认为所学专业是否有利于就业（可多选）	有利于	不利于	根据当年社会需求而定	不清楚
		11.1	11.1	33.3	22.2
	赴对象国留学后，今后是否愿意从事与所学非通用语有关的工作	愿意	不愿意	愿意但相关工作岗位少	无所谓
		11.1		88.9	
	不愿意从事与非通用语相关工作的主要原因（可多选）	对象国条件艰苦	个人发展空间受限制	受到社会认可度低	相关工作待遇低	其他
			100		100	

第五部分：留学期间参与对象国民间交往及社会活动情况

留学过程中参与对象国民间交往的程度 %	较频繁	有交往	较少	无交往
	33.3	55.6	11.1	
留学之后对所留学国家的印象及了解与留学前是否有出入 %	有较大出入	有一些出入		基本一致
	11.1	22.2		11.1

续表

您认为所留学的对象国对于中国的了解程度如何 %	不了解	一般	较深入	存在误解和分歧
	22.2	77.8		
您认为对中国文化的了解在与对象国民间交往中是否重要 %	重要	不重要		无所谓
	77.8	11.1		11.1
您所留学的国家对中国文化了解需求的迫切程度如何 %	亟须了解	不需要	无所谓	不知道
	55.6	11.1	22.2	11.1
您对中国文化的了解能否满足对外交流的需要 %	可满足	需进一步增强		完全不够
	33.3	66.7		

您在留学期间是否参加过社会调查 %	留学期间是否参加过社会调查		您认为参加社会调查对于深入了解对象国社会文化		
	参加过	未参加	有较大帮助	有一定帮助	没什么帮助
		100			

留学人员调查问卷统计（印度）

第一部分：个人基本情况

个人情况 %	在校生	非在校生	男	女	25 岁以下	25 岁以上
	100		75	25	85.7	14.3

第二部分：出国留学基本情况调查

出国留学派遣方式 %	国家公派	校际交流	自费留学	其他
	100			

留学身份 %	本科插班生	硕士插班生	攻读硕士学位	其他
	100			

国外留学学习方式 %	插入相应年级，与当地人一起学习	参加专为各国留学生所设课程	参加对方专门为全班留学所设课程	其他
		100		

留学院校性质 %	公立综合大学	私立综合大学	综合大学语言培训机构	语言类大学	公立语言培训机构	私立语言培训机构	不清楚	其他
	25		12.5		50			12.5

选择这所高校或机构留学的原因 %	校际交流协议学校	互换奖学金项目指定学校	国家全额资助并由院系专业推荐的学校	凭个人喜好	因自费考虑学费	其他
		87.5	12.5			

留学所在地 %	首都	一线大城市	一般中等城市	普通小城市	偏僻乡镇
	62.5			37.5	

留学前，国内所在院系或专业是否与您留学学校或专业进行过教学方面沟通或联系 %	有	无	不清楚
	62.5		37.5

出国前，是否有兴趣学习非通用语 %	有兴趣	无兴趣	无所谓
	87.5	12.5	

		所修课程	无	1门	2门	3门	4门	5门	6门	7~9门	10门及以上
留学期间学习情况 %		语言技能课程			14.3	14.3	28.6	42.9			
		人文社科类课程	28.6	14.3	42.9	14.3					
		留学期间平均每周上课时间	4~6小时		6~8小时		8~10小时		10小时以上		
			25		12.5				62.5		
		除语言课程外是否选修其他课程	选修其他课程				未选修其他课程				
			12.5				87.5				
		选修的其他课程类型	对象国文化类课程		语言相关非语言技能课程		与所学专业无关课程		以上全有		
			100								
		未选择其他课程的原因	需要更多时间用于语言学习		留学机构为语言类学校，未安排其他课程		其他				
					37.5			62.5		

在国外的研修情况（可多选）%	研修了本专业领域课程	研修了感兴趣领域课程	参与了科研课题的研究	收集查阅了本专业领域的学术资料	参加了学术会议和讲座	参与了田野调查	受到了论文写作指导	参加了当地社会实践	其他
	75	62.5	12.5	12.5	25			37.5	12.5

获得资助及生活状况 %				
每月所获得资助金额平均为（或相当于）多少美元/月	无资助	500美元以下	500美元	500美元以上
		25	37.5	37.5
在国外的生活水平相对于当地生活水平	等同于	高于		低于
	62.5	37.5		
每月适当的资助量您认为应为多少美元/月	500美元以内	500~1000美元		1000美元以上
	25	75		
您每月获得的资助是否有结余	无结余	有结余		未填写
		100		
留学费用是否需要自己补贴	不需要补贴	需要补贴		未填写
	12.5	75		12.5

您所获得的资助对您留学期间的影响（可多选）%	让我有良好的学习和研究的精神状态	让我有机会扩展学术视野	使我有机会与当地社会交往	方便我获取学术资料	使我有充裕的学习和研究的时间
	87.5	50	87.5	50	62.5

第三部分：国外留学情况调查与评价

出国留学所在高校是否为对象国一流高校 %	是	不是	不清楚
	12.5	50	37.5

国外教学情况 %	教学质量总体评价	很好	较好	一般	较差	很差
		50	25	25		
	教学内容是否适宜	适宜	比较适宜	一般	不太适宜	很不适宜
		12.5	50	12.5	25	
	可选课程多样性	很多	较多	一般	较少	很少
				12.5	75	12.5
	课程的难易度	很难	较难	适中	容易	
		12.5	62.5	25		

国外师资情况评价 %		很好	较好	一般	较差	很差
	教师资质	62.5	25	12.5		
	非通用语授课能力	50	12.5	37.5		
	教学中对最新研究成果的介绍		12.5	37.5	50	
	与学生的交流与互动	12.5	37.5	37.5	12.5	
	学术指导与咨询	12.5	37.5	25	12.5	12.5

校园基础设施 %	图书馆图书及资料	丰富	较多	一般	较少
		12.5	25	37.5	25
	计算机网络设施	好	较好	一般	较差
			50	37.5	12.5

住宿与饮食 %	学校是否提供宿舍	提供宿舍		不提供宿舍	
		37.5		62.5	
	提供宿舍条件如何	好	较好	一般	较差
		100			
	选择民间住宿价格	较高	一般	较低	
		100			
	是否习惯当地饮食	习惯	还可以	不习惯	
		37.5	50	12.5	

对出国留学所在高校的总体评价 %	很好	较好	一般	较差	很差
	12.5	25	62.5		

是否建议其他非通用语学生在该校留学 %	建议	不建议
	50	50

第四部分：出国留学效果与就职就业

		有很大提高	有较大提高	略有提高	没有提高	有所降低
对国外学习所收获的技能与知识的评价 %	非通用语水平	37.5	62.5			
	英语水平	12.5	37.5	50		
	对留学国家历史、社会文化与风土人情的了解程度	75	25			
	对留学国家及周边国家状况的了解程度	12.5	87.5			

留学期间或回国后，有无相关成果（论文、调研报告、留学收获发表等）%	有无相关成果		相关成果形式			
			论文	调研报告	留学收获发表	其他
	有	75	16.7	66.7	16.7	
	无	25				

		有很大提高	有较大提高	略有提高	没有提高
出国留学对个人综合素质的影响 %	学术水平	12.5	37.5	50	
	国际学术交流能力	12.5	50	37.5	
	学习兴趣的提高	25	62.5	12.5	
	知识更新能力及观念的更新	50	50		
	批判和创新思维	12.5	62.5	25	
	分析问题能力	25	50	25	
	解决问题能力	50	37.5	12.5	
	团队合作能力	37.5	50	12.5	
	人际交往及有效沟通能力	50	37.5	12.5	
	个人生活自理能力	75	25		

	作为非通用语学生，您认为所学专业是否有利于就业（可多选）	有利于	不利于	根据当年社会需求而定		不清楚
对就职就业的看法 %		25	12.5	62.5		
	赴对象国留学后，今后是否愿意从事与所学非通用语有关的工作	愿意	不愿意	愿意但相关工作岗位少		无所谓
		25		75		
	不愿意从事与非通用语相关工作的主要原因（可多选）	对象国条件艰苦	个人发展空间受限制	受到社会认可度低	相关工作待遇低	其他

第五部分：留学期间参与对象国民间交往及社会活动情况

留学过程中参与对象国民间交往的程度 %	较频繁	有交往	较少	无交往
	37.5	62.5		
留学之后对所留学国家的印象及了解与留学前是否有出入 %	有较大出入	有一些出入		基本一致
	37.5	62.5		
您认为所留学的对象国对于中国的了解程度如何 %	不了解	一般	较深入	存在误解和分歧
	25	12.5		62.5
您认为对中国文化的了解在与对象国民间交往中是否重要 %	重要	不重要		无所谓
	87.5	12.5		
您所留学的国家对中国文化了解需求的迫切程度如何 %	亟须了解	不需要	无所谓	不知道
	87.5	12.5		
您对中国文化的了解能否满足对外交流的需要 %	可满足	需进一步增强		完全不够
	12.5	87.5		

您在留学期间是否参加过社会调查 %	留学期间是否参加过社会调查		您认为参加社会调查对于深入了解对象国社会文化		
	参加过	未参加	有较大帮助	有一定帮助	没什么帮助
	100		75	25	

留学人员调查问卷统计（印度尼西亚）

第一部分：个人基本情况

个人情况 %	在校生	非在校生	男	女	25 岁以下	25 岁以上
	100		30.4	69.6	95.5	4.5

第二部分：出国留学基本情况调查

出国留学派遣方式 %	国家公派	校际交流	自费留学	其他
	79.2	4.2	16.7	

留学身份 %	本科插班生	硕士插班生	攻读硕士学位	攻读博士学位	其他
	75				25

国外留学学习方式 %	插入相应年级，与当地人一起学习	参加专为各国留学生所设课程	参加对方专门为全班留学所设课程	其他
	29.2	66.7	4.2	

留学院校性质 %	公立综合大学	私立综合大学	综合大学语言培训机构	语言类大学	公立语言培训机构	私立语言培训机构	不清楚	其他
	100							

选择这所高校或机构留学的原因 %	校际交流协议学校	互换奖学金项目指定学校	国家全额资助并由院系专业推荐的学校	凭个人喜好	因自费考虑学费	其他
	20.8	8.3	62.5	4.2	4.2	

留学所在地 %	首都	一线大城市	一般中等城市	普通小城市	偏僻乡镇
	20.8	25	50	4.2	

留学前，国内所在院系或专业是否与您留学学校或专业进行过教学方面沟通或联系 %	有	无	不清楚
	83.3	8.3	8.3

出国前，是否有兴趣学习非通用语 %	有兴趣	无兴趣	无所谓
	100		

	所修课程	无	1门	2门	3门	4门	5门	6门	7~9门	10门及以上
留学期间学习情况%	语言技能课程		9.5	4.8	4.8	9.5	28.6	19	14.4	9.6
	人文社科类课程	19	19	23.8	4.8	4.8	4.8	4.8	9.5	9.6
	留学期间平均每周上课时间	4~6小时		6~8小时		8~10小时		10小时以上		
		8.3		4.2		29.2		58.3		
	除语言课程外是否选修其他课程			选修其他课程			未选修其他课程			
				75			25			
	选修的其他课程类型	对象国文化类课程		语言相关非语言技能课程		与所学专业无关课程		以上全有		
		27.8		16.7		16.7		38.9		
	未选择其他课程的原因	需要更多时间用于语言学习		留学机构为语言类学校，未安排其他课程			其他			
				4.2						

	研修了本专业领域课程	研修了感兴趣领域课程	参与了本科研课题的研究	收集查阅了本专业领域的学术资料	参加了学术会议和讲座	参与了田野调查	受到了论文写作指导	参加了当地社会实践	其他
在国外的研修情况（可多选）%	79.2	45.8	16.7	62.5	45.8	29.2	75	70.8	

获得资助及生活状况%	每月所获得资助金额平均为（或相当于）多少美元/月	无资助	500美元以下	500美元	500美元以上
		8.3	12.5	66.7	12.5
	在国外的生活水平相对于当地生活水平	等同于	高于		低于
		45.5	50		4.5
	每月适当的资助量您认为应为多少美元/月	500美元以内	500~1000美元		1000美元以上
		58.3	41.7		
	您每月获得的资助是否有结余	无结余	有结余		未填写
		54.2	37.5		8.3
	留学费用是否需要自己补贴	不需要补贴	需要补贴		未填写
		54.2	45.8		

257

您所获得的资助对您留学期间的影响(可多选)%	让我有良好的学习和研究的精神状态	让我有机会扩展学术视野	使我有机会与当地社会交往	方便我获取学术资料	使我有充裕的学习和研究的时间
	62.5	58.3	79.2	62.5	54.2

第三部分：国外留学情况调查与评价

出国留学所在高校是否为对象国一流高校 %	是	不是	不清楚
	83.3	16.7	

国外教学情况 %	教学质量总体评价	很好	较好	一般	较差	很差
		45.8	25	25	4.2	
	教学内容是否适宜	适宜	比较适宜	一般	不太适宜	很不适宜
		33.3	45.8	16.7	4.2	
	可选课程多样性	很多	较多	一般	较少	很少
		41.7	37.5	20.8		
	课程的难易度	很难	较难	适中	容易	
		4.2	16.7	62.5	16.7	

国外师资情况评价 %		很好	较好	一般	较差	很差
	教师资质	50	25	20.8	4.2	
	非通用语授课能力	54.2	33.3	12.5		
	教学中对最新研究成果的介绍	29.2	8.3	54.2	8.3	
	与学生的交流与互动	62.5	25	12.5		
	学术指导与咨询	37.5	37.5	20.8	4.2	

校园基础设施 %	图书馆图书及资料	丰富	较多	一般	较少
		25	12.5	41.7	20.8
	计算机网络设施	好	较好	一般	较差
		12.5	16.7	45.8	25

住宿与饮食 %	学校是否提供宿舍	提供宿舍		不提供宿舍	
		33.3		66.7	
	提供宿舍条件如何	好	较好	一般	较差
		18.2	45.5	18.2	18.2
	选择民间住宿价格	较高	一般	较低	
		26.3	57.9	15.8	
	是否习惯当地饮食	习惯	还可以	不习惯	
		25	62.5	12.5	

对出国留学所在高校的总体评价 %	很好	较好	一般	较差	很差
	41.7	41.7	16.6		

是否建议其他非通用语学生在该校留学 %	建议	不建议
	95.8	4.2

第四部分：出国留学效果与就职就业

对国外学习所收获的技能与知识的评价 %		有很大提高	有较大提高	略有提高	没有提高	有所降低
	非通用语水平	66.7	33.3			
	英语水平	4.2	16.7	37.5	8.3	33.3
	对留学国家历史、社会文化与风土人情的了解程度	54.2	45.8			
	对留学国家及周边国家状况的了解程度	41.7	54.2	4.2		

留学期间或回国后，有无相关成果（论文、调研报告、留学收获发表等）%	有无相关成果		相关成果形式			
			论文	调研报告	留学收获发表	其他
	有	70.8	78.6	14.3	7.1	
	无	29.2				

		有很大提高	有较大提高	略有提高	没有提高
出国留学对个人综合素质的影响 %	学术水平	41.7	41.7	16.7	
	国际学术交流能力	41.7	37.5	16.7	4.2
	学习兴趣的提高	54.2	41.7	4.2	
	知识更新能力及观念的更新	41.7	45.8	12.5	
	批判和创新思维	37.5	50	12.5	
	分析问题能力	41.7	41.7	16.7	
	解决问题能力	58.3	33.3	8.3	
	团队合作能力	41.7	45.8	12.5	
	人际交往及有效沟通能力	54.2	45.8		
	个人生活自理能力	66.7	33.3		

对就职就业的看法 %	作为非通用语学生,您认为所学专业是否有利于就业(可多选)	有利于	不利于	根据当年社会需求而定	不清楚
		58.3		47.1	
	赴对象国留学后,今后是否愿意从事与所学非通用语有关的工作	愿意	不愿意	愿意但相关工作岗位少	无所谓
		83.3		12.5	4.2
	不愿意从事与非通用语相关工作的主要原因(可多选)	对象国条件艰苦	个人发展空间受限制	受到社会认可度低 / 相关工作待遇低	其他
		66.7	33.3		

第五部分：留学期间参与对象国民间交往及社会活动情况

留学过程中参与对象国民间交往的程度 %	较频繁	有交往	较少	无交往
	75	20.8	4.2	
留学之后对所留学国家的印象及了解与留学前是否有出入 %	有较大出入	有一些出入		基本一致
	29.2	54.2		16.7

续表

您认为所留学的对象国对于中国的了解程度如何 %	不了解	一般	较深入	存在误解和分歧
	8.3	45.8	8.3	37.5
您认为对中国文化的了解在与对象国民间交往中是否重要 %	重要	不重要		无所谓
	95.8			4.2
您所留学的国家对中国文化了解需求的迫切程度如何 %	亟须了解	不需要	无所谓	不知道
	79.2	4.2	8.3	8.3
您对中国文化的了解能否满足对外交流的需要 %	可满足	需进一步增强		完全不够
	33.3	58.3		8.3

您在留学期间是否参加过社会调查 %	留学期间是否参加过社会调查		您认为参加社会调查对于深入了解对象国社会文化		
	参加过	未参加	有较大帮助	有一定帮助	没什么帮助
	33.3	66.7	33.3	61.6	5.6

留学人员调查问卷统计（越南）

第一部分：个人基本情况

个人情况 %	在校生	非在校生	男	女	25 岁以下	25 岁以上
	87	13	30.4	69.6	90.9	9.1

第二部分：出国留学基本情况调查

出国留学派遣方式 %	国家公派	校际交流	自费留学	其他
	47.8	52.2		

留学身份 %	本科插班生	硕士插班生	攻读硕士学位	其他
	86.4		4.5	9.1

国外留学学习方式 %	插入相应年级，与当地人一起学习	参加专为各国留学生所设课程	参加对方专门为全班留学所设课程	其他
	13	43.5	43.5	

留学院校性质 %	公立综合大学	私立综合大学	综合大学语言培训机构	语言类大学	公立语言培训机构	私立语言培训机构	不清楚	其他
	82.6			13			4.3	

选择这所高校或机构留学的原因 %	校际交流协议学校	互换奖学金项目指定学校	国家全额资助并由院系专业推荐的学校	凭个人喜好	因自费考虑学费	其他
	43.5	21.7	30.4			4.3

留学所在地 %	首都	一线大城市	一般中等城市	普通小城市	偏僻乡镇
	100				

留学前，国内所在院系或专业是否与您留学学校或专业进行过教学方面沟通或联系 %	有	无	不清楚
	82.6	8.7	8.7

出国前，是否有兴趣学习非通用语 %	有兴趣	无兴趣	无所谓
	100		

	所修课程	无	1门	2门	3门	4门	5门	6门	7~9门	10门及以上
留学期间学习情况 %	语言技能课程		10.5	15.8	15.8	42.1	5.3	5.3		5.3
	人文社科类课程	26.3	10.5	15.8	15.8	15.8	5.3		10.5	
	留学期间平均每周上课时间	4~6小时		6~8小时		8~10小时		10小时以上		
		18.2				13.6		68.2		
	除语言课程外是否选修其他课程			选修其他课程				未选修其他课程		
				36.4				63.6		
	选修的其他课程类型	对象国文化类课程		语言相关非语言技能课程		与所学专业无关课程		以上全有		
		26.1		11.1		11.1		22.2		
	未选择其他课程的原因	需要更多时间用于语言学习		留学机构为语言类学校，未安排其他课程				其他		
		11.1		66.7				22.2		

在国外的研修情况（可多选）%	研修了本专业领域课程	研修了感兴趣领域课程	参与了本科研课题的研究	收集查阅了本专业领域的学术资料	参加了学术会议和讲座	参与了田野调查	受到了论文写作指导	参加了当地社会实践	其他
	85.7	25	5	25			5	45	

获得资助及生活状况 %	每月所获得资助金额平均为（或相当于）多少美元/月	无资助	500 美元以下	500 美元	500 美元以上
		17.4	21.7		60.9
	在国外的生活水平相对于当地生活水平	等同于	高于		低于
		45	50		5
	每月适当的资助量您认为应为多少美元/月	500 美元以内	500~1000 美元		1000 美元以上
		34.8	60.9		4.3
	您每月获得的资助是否有结余	无结余	有结余		未填写
		4.3	21.7		73.9
	留学费用是否需要自己补贴	不需要补贴	需要补贴		未填写
		17.4	4.3		78.3

您所获得的资助对您留学期间的影响（可多选）%	让我有良好的学习和研究的精神状态	让我有机会扩展学术视野	使我有机会与当地社会交往	方便我获取学术资料	使我有充裕的学习和研究的时间
	52.2	47.8	47.8	34.8	34.8

第三部分：国外留学情况调查与评价

出国留学所在高校是否为对象国一流高校 %	是	不是	不清楚
	87	4.3	8.7

国外教学情况 %	教学质量总体评价	很好	较好	一般	较差	很差
		8.7	65.2	26.1		
	教学内容是否适宜	适宜	比较适宜	一般	不太适宜	很不适宜
		13	56.5	21.7	8.7	
	可选课程多样性	很多	较多	一般	较少	很少
			27.3	40.9	27.3	4.5
	课程的难易度	很难	较难	适中	容易	
		4.5		77.3	18.2	

国外师资情况评价 %		很好	较好	一般	较差	很差
	教师资质	13.6	68.2	18.2		
	非通用语授课能力	27.3	68.2	4.5		
	教学中对最新研究成果的介绍		13.6	68.2	13.6	4.5
	与学生的交流与互动	9.5	71.4	14.3	4.8	
	学术指导与咨询		45.5	45.5	4.5	4.5

校园基础设施 %	图书馆图书及资料	丰富	较多	一般	较少
		4.5	18.2	45.5	31.8
	计算机网络设施	好	较好	一般	较差
			9.1	68.2	22.7

住宿与饮食 %	学校是否提供宿舍	提供宿舍		不提供宿舍	
		90.5		9.5	
	提供宿舍条件如何	好	较好	一般	较差
		4.8	33.3	42.9	19
	选择民间住宿价格	较高	一般	较低	
		10	90		
	是否习惯当地饮食	习惯	还可以	不习惯	
		41.2	52.9	5.9	

对出国留学所在高校的总体评价 %	很好	较好	一般	较差	很差
		63.6	36.4		

附录 3 分国别调查问卷数据统计

是否建议其他非通用语学生在该校留学 %	建议	不建议
	95.7	4.3

第四部分：出国留学效果与就职就业

		有很大提高	有较大提高	略有提高	没有提高	有所降低
对国外学习所收获的技能与知识的评价 %	非通用语水平	30.4	47.8	17.4		4.3
	英语水平		13	26.1	52.2	8.7
	对留学国家历史、社会文化与风土人情的了解程度	43.5	52.2	4.3		
	对留学国家及周边国家状况的了解程度	30.4	52.2	17.4		

留学期间或回国后，有无相关成果（论文、调研报告、留学收获发表等）%	有无相关成果		相关成果形式		
			论文	调研报告	留学收获发表	其他
	有	47.8	66.7	33.3		
	无	52.2				

		有很大提高	有较大提高	略有提高	没有提高
出国留学对个人综合素质的影响 %	学术水平	22.7	31.8	40.9	4.5
	国际学术交流能力	26.1	39.1	30.4	4.3
	学习兴趣的提高	43.5	43.5	13	
	知识更新能力及观念的更新	43.5	47.8	8.7	
	批判和创新思维	26.1	34.8	30.4	8.7
	分析问题能力	21.7	39.1	34.8	4.3
	解决问题能力	39.1	34.8	26.1	
	团队合作能力	43.5	26.1	26.1	4.3
	人际交往及有效沟通能力	43.5	26.1	30.4	
	个人生活自理能力	52.2	26.1	17.4	4.3

265

	作为非通用语学生，您认为所学专业是否有利于就业（可多选）	有利于	不利于	根据当年社会需求而定		不清楚
对就职就业的看法 %		34.8	4.3	43.5		
	赴对象国留学后，今后是否愿意从事与所学非通用语有关的工作	愿意	不愿意	愿意但相关工作岗位少		无所谓
		47.8	4.3	34.8		13
	不愿意从事与非通用语相关工作的主要原因（可多选）	对象国条件艰苦	个人发展空间受限制	受到社会认可度低	相关工作待遇低	其他
					33.3	

第五部分：留学期间参与对象国民间交往及社会活动情况

留学过程中参与对象国民间交往的程度 %	较频繁		有交往		较少		无交往
	30.4		65.2		4.3		
留学之后对所留学国家的印象及了解与留学前是否有出入 %	有较大出入		有一些出入				基本一致
	26.1		43.5				8.7
您认为所留学的对象国对于中国的了解程度如何 %	不了解		一般		较深入		存在误解和分歧
			43.5		17.4		39.1
您认为对中国文化的了解在与对象国民间交往中是否重要 %	重要		不重要				无所谓
	100						
您所留学的国家对中国文化了解需求的迫切程度如何 %	亟须了解		不需要		无所谓		不知道
	65.2				13		21.7
您对中国文化的了解能否满足对外交流的需要 %	可满足		需进一步增强				完全不够
	13		78.3				8.7

您在留学期间是否参加过社会调查 %	留学期间是否参加过社会调查		您认为参加社会调查对于深入了解对象国社会文化		
	参加过	未参加	有较大帮助	有一定帮助	没什么帮助
	4.3	95.7	33.3	50	16.7

附录 4 亚非地区部分非通用语国家高等教育概况

亚非国家高等教育在近几十年来有了较大的发展和进步，与世界其他地区和国家的高等教育有相似之处，同时也存在较大差异。亚非各国社会、经济的发展历史，决定了亚非各地区、各国家高等教育发展的不平衡性。在亚洲的一些发达国家中，其高等教育水平、学术研究水平以及高校办学条件等也相应地更接近发达国家的高等教育水平，而欠发达的处于相对贫困的亚非国家其高等教育的各方面条件和水平都要受到其经济发展的影响。了解和研究亚非国家高等教育以及高校情况，有助于我们更好地确定我国选派留学生的政策、措施和计划。

一 越南高等教育概况

1986 年越南实行革新开放政策以来，高等教育进入崭新发展阶段。政治经济体制的深刻转变促使高等教育从思维、结构、管理、教学等各个方面均出现了深刻的转变。①

进入 21 世纪后，越南政府先后颁布《2001～2010 年教育发展战略》《2011～2020 年教育发展战略》以及《高等教育法》等一系列政策法规，推动了越南高等教育的快速、稳步发展。2001～2010 年，越南高教规模扩大了 2.35 倍，高等教育机构几乎在所有

---

① 陈立：《越南高等教育发展研究》，浙江大学出版社，2011，第 176～177 页。

的居民聚居区域、地区建立。高等教育质量不断提高，能够更好地适应和满足社会经济、科学技术发展的需求。教育公平得到改善。2011～2012 学年，越南各大专院校在校女生比例达到 49.56 %，高等教育已基本实现男女平等。高等教育管理工作按照既定方向，实现了积极转变。教师和教育管理干部队伍数量迅速增长，质量逐步提高。国家财政对高等教育的投资增长迅速，教育社会化工作也取得了显著成效。高等教育中的非公立教育迅速发展，2001～2010年，非公有制高等教育占总教育规模的比例从 12.2 % 上升到 13.2 % 。综上所述，高等教育在越南经济社会发展中发挥着越来越重要的作用。[①]

越南高等教育规模：越南教育培训部 2013 年高等教育统计数据显示，[②] 截至 2012～2013 学年，越南全国共有 421 所大专和高等院校；其中大学 207 所（公立：153 所；非公立：54 所），大专214 所（公立：185 所；非公立：29 所）；大学在校生人数达1448021 人（全日制学生 1076233 人；在职生 370934 人），大学毕业生 248291 人；大专生达 724232 人（全日制学生 695992 人；在职生 27904 人），大专毕业生 176917 人。

高等教育人才培养目标：越南政府总理颁布的《2011～2020年教育发展战略》明确指明了目前越南职业教育和高等教育的人才培养目标：提高培训质量，满足经济社会发展对人力资源的需求；培养出一批有创造能力、独立思维，有公民责任感、职业道德，有技能、外语能力、劳动纪律、工业化作风、自主创业能力，能适应劳动力市场不断变化的人，其中有一部分具备参与区域和世界竞争的能力。越南政府总理 37/2013/QD 号决定中更加详细地提出了未来一段时间内越南高等教育人才培养的具体目标：到 2020年，受过职业教育和应用型教育的大学生比例达到 70%～80% ，受

---

① 《2011～2020 年教育发展战略》，http：//thuvienphapluat. vn/archive/Quyet – dinh – 711 – QD – TTg – nam – 2012 – Chien – luoc – phat – trien – giao – duc – 2011 – 2020 – vb141203. aspx。

② http：//www. moet. gov. vn/♀ page = 11. 11&view = 5251.

过研究型教育的大学生比例达到20%～30%，各种模式培养出来的大学生比例达到每万人256名。[①]

高校师资队伍情况：越南教育培训部最新统计数据显示，2012～2013学年，越南高等教育机构的教师人数达87682名。其中，专科院校教师26008名，大学教师61674名。高校教师中博士学位占11%，硕士学位占44%，本科和大专占43%，大专以下占0.6%。在高等教育中，有大学后（即硕士、博士层次）教育水平的教师比例仍然比较低。

教学科研情况：教学方面，目前越南高校的教学培养计划仍然偏重理论性，实践课程安排得较少。尽管许多高校已按照学分学时制进行教学，但也只是形式而已。学生不能自己选择培养计划，必须按照学校的规定进行学习。教学内容与实际情况不相符，教材不够专业，不切实际，未能满足高等教育改革和融入世界的要求。[②] 科研方面，越南政府从1990年起逐步增加了对科学研究的投入。1990年以后的7年间，科研经费年增长率持续高于15%。1999年，越南政府对高校系统的科研投入比20世纪80年代末翻了一番，达到21亿美元，主要用于改善科研条件和科研人员待遇。2000年，越南全国科研经费总额已经达到56亿美元。相应的，高校获得的科研收入稳定增长，高校的科研职能得到进一步的强化。但就目前越南高校的科研状况而言，情况仍不容乐观。高校的科研基础仍然薄弱。据统计，2009年越南共有959篇论文刊登在国际期刊杂志上，只相当于泰国发表论文数量的21%（泰国4527篇）。[③] 科研量增长速度也明显低于泰国。导致以上状况的原因除高校科研经费不足外，还与高校教师的科研素质

① 《政府总理第37/2013/QD号关于2006～2020年阶段高等院校网络规划调整的决定》，http：//vanban. chinhphu. vn/portal/page/portal/chinhphu/hethongvanban？class_ id = 1&_ page =1&mode =detail&document_ id =168322。

② 《目前越南高等教育的质量》，http：//luanvan. co/luan – van/thuc – trang – giao – duc – dai – hoc – o – viet – nam – hien – nay – 4281/。

③ 《从数据看越南和泰国的高等教育》，http：//www. baomoi. com/Giao – duc – dai – hoc – Viet – Nam – va – Thai – Lan – qua – vai – con – so/59/5305002. epi。

普遍不高、高校科研与社会生产经营之间关系松散等因素有关。

国际交流情况：截至21世纪初，越南已与10多个国家签订学历互认协定。仅2008年下半年至2009年，越南就与其他国家签订政府和部级层面的国际教育合作协议31个。国内数十所大学与国外教育机构建立合作交流关系，开展各类联合办学项目。由越南雄王大学和中国驻越南大使馆共同设立的"中国语言文化研习室"于2015年10月13日在越南雄王大学正式挂牌，将有力促进中文专业学生提高汉语水平，增进对中国文化的了解。越来越多的越南博士生得到国内外教授的双重指导。2009年时约有4万名越南留学生在国外留学，其中主要集中在澳大利亚、美国、法国、新加坡和英国。到越南求学的外籍学生人数也不断增长。过去几年间，到越南求学的外籍学生人数也不断增长。据不完全统计，目前有10000名外国留学生在越南留学。越南政府认识到在越南高校中增加外国留学生比例的重要性，其意义不仅在于本国高校通过招收外国留学生增加收入，更重要的是向全世界传播越南文化。为了吸引更多的外国留学生，各高校就必须有能力开设足够多的用英语授课的课程，这样外国留学生就不仅仅只能选择越南语和越南研究课程，还能学习其他的专业。[①]

越南高等教育整体发展状况与国际横向比较的结果显示，越南高等教育仍面临不少问题和困难：一是与教育先进国家相比，越南高等教育的质量仍很低下；二是越南高等教育管理仍存在许多不足；三是部分高校教师和管理干部不能满足新时期教育的发展需要；四是教学方式、课程内容、考试、检查、评估工作改革缓慢；五是高校设施条件仍比较简陋；六是高校科研成果的研究和应用工作仍存在局限；科研成果仍较少，质量不高。

在最新的《2011～2020年教育发展战略》中，越南政府进一

---

① 张成霞：《越南高等教育国际化进程及实践》，《兴义民族师范学院学报》2012年第4期，第105～106页。

步明确提出"扩大和提高教育国际合作成效"的工作目标。韦伯麦特里克斯网（Webometrics）2013年1月公布的世界高校最新排名情况显示，截至2013年，越南排名最靠前的河内国家大学也仅仅居于第907位。截至2013年1月的数据显示，越南高校全球排名仍很落后，只有一所大学进入全球前1000名，目前越南政府提出的目标是，争取到2020年越南高校要跨入全球前200名的门槛。

二　老挝高等教育概况[①]

老挝高等教育体系主要包括五个部分：老挝国立大学（由十余个分校或校区组成）、苏发努冯大学、占巴塞大学、医科大学、5所教师培训学院以及83所私立高等教育机构。老挝国立大学与包括中国在内的几十个国家的100多所大学、培训机构以及组织建有各类合作关系，如与中国的昆明理工大学、广西民族大学和国家汉办等建有合作关系。

老挝国立大学的学术课程分为两类。（1）本科及高等文凭的课程：①本科课程包括1年总的基础课程的学习，以及4年在各学院的专业学习（除建筑学院和医学院）；②高等文凭的课程需要学习3~4年，它由工程学院、建筑学院、林学院以及农学院组织开设，拥有高等文凭的学生如果希望继续攻读本科学位，需要进修一个学期的过渡课程。（2）研究生课程：研究生课程由医科学院、经济和工商管理学院、科学学院、文学院、林学院及工程学院组织开设。

在老挝国立大学的教学体制中，要取得学士学位课程需要学习1年的基础科学课程，之后再学习4年的专业课程，而医学院则要

---

① 梁真等：《老挝国立大学简介》，《科教文汇》2010年第6期；谢东平等：《老挝高等教育政策简析》，《牡丹江大学学报》2011年第10期；朱欣：《试论老挝高等教育运行现状及发展理路》，《现代教育科学》2009年第9期；中国—东盟教育信息网，http：//www. asean – china – center. org/2010 – 05/11/c_ 13287939. htm；老挝国立大学网页，http：//www. nuol. edu. la。

学习 6 年的专业课程。颁发高级文凭的专业有工程学院、建筑学院、林学院和农学院，这些学院学生学习 3～4 年。老挝国立大学提供硕士学位课程的学院主要是工程学院，该学院是与河内大学以及河内水利大学合作而提供硕士学位课程。

老挝国立大学有较大的自主权，不管是在学术上还是在财政上。例如，老挝国立大学有权决定本校教授的课程、自主招生、聘请教职员工，以及自主开展和领导其教学科研活动。此外，校方还有权授予本校学生毕业生学位证书，以及对其他学校学生文凭的认可。目前老挝国立大学的学位课程主要有高级文凭、学士学位以及研究生课程。老挝国立大学实行学分制，标准的学士学位要修满190 个学分，而六年制的学位课程则要修满 265 个学分。而每门课的学分多少取决于该门课的上课时间。

老挝高等教育的发展，为老挝经济的发展提供了智力支持，但老挝高等教育的发展水平有限，在很大程度上都要接受国外的资助，这对老挝高等教育独立发展、提高高等教育处理社会问题的能力造成了障碍。老挝高等教育投资的比例取决于该国每年的政府财政总收入。1996～1997 学年，高等教育与投入占 10.73%；1997～1998 学年为 3.94%；1998～1999 学年为 10.38%；1999～2000 学年为11.11%；2006～2007 学年，这一数值为 12%。尽管老挝的高等教育有了迅速的增长，但仍存在高等教育公平等方面的问题。如不同省份和不同地区提供的高等教育入学概率有较大的差异，导致女性和少数民族的高等教育入学率较低；高等教育研究基金的短缺问题；公立和私立高等教育运行的质量认可和保障运行机制不健全等。

老挝高校中的学术研究机制主要存在以下几个问题。一是缺少时间，教师实际生活的经济问题迫使他们不得不在校外做兼职工作，兼职带来了一些收入，但同时也挤占了从事研究的时间。二是不充分的教师任职资格，使教师缺乏从事自己独到研究的自信心和能力，除了利用基本的仪器设备外，他们很难从事其他研究。三是语言障碍，大部分的教师只能阅读以本国语言编撰或翻译的科学著作，从而无法掌握某一领域的学术动态。四是缺乏科研基金，教师

附录4 亚非地区部分非通用语国家高等教育概况

甚至缺乏研究所需的最基本的仪器设施。最近几年，上述情况逐步得到改观。教师可利用一定比例的工作时间从事研究。一些教师从国外获得了硕士或博士学位后回到老挝高校。现在老挝大学比以前有了更多称职的具有海外硕士和博士学位的教授和学术研究人员。在大学里，形成了一种更强调科学研究的意识。新制定的晋职规定，决定教工晋职的一个重要因素是科研成绩，从而增强了教师从事研究的动机，也促进了大多数教师对科研成就的肯定。在老挝，高校的学术事务办公室成立了研究发展委员会，这是个专设组织，旨在促进和管理学术事务。

为迎接挑战，老挝高等教育确定的未来发展思路是：随着高等教育规模的扩大，应巩固和提高高等教育质量；根据区域发展的需要，整合相关学科，调整和改变 1~2 所教师培训学院为区域的综合学院；继续提高高校教师的学历层次，到 2020 年，通过教育教学培训使 10% 的教师拥有博士学位（目前为 4%）、60% 的教师拥有硕士及以上学位（目前为 15%）；与公立学校相一致，稳步提高私立高校招生人数，扩大私立高校的办学规模；在高等教育领域，增加女性和少数民族学生的入学率，努力增加政府对教育的投入；在老挝的南部和北部建立更多的高校，满足这两个地区人们接受高等教育的需求；加强国际合作，与东盟国家和其他国际组织的大学建立更为友好的联系，在教师培训、技术与经济等领域建立更多的合作项目。

老挝国立大学与近百所外国大学、培训机构以及组织建有合作关系。截至 2015 年，在老挝国立大学留学的 40 余位中国留学生分别来自云南、广西、北京、黑龙江、浙江等地，主要学习老挝语、老挝文化等 7 门课程。该校与广西民族大学共建老挝国立大学孔子学院。2000 年以后，老挝南部的占巴塞省和北部琅勃拉邦省的国立大学分校相继独立，并被正式命名为占巴塞大学和苏发努冯大学。老挝的第 4 所大学是 2009 年由中国和老挝政府共同批准和支持成立，并于 2012 年开始招生的"老挝苏州大学"。老挝苏州大学举办全日制本科、研究生（硕士和博士）教育和各类高级培训项目，构建先进的课程教学培养体系，全面实行学分制，其中本科教育学制 4 年，研究生教育学制 3 年。几年来，取得了初步成果，在中老两国政府、社会上都产生了广泛影响，受到老挝人民的欢迎，成为中老两国教育成功合作的典范。

三 柬埔寨高等教育概况

柬埔寨教育事业的稳步发展是在其取得全面的政治稳定之后发生的。1993 年之后的政局稳定、经济复苏新局面不但给教育业带来了更多财政投入和民间投资，也引来了更多的政府和国际社会的关注和支持。1995 年，联合国教科文组织和世界银行进行合作，在柬埔寨组建了高等教育专家工作组，提出了高等教育全面改革、建立多元化办学体系的工作计划，并确定了以"提高高教质量，建立高教适应社会经济发展需要的体制与结构"为目标的基本对策。① 高等教育的改革计划使得柬埔寨高等教育机构的办学模式、教育体制、教学质量和学术水平发生了根本性的变革。1997 年，柬埔寨第一所私立大学——诺顿大学正式成立，被视为柬埔寨高教改革的重要实践成果，迈出了高等教育"开放式"办学模式的关键一步，为柬埔寨高等教育的复兴和发展奠定了基础。高等院校在校生从 1985 年的 2357 人增加到 1996 年的 3465 人，2002 年增加到近 3 万人。至 2001 年，柬埔寨共有高校 16 所，其中公立 9 所，私立 7 所。公立院校有金边皇家大学、皇家农业大学、皇家艺术大学、医科大学、柬埔寨技术学院等。私立学院有华盛顿大学、技术与管理学院等。在这些高校中，皇家农业大学为农林渔业部管辖，皇家艺术大学由文化艺术部管理，医科大学归卫生部，其余由教育、青年、体育部管辖。②

---

① 杨移贻、刘毅：《印支三国高等教育发展与改革述评》，《比较教育研究》2000 年第 S1 期，第 71 页。

② 冯增俊：《柬埔寨高等教育的世纪走向》，《外国教育研究》2003 年第 1 期，第 55 页。

附录 4 亚非地区部分非通用语国家高等教育概况

"高校自治"是柬埔寨高等教育得以迅速发展的重要原因之一。从 2001 年起，在世界银行贷款的援助下，柬埔寨开始努力建立一个高等教育新法律框架，其中具体行动就是让部分公立高等院校更加自治。柬埔寨高等教育改革包括私立专科学院的官方认可、学费制、学分转移制的实施和柬埔寨认证委员会的建立。[①] 在这种体制的引导下，柬埔寨高等教育院校尤其是高等私立院校的发展速度惊人，仅在 2002～2003 年，全国新建私立大学 16 所，在一定程度上满足了社会对不同领域人才的需求。

根据柬埔寨教育部 2007～2008 年的统计，柬全国已设立高等院校共计 63 所大学，其中有 18 所公立大学，45 所私立大学，学生共计 11 万余人。截至 2011 年，柬埔寨共有包括高等院校和皇家科学院在内的高等教育机构 77 所，其中 32 所为公立机构，45 所为私立大学。[②] 2012 年柬埔寨高等教育统计数据显示，全国高等教育机构已达 101 所，其中公立高等教育院校为 39 所，私立大学 62 所，首都金边及全国 19 个省份均建立了高等教育机构。[③]

金边皇家大学是柬埔寨办学时间最长、规模最大的高校机构，也是目前柬埔寨国内最大的一所综合性的高等学府，截至 2013 年度，拥有教职工 450 余人，其中专职教师 335 名，15 名获得博士学位，280 名获得硕士学位，在校生公费及全额付费学生总人数超过 12000 人。[④] 该校是东盟大学机构的一员，也是目前柬埔寨唯一一所获得东南亚国家联盟大学网络（AUN）充分的会员资格的高等院校；该校以培养学生的学术研究和工作实践能力、推动知识创

---

① Molly N. N. Lee：《东盟高等教育自治》，《学园》2008 年第 3 期，第 79 页，转引自 D. Ford，"Cambodian Accreditation: An Uncertain Beginning," *Intemation Higher Education*, No. 33, Fall 2003, pp. 12－14。

② 张成霞、刘羽：《柬埔寨高等教育发展历程及面临的问题》，《东南亚纵横》2011 年第 12 期，第 76 页。

③ 柬埔寨教育、青年、体育部：《2011～2012 学年教育、青年、体育工作总结报告概述》，柬埔寨教育、青年、体育部印发，2013 年 3 月，第 12 页。

④ 柬埔寨金边王家大学网站，http://www.rupp.edu.kh/content.php? page = about_rupp，访问日期：2013 年 7 月 12 日。

新和国家建设发展、满足社会发展需求、促进文化保护和交流发展为目标，全校分为人文社会科学院、科学学院和外语学院，学科领域涉及自然科学、人文学科和社会科学，以及包括信息技术、电子、心理学和旅游业在内的职业教育；该校为中国国家留基委向中国学生提供奖学金支持的院校，专门为外籍留学生提供本科语言文学教学课程的科目主要有：高级柬埔寨语、柬埔寨语口语、柬埔寨语阅读、柬埔寨语听力、柬埔寨语写作、柬埔寨文学选读、旅游商务柬埔寨语、柬埔寨文学史、吴哥文化、高棉文化、柬埔寨历史等。

进入 21 世纪以来，柬埔寨的教育重建事业进展迅速。随着教育投入的不断加大，柬埔寨接受教育国民比例不断上升，整体教育质量有所提高。据统计，在 2005～2009 年的财政预算支出中，教育财政支出的比例较大，始终保持在 18%～19%，[1] 仅次于政府在国防安全和社会服务方面的支出。

柬埔寨基础教育领域的发展为高教改革创新奠定了基础，特别是市场机制的引进和高校自治政策的实行，使柬埔寨高校的办学规模不断扩大，办学质量也有一定程度的提高。从招生人数来看，柬埔寨高等教育事业已提前完成了国家教育战略规划规定的 2013～2014 学年招收本科学生 195617 人的战略目标。[2]

此外，柬埔寨高等教育机构教师队伍的不断壮大，以及任职教师学历水平和职称层次的不断提高，也极大地推动了柬埔寨高等教育事业的向前发展。据统计，2010～2011 学年，在柬埔寨高等教育机构中任职的具有教授职称的本国教师共计 9931 人，其中具有本科学历的 3306 人，高级本科学历的 5930 人，研究生学历的 695 人；2011～2012 学年，柬埔寨高等教育机构中任职的具有教授职称的本国教师总人数已增至 10166 人，其中获得本科、高级本科和

---

① 韩南南、汪涛：《柬埔寨教育经费的来源与趋势分析》，《教育与经济》2012 年第 1 期，第 69 页。

② 柬埔寨教育、青年、体育部：《2009～2013 柬埔寨国家教育领域战略规划》，柬埔寨教育、青年、体育部印发，2010 年 9 月，第 58 页。

研究生学历的教授级教师人数分别为 3439 人、6027 人和 700 人。[①]

在各方面的共同努力下，柬埔寨高等教育事业取得较快发展，在招生人数、师资队伍、教学质量和监管体系等方面都有很大程度的提高。但就总体情况而言，由于历史原因所导致的政治意识形态冲突、经济发展滞后、基础设施薄弱等因素的共同作用，使得柬埔寨的高等教育仍然处于一个较低的发展水平，与东盟其他大部分国家相比，依旧存在较大差距，面临着诸多问题，如管理不善、师资匮乏、专业狭窄、经费过少、外来冲击严重等问题都严重地制约着柬埔寨高等教育的发展。

四　缅甸高等教育概况[②]

截至 2013 年，缅甸共有大学与学院 108 所，师范学院 20 所，科技与技术大学 63 所，部属大学与学院 22 所。著名学府有仰光大学、曼德勒大学等。这些大学中属于教育部管辖的有 28 所，包括仰光大学、曼德勒大学、仰光经济大学、大光大学、曼德勒教育大学、蒙育瓦经济大学、实兑大学、马圭大学、东枝大学、勃生大学、密支那大学、毛淡棉大学等。其他各部所属的院校有：国防部下属的国防大学（仰光）、军事大学（彬乌伦）、国防军医科大学（仰光）、国防军技术大学（彬乌伦）、军事参谋大学（卡洛）、国防军体育学院（耶勐）6 所院校；内政部下属的中央公务员大学（仰光）和民族发展大学（实皆）2 所院校；卫生部下属的仰光第一医科大学、仰光第二医科大学、曼德勒医科大学、牙科大学（仰光）、牙科大学（曼德勒）、药学大学（仰光）、护士大学（仰

---

① 柬埔寨教育、青年、体育部：《2011～2012 学年教育、青年、体育工作总结及 2012～2013 学年目标展望报告》，柬埔寨教育、青年、体育部印发，2013 年 3 月，第 55 页。

② 杨缪罕：《殖民时期缅甸历史词典（缅文）第四版》，仰光：阿曼迪出版社，2010；贺圣达：《东南亚文化发展史》，云南人民出版社，1996；貌钦钦敏：《殖民时期缅甸文学史》（缅文），仰光：色谷秋秋出版社，2010；贺圣达、李晨阳：《列国志·缅甸》，社会科学文献出版社，2009。

光）、护士大学（曼德勒）、医药技术人员大学（仰光）等 14 所院校；农业水利部下属的农业大学（彬文那）；林业部下属的林业大学（彬文那）；畜牧水产部下属的畜牧兽医大学（仰光）；文化部下属的仰光文化大学和曼德勒文化大学；科技部下属的仰光科技大学、曼德勒科技大学、卑谬科技大学、仰光计算机研究和技术大学及曼德勒计算机研究和技术大学；交通部下属的缅甸航海大学；合作社部下属的 4 所两年制合作社事业学院；体育部下属的体育大学；宗教部下属的国际小乘佛教大学。除 59 所大学外，缅甸还有85 所学院，其中 32 所隶属于教育部，主要是各省、邦的教育学院；46 所属于科技部管辖，主要是技术类的专科学院；其余 7 所分属合作社部（4 所）、边境和民族事务发展部（2 所）和国防部（1 所）。

缅甸大专院校数量不少，在校学生人数增速也很快，但投入不足，不少高校的基础设施都很差，政治风波又多次导致学校关闭，因此高等教育水平总体来说仍然较低。此外，大专院校的分布也不平衡，主要分布在仰光（35 所）和曼德勒（32 所），这两个省的大专院校数量占了全国的将近一半。其余 12 个省邦的大专院校都在 12 所以下，最少的是克伦邦（4 所）和克钦邦（3 所）。

缅甸高等院校的学制分别为 4 年制、5 年制和 6 年制。普通高校本科自 2012 年起改 3 年制为 4 年制。综合性大学和经济大学的学制，普通生为 4 年制，优等生为 5 年制；计算机大学、农业大学等为 5 年制；医药大学、畜牧大学、林业大学、工业大学等为 6 年制。文、理科综合大学硕士生为 1～2 年，其他学科和硕士生为2 年。

缅甸的研究生教育基础非常薄弱，现在虽然有仰光大学、曼德勒大学、大光大学、马圭大学、勃生大学、蒙育瓦大学、曼德勒教育大学设有硕士专业，但招生的专业和人数都很有限。缅甸的博士生教育更为薄弱，现在仅有仰光大学、曼德勒大学、仰光经济大学和医科大学设有博士学位课程。直到 1999 年，缅甸仅有 2 人在国内大学（仰光大学）获得博士学位。由于缅甸研究生教育十分落

附录4　亚非地区部分非通用语国家高等教育概况

后，导致缅甸的高层次人才非常缺乏。

仰光大学是排名第一的全国重点大学，现设有缅甸语、英语、历史、地理、哲学、东方学（巴利文专业）、心理学、法律、人类文化学、国际关系、数学、化学、物理、动物、植物、地质、应用化学17个系。除设有本科、硕士研究生教育外，1994～1995年度开始设置博士学位课程。仰光大学每年招收约5000名新生入学。该校在20世纪50～60年代国际交流较为活跃，曾接纳过一些外国留学生。近年来与国外大学交流很少。除缅甸历史、文化方面研究实力比较雄厚外，绝大多数学科的学术研究都非常薄弱。

缅甸现有2所外国语大学，即仰光外国语大学和曼德勒外国语大学。仰光外国语大学现设有汉语、英语、法语、德语、日语、俄语、泰语、韩语、缅语（专为外国人开设）等专业。缅甸主要由这2所大学集中招收外国留学生。中国历年来派往缅甸的留学生都在仰光外国语大学学习，少部分则在曼德勒外国语大学学习。

缅甸在教育方面对外交流很少，这与缅甸长期处于封闭状态关系密切。1988年以来，缅甸主要与中国、日本和东盟国家有双边教育交流，其中与中国的交流是相对较多的。但是与中国和其他国家的交流相比，中缅之间的教育交流还处于非常低的水平。1999年以来，中缅两国互派留学生的工作虽然一直没有间断，但人数非常少。最初缅甸每年派4名公费留学生来华，1997年后增至每年10个名额。近几年，通过其他渠道享受中国政府资助或奖学金来华留学及自费来华留学的缅甸学生逐步增多。中国通过留学基金委派往缅甸的公费留学名额一般保持在每年4名，但自费到缅甸留学的中国学生人数逐步增加。缅甸接收外国留学生的规模也较小，主要在仰光外国语大学学习。缅甸曼德勒福庆孔子课堂为曼德勒大学专门开设的汉语教学班于2015年10月在曼大举行开班典礼，标志着汉语教学首次进入缅综合性大学。此前缅甸教授汉语的大学仅限于外语类大学，作为在缅甸排名第二的综合性大学，曼大此次开设汉语班具有里程碑意义。

2010 年缅甸大选后，新政府开始了民主化改革和对外开放，与西方国家的关系迅速改善，各个行业迅速发展。随着经济的发展和对外交流的增多，人才缺乏的问题更加突出，缅甸政府开始重视高等教育的发展，尤其强调通过对外交流提高教育质量。缅甸领导人与西方各国领导人会谈时通常都会谈到派遣留学生和在缅合作办学的问题，由此可见在教育方面扩大对外交流以提高高等教育质量已经成为缅甸政府关注的重点问题。可以预见，未来一段时间，缅甸高等教育的对外交流，尤其是与西方国家的交流将会得到加强。

五 泰国高等教育概况

泰国的高等教育比较发达，无论从政府的重视程度，资金投入，还是普及率，都走在东盟国家前列。但从近年来的东盟教育质量排名和亚洲大学排名来看，泰国的高等教育质量亟待提高。

泰国现行教育体制受英国和美国教育体制影响较大。高等教育分为大学、学院、专科学校及其他类型的学校。[1]其中，大学的教育是国际性的，目的是进行特种教育，促进国家的全面发展。学院进行的教育是地方性的，目的是促进地方的发展。高等职业技术学校的教育是社区性的，目的是促进社区的发展。[2] 高等教育分为两个层次：文凭教育和学位教育。高层次的学习通常为 2 年，至少为 1 年，要获得硕士学位还必须撰写论文。而博士则需要在硕士学位获得后在该专业部门再进行 3 年的学习。按学历来分，高等教育又分为三个层次：专科生层次、本科生层次和研究生层次。专科生层次的目的是使接受教育者具有中等的知识和技能。本科生层次教育目的在于使接受教育者具有多方面的、综合

---

① 朱卫华：《泰国高等教育现状研究》，云南师范大学历史与行政学院硕士学位论文，2003，第 13～14 页。
② 田禾、周方冶：《列国志·泰国》，社会科学文献出版社，2009，第 317 页。

的、较高的知识技能。研究生层次教育目的在于培养专门的知识和技能，推动学术知识的进步和发展。[①] 泰国大学一般为 4 年制，医科大学为 5 年制。

根据泰国高等教育委员会 2008 年 3 月份印制的《高等教育第二个十五年规划（2008～2022 年）》中的统计，泰国现有国立高等院校 78 所，其中国立大学 22 所，自治大学 6 所，拉查帕大学 40 所，拉加芒加拉理工大学 9 所，巴图湾理工学院 1 所；私立高等院校 67 所，社区学院 18 所，其他隶属各部委及曼谷市的高等院校共 92 所。随着泰国高等教育改革的深化，越来越多的国立大学正逐渐转型为自治大学。泰国的著名高等院校有：朱拉隆功大学、法政大学、农业大学、清迈大学、孔敬大学、宋卡纳卡琳大学、玛希敦大学、诗纳卡琳威洛大学、易三仓大学和博仁大学等；此外，还有兰甘亨大学和素可泰大学等开放大学。比较有泰国特色的高等院校类型还有拉查帕大学、拉加芒加拉理工大学、巴图湾理工学院、社区学院和佛教大学。

1997～2001 年，泰国教育发展第八个"五年规划"中，为高等教育院校确定了 6 条原则，即优质优量，把优质优量作为高等教育改革的目标以便与国际标准接轨并通过质量的保证和教职员的培养来提升学术水平；途径和公平，旨在为贫困人群提供更多的接受高等教育的机会；高效和责任制，旨在探索更为称职的管理和自动调节的高等教育机制；实用和输送，旨在培养充足的高质量人才以适应国家的社会经济发展需要；国际化和地区化，旨在提升泰国的国际教育以及鼓励泰国的学术界和学生培养其敏锐的国际洞察力；私有化和合作化，旨在允许私营企业更积极地参与到高等教育中以及在泰国大学中采用合作型管理。[②] 泰国在第八个"五年规划"和第一个《高等教育十五年规划》中反复强调高等教育的重要性，

[①] 朱卫华：《泰国高等教育现状研究》，云南师范大学历史与行政学院硕士学位论文，2003，第 14 页。

[②] 欧阳常青、孟竹：《泰国高等教育三十年研究主题之分析（1980～2011）》，《牡丹江大学学报》2013 年第 3 期。

以及将泰国发展为亚洲高等教育中心的思想，其中包括在此 15 年期间集中国家财力，使朱拉隆功大学成为国际一流大学。① 从第一个《高等教育十五年规划》开始，泰国高等教育发展的重心已由规模向质量和国际化转变。之后第二个《高等教育十五年规划（2008～2022 年）》，目标是：提高泰国高等教育质量，培养和发展拥有终生学习能力的人才，增强高等教育在知识和创新中的实力，提升国家在全球一体化时期的竞争力。通过运用善治机制、资金、举措及高等教育网络，在学术自由、多样化和体制统一的基础上，支持地方可持续发展。从规模到形式到质量再到发展的可持续性，泰国高等教育在政策制定方面，目标是十分明晰且符合本国实际状况的，并且在落实的过程中不断总结经验教训，完善并制定下一阶段任务，为高等教育的发展起到了很好的指引和扶持作用。

英国的《泰晤士报高等教育增刊》每年依据教学、研究、知识传播与国际化程度等核心任务，对世界各院校的实力进行评估。2013 年入选亚洲大学排名前 100 位的泰国大学，仅有位列第 55 位的国王科技大学（吞武里），第 61 位的玛希隆大学，以及第 82 位的朱拉隆功大学，而这三所大学在世界大学中的排名均在 350 名以后。入选亚洲前 100 位的院校少、排名靠后，也反映出泰国高等院校在实力上与世界顶级院校间存在较大的差距。

泰国历来重视教育，对教育的投资在东盟乃至亚洲都位列前茅。政府不仅切实地提高了教师的收入，在教学设备方面许多高等院校也达到了世界一流水准，而巨额的投入却未带来实质的成效。因此，查找泰国高等教育存在的根源性问题、合理有效深化高等教育改革，正引起泰国各方高度关注，成为泰国当前发展中的一个当务之急。泰国高等教育存在的问题主要体现在管理模式僵化、方式老化、教育脱离实际、缺乏竞争、脱离发展需要、教学质量有待提高等，这一系列问题使得改善专业设置、促进教学质量与国际标准接轨成为泰国高等教育改革的重心。

---

① 张建新：《21 世纪初东盟高等教育》，云南人民出版社，2010，第 39 页。

　　泰国在高校改革中注重专业设置，人才培养以市场为导向。在课程设计上从实用性、灵活性和国际化的角度出发，努力向多元化和多层次发展。① 泰国高校注重教师队伍建设，随着大学自治的推进，传统体制下的教师境遇受到了极大的冲击，压力与竞争促进了教学方法与内容上的双重革新。此外，在积极开发与世界其他国家大学的合作与交流中，优秀人才的引进，教师学生的互换，双方人员的互访，也都不断为泰国高校的教育体系注入新鲜的血液。同时，引进先进的国际教学质量评估系统，确保了与国际水准接轨，摆脱了简单照搬欧美办学模式的局面。

　　随着教育体制改革的深化，高校发展正在焕发新的生机，专业设置兼顾本土特色与国际需求，教师队伍由竞争带动革新并积极引进先进人才。近 20 年来，中国到泰国留学的人数与日俱增。根据中泰双方 2007 年 5 月签署的《关于相互承认高等教育学历和学位的协定》，目前中国教育部认可的泰国大学已达到 80 多所。中国留学生人数在泰国高校所接受的各国留学生人数中也多年名列前茅。这也从一个侧面反映出泰国高等教育的国际化程度。

六　马来西亚高等教育概况②

　　马来西亚高等教育以国家公立为主体，公立大学与私立高等院校并存。高教机构分为两个部分：公立高等教育机构：国立大学、国立学院、国立高等研究院等；私立高等教育机构：私立大学、私立学院、外国大学分校。私立高等院校众多，并以英语为教学媒介语，兼招本国学生和外国留学生，学校大多引进英国、澳大利亚等国高等教育课程，开设学分转移和双联课程的教育模式，少数外国高等院校在马来西亚设立的分校亦属私立性质。为了保障质量，马

---

① 阮韶强：《泰国高等教育的国际化进程》，《东南亚纵横》2009 年第 12 期。
② 周一文：《颇具特色的马来西亚私立教育及启示》，《湖北函授大学学报》2004 年第 3 期。

来西亚教育部成立了私立教育及国家学术鉴定局（LAN），对私立教育机构的课程设置、学费以及师资水平进行监督和调控。截至2012年，全国共有20所公立大学，92所工艺学院、社区学院和培训中心；私立大学60所，私立高等院校357所。此外，大马政府还批准4所外国大学在马来西亚开办分校：澳大利亚科廷工艺大学（Curtin University of Technology）和莫纳斯大学（Monash University），英国的诺丁汉大学（University of Nutingham）和德蒙福大学（Demonfort University）。马来西亚的20所公立大学无一例外地受到马来西亚高等教育部的严格监督与管理，教育水平令人信服。除了像马来亚大学、马来西亚国民大学、马来西亚佩特拉大学等规模巨大、历史悠久的综合性高等学府外，几乎马来西亚每一个州（相当于中国的"省"）都设有一所公立大学，其受政府重视程度可见一斑。

根据马来西亚高等教育部的整体规划，马来西亚公立大学将逐步向研究生培养方向侧重，为此，自2010年起大幅缩减本科生招生名额。据马来西亚高教部最新统计，2011年马来西亚全国20所公立高校新招收学生总数为188766人，其中新招博士研究生6885人，硕士研究生21884人，本科生97851人，大专生41395人，其他类别学生22007人。

由于马来西亚为原英联邦成员，因此它的整个教育学科分类与英联邦国家很相似，共分为8大学科：艺术和人文科学，教育学，社会科学、商业和法律，科学、数学和计算机，工程、制造和建筑，农业与兽医，健康和福利，服务。

马来西亚是一个非常重视教育的国家，教育的国家投入与全球许多国家甚至一些发达国家相比都是非常巨大而且名列前茅的。这其中包括了对师资队伍培训的大量投入。为了提升教师水平，提高教育质量，马来西亚政府为各级教师提供了大量的培训机会，同时也执行严苛的职级升迁制度。高教部统计的数据显示，2011年，全部20所公立大学的本地教师总数是27433人。为了吸引更多的外国留学生，同时也为了促进学术交流，提升教学水平，马来西亚近年来还聘请了大量的外国专家学者来本国任教。2011 年 20 所公立大学统计数据显示，在本地的教师中，有博士学历的占 27%；具有教授、副教授职称的占 21%。

马来西亚由于曾经是英联邦国家，英语是官方语言。为适应新世纪的需要，马来西亚政府确立了英语作为马来西亚第二语言的使用地位。高等教育中大量课程的教学媒介语改为英语，这为很多不懂马来语的外国留学生解决了语言障碍问题，因此马来西亚很快便吸引了大量的外国留学生。自 2001 年以后，多所马来西亚公立大学逐步向外国留学生开放了本科及研究生课程。据高教部数据统计，来马来西亚留学的外国留学生逐年递增。马来西亚的外国留学生主要攻读本科、硕士和博士学位。研究生的学生数量要多于本科生，攻读的学科也主要集中在经济、金融、法律、商业管理、工程、计算机、教育等热门学科。留学生可以申请马来西亚各大学各个教育基金的奖学金。留学生可以申请专门为留学生设立的奖学金，也可以入学后以普通学生的身份与当地学生一起竞争奖学金。很多留学生也会通过各种校际交流计划和两国联合人才培养计划得到资助。

除 20 所公立大学外，马来西亚发达的私立高等教育也招收外国留学生。马来西亚便利的地理位置、丰富的东南亚文化、优良的教育资源和相对便宜的学费及生活成本，使得大量的外国留学生来到马来西亚。马来语、英语、汉语、泰米尔语的通行使用使得很多来自中国、印尼、印度等国的留学生在语言上没有太多的顾忌。同时马来西亚又是一个比较开明的伊斯兰教国，与中东的许多伊斯兰教国在宗教和文化上有着很多的共同点，吸引了同样信奉伊斯兰教的大量中东学生前来求学。在马来西亚的留学生构成中，近 30% 的留学生在各大公立大学，而将近 70% 的留学生分布在 300 多所私立高等院校中。

马来西亚高校数量众多，每个学校都有自己的优势专业和办学特色，在不同领域享有较高的知名度。例如马来亚大学的建筑工程、医学、计算机与信息工程专业，马来西亚国民大学的经济与管理、历史与文学，马来西亚佩特拉大学的农业学等。

马来西亚排名第一的大学为马来亚大学，是马来西亚唯一一所环太平洋大学联盟（APRU，Association of Pacific Rim Universities）成员大学，与海内外著名学府大多都有广泛联系。马大研究生院提供多领域的研究和研究生培训以符合 21 世纪的发展和不断提升的要求，负责协调马大所有的研究生课程。研究生的人数近年来有显著的提升。截至 2010 年前后，在马大学习的研究生有 8000 多名，其中大约 1000 名是来自 67 个国家的留学生。马来亚大学约有 14 个院系，包括艺术与社会科学系、经济与管理系、会计系、教育系、计算机与科学信息系、工程系、商学院、医学院、马来研究院、伊斯兰研究学院、语言学院、理学院、建筑环境学院、欧亚学院以及文化中心、体育中心、中国研究院等多所科研机构。

2011 年 4 月 28 日，中国教育部与马来西亚高教部签订《中马高等教育学历学位互认协议》后，有利于推动两国专家学者和学生的交流，有利于推动两国高等院校之间的合作，标志着两国在教育双向合作领域新的开端。截至 2010 年，马来西亚有国际学生 8.6 万余人，其中来自中国大陆的留学生超过 1 万人，位居第二。中国教育部认可高等教育学历学位的马方院校已超过 32 所，其中公立 7 所，私立 22 所，国外在马分校 3 所。

马来西亚著名公立大学有马来亚大学，2013 年的 QS 亚洲排名第 32 位，世界排名第 167 位；另外有马来西亚国民大学、马来西亚理科大学、马来西亚理工大学等。在 2013QS 亚洲大学的前 100 强中，有 5 所马来西亚高校列于其中。

七 印度尼西亚高等教育概况①

印尼现行的高等教育体制，将印尼的高等教育分为学术教育、

---

① 黄元焕、温北炎、杨安华：《印尼教育》，广东高等教育出版社，1989，第 33 页；张宝昆等：《东盟高等教育多样化研究》，云南人民出版社，2010，第 252 页。

职业教育、专业教育三种类型。按照办学类型细分，印尼高校分为综合大学、学院、高等学校、应用技术学院、大专院校、地方性专科院校六大类。① 截至 2013 年 8 月，印尼的各类型高等教育机构已达到 3900 余所。其中，综合大学 491 所，学院 82 所，高等学校 1915 所，应用技术学院 219 所，大专院校和地方性专科院校 1193 所。② 印尼著名大学有雅加达的印度尼西亚大学、日惹的加查马达大学、泗水的艾尔朗卡大学和万隆的班查查兰大学等。截至 2011 年，高等教育机构在校生人数约有 480 万；③ 根据印尼高等教育的目标，印尼高等教育机构提供学术教育、职业教育和专业教育的三轨系统。印尼高校分为公立和私立。公立高校每年招收本科新生的途径有三种：国家选拔考试（SNMPTN）、公立高校联合选拔考试（SBMPTN）和公立高校自主选拔考试（UMPTN）。2013～2014 年度公立高校本科新生按照三种途径 5∶3∶2 的比例进行招收。④ 2013 年印尼公立高校共计招收本科新生约 30 万人。印尼教育与文化部的数据显示，截至 2013 年 5 月，在印尼留学的海外留学生大约 9000 人，而同期印尼出国留学人数达到 82000 人。印尼针对外国留学生申请攻读语言文化专业和研究生博士生学位，实行相应的奖学金制度与政策。

印尼教育部高等教育司 2012 年颁布的《学科门类、一级学科、二级学科分类名称》将印尼高等教育学科分为 12 大门类：数学与自然科学、植物学、动物学、医学、健康学、工学、语言学、经济学、人文社会学、宗教哲学、艺术设计传播学、教育学。⑤

---

① Menhum, *Undang - Undang Republik Indonesia No. 12 Tahun 2012 tentang Pendidikan Tinggi*, Jakarta, August 10, 2012, pasal 59.

② Mendikbud, *Pangkalan Data Pendidikan Tinggi Direktorat Jenderal Pendidikan Tinggi*, 15 August, 2013.

③ Tri Harijono, "Mahasiswa di Indonesia Cuma 4, 8 Juta," *KOMPAS*, March 26, 2011.

④ Wikipedia, "Seleksi Nasional Masuk Perguruan Tinggi Negeri," http：//id. wikipedia. org/wiki/Seleksi_ Nasional_ Masuk_ Perguruan_ Tinggi_ Negeri, 15 August, 2013.

⑤ Direktorat Jenderal Pendidikan Tinggi Kementerian Pendidikan Nasional, "Nama Rumpun Ilmu, Sub Rumpun Ilmu Dan Bidang Ilmu Dalam Rumpun," 2012.

印尼高等教育人才培养目标与模式：印尼 2012 年颁布的《高等教育法》指出，高等教育的目标是：培养有信仰、有知识、有创新力、独立、健康的高素质人才；为国家利益和民族竞争力的需要培养相关领域具有专业知识技能的人才；通过教学和研究活动，获得和发展对社会发展有益的学科知识和专业技术；将教育成果（人才 + 知识技术）回馈社会。①

师资队伍与科研能力建设：印尼《高等教育法》中规定，作为高校的教师，同时肩负了三种使命，即：教学、科研与服务社会。在提高教师科研能力方面，印尼政府的重点在于加大对师资的培养力度和增加科研项目资金。印尼高等教育教师由专职教师（dosen tetap）和非专职教师组成（dosen non – tetap）。到 2012 年 4 月，印尼共有专职教师 179865 人，非专职教师 90614 人。② 其中 58.30% 的教师最高学历为本科，39.77% 为研究生，1.93% 为专科。而教师学历结构在公立高校和私立高校分布也十分不均，在公立高校 69% 的教师最高学历为研究生，而私立高校这个比例只有 29%，③ 全国的27000 名教授绝大部分任教于公立高校。④ 针对教师学历总体偏低的情况，印尼教育与文化部师资司每年设立 7000 个名额的教师深造奖学金，其中 1000 个为出国深造名额，6000 个为国内深造名额。⑤教育与文化部规定，高等学校的专职教师和在校生比例为 1∶25，⑥

① Menhum, *Undang – Undang Republik Indonesia No. 12 Tahun 2012 tentang Pendidikan Tinggi*, Jakarta, August 10, 2012, pasal 5.

② KOMPASIANA, "RUU DIKTI: Ada Apa Dengan Dosen?" February 14, 2012, http://edukasi. kompasiana. com/2012/02/15/ruu – dikti – ada – apa – dengan – dosen – 439373. html, 2013 – 08 – 15.

③ Harry Azhar Azis, "Arah Pendidikan Tinggi Di Indonesia," 2009.

④ Ester Lince Napitupulu, Try Harijono, "Besarnya Anggaran Tak Sesuai Kemajuan," Kompas, May 23, 2013.

⑤ Dr. Teddy Chandra, SE. MM, "Delima Dosen Perguruan Tinggi Swasta," April 29, 2013, http://www.kopertis12. or. id/2013/05/10/dilema – dosen – perguruan – tinggi – swasta. html, 2013 – 08 – 16.

⑥ Direktorat Pendidikan Tinggi, "Surat Edaran Nomor 2920/Dt. 2007 tentang Penetapan Daya Tampung Mahasiswa," Jakarta, September 28, 2007.

而很多私立高校的师生比远没有达到这个规定，所以自 1980 年以来，政府为提高私立高校的师生比，采取了派部委公务员或相关领域专业人士到私立高等学校担任兼职教师的措施。① 20 世纪 70 年代，印尼的高等教育师资大部分除了第一学位外，没有机会接受培训和深造教育。为此，国家推出了"高等教育教师研究生计划"，到 20 世纪 80 年代，具备国外第二、第三学位教学人员的数量与国内具备研究生培养资格的公立大学所培养的人数一样多。为满足国内研究和研究生培养需要，1996~2000 年，留学后回国的博士人数增加约 32%，硕士学位获得者增加约 40%。② 在 20 世纪 80 年代之前，高等教育机构的研究基金大部分来自于机构内部。直到 90 年代开始，出现了国家层面的竞争性科研基金。高等教育总司为了促进科研能力发展，建立了研究与公共服务发展理事会，致力于推进高等教育机构科研质量与数量。除高等教育总司外，研究与科技部还通过综合质量科研基金、竞争性合作研究、国际竞争性研究、国家战略研究等项目提供竞争性科研基金。此外，还有来自其他部门和政府机构的应用型较强的科研基金。

印尼高等教育改革多年来，呈现出多样化发展趋势。主要有公立教育与私立教育相结合；课堂教育与项目实践相结合；常规教育与远程教育相结合。在课程设置上，更加注重与社会需求相结合，由于理工科毕业生人数远远不及人文社会学毕业生人数，而在就业市场上，人文社会学毕业生未就业率较高，促使政府启动理工科毕业生培养方案：鼓励理工科专业，限制人文社会学专业。③ 根据世界大学排名 21 世纪初的学科排名统计，印尼 GAJAH MADA 大学的现代语言学和万隆理工大学的农林学分别进入了单项学科世界排名

---

① REPUBLIK ONLINE, "Dosen PNS Akan Disebar ke Kampus Swasta," 28 Fabruari 2001, http://www.republika.co.id/berita/pendidikan/berita/11/02/28/166508 - dosen - pns - akan - disebar - ke - kampus - swasta, 2013 - 08 - 16.

② 《东南亚高等教育》，张建新译，云南人民出版社，2006，第 42 页。

③ 《东南亚高等教育》，张建新译，云南人民出版社，2006，第 36 页。

的前 200 名。①

印尼高等教育现代化改革经历了三十多年的发展，在高等教育形式多样化、高校数量、适龄人群毛入学率、学科设置合理性等方面取得显著成效。但仍然存在一些问题。第一，教育经费逐年增长，但用于改善教育质量经费比例不高。第二，高等教育在若干方面不平衡：高教资源分配不平衡，大部分资质较好的公立大学，如排名前十位的大学，全部位于爪哇岛；专业设置不平衡，印尼目前仍然处在发展经济建设的阶段，国家需要教育、工程技术、自然科学、管理科学、农业、医学等领域的人才。② 但从学生的角度来看，却往往选择工资待遇较高的专业，如经济学、计算机、工商管理等专业。国家建设需求与考生的志愿还存在着一定的距离，这就导致了高校毕业生就业率持续低下；受教育程度与就业率之间的关系失衡。第三，师资总体水平有待提高，一方面，教师数量逐年增加，而教师质量却良莠不齐，大部分具有职称资历的教师集中在公立高校；另一方面，高校毛入学率逐年提高，政府为了让更多的适龄人群接受高等教育，近年来不断鼓励地方政府和民间机构办学，大量的私立高校出现，但在教师数量和质量上却无法保证，这成为阻碍提高印尼高等教育质量的主要问题。③

八　巴基斯坦高等教育概况

巴基斯坦的教育体系基本沿袭了英国殖民时期的教育体系。正式教育分为五个阶段：小学教育 1 ~ 5 年级；初中教育 6 ~ 8 年级；高中教育 9 ~ 10 年级；中等学院教育又称技术教育，11 ~ 12 年级；

① KOMPASIANA, " Peringkat Perguruan Tinggi Indonesia Menurut QS World Univeristy Ranking 2013 ," June 5, 2013, http: //edukasi. kompasiana. com/2013/06/05/peringkat - dunia - perguruan - tinggi - indonesia - menurut - qs - world - university - ranking - 2013 - 566069. html, 2013 - 08 - 20.
② 黄元焕、温北炎、杨安华：《印尼教育》，广东高等教育出版社，1989，第143页。
③ Ester Lince Napitupulu, Try Harijono, " Besarnya Anggaran Tak Sesuai Kemajuan," Kompas, May 23, 2013.

高等教育，即大学或专科学院教育。大学教育包括本科、硕士、副博士（M phil）和博士等阶段。其中本科 2 ~ 3 年、硕士 1 ~ 2 年、副博士 1.5 ~ 2 年；博士至少 3 年。1947 年巴基斯坦建国以后，大学数量发展迅速。截至 2010 年，全国已有大学 150 所，其中公立大学 84 所，私立大学 66 所。

巴基斯坦的大学按照管辖机关的级别分为两类：中央直属和省级直属。根据 HEC2013 年发布的最新数据，中央直属的高等教育机构有 29 所；各省级管辖的高等教育机构有 121 所。巴基斯坦的大学是自治团体。校长一般是国家总统或各省省督，校长任命副校长，副校长负责学校的日常行政管理，是实际的负责人。大学的最高领导机构是评议会和董事会，由大学教学人员、学生代表和校长提名的非专业人员与专业人员组成。大学的最高学术机构是学术委员会，由校长、系主任和一些教学人员代表组成，主要任务是负责制定学校管理方针、安排学习课程、规定学术标准、授予学位等。[①]

在巴基斯坦高等教育中，学科门类分别为农学与兽医学、人文学科、生物学与医学、管理学、工学、理学、社会科学。2003 年以来，全国每年高校毕业生人数都在 44 万人以上。2010 年全国高校毕业生共 49 万人，其中本科生占 67%，硕士生占 19%，博士生占 0.15%。2003 ~ 2011 年，全国共培养博士 3902 名，其中 25% 的专业是社会科学，21% 为物理学，20% 为生物学，人数最少的是商学。近年来巴基斯坦政府比较注重博士生的扩招与培养，国内培养与国外培养的博士数量大幅增加，其中相当一部分博士生是在职高校教师，这也一定程度上有利于提升高校教学与科研水平。仅 2010 ~ 2011 年，国内博士毕业生达到 283 人，留学海外的博士毕业生达到 287 人。海外培养博士是目前巴基斯坦政府比较支持的项目，支持国内学生和高校教师赴欧美等学术资源丰富、学术水平高的高校攻读博士学位。2003 年以来，已有 5000 多名学生赴国外攻

---

① 杨翠柏等：《列国志·巴基斯坦》，社会科学文献出版社，2005，第 205 页。

读硕士、博士学位或进行博士后研究工作，其中有一半人已完成学业并归国。海外培养的博士生专业多集中在理学、工学、生物科学等学科，而最多的学生选择的留学目的地国家是法国，其次是德国、奥地利、荷兰、英国。其中约 4% 的留学生选择到中国读博士学位。另外截至 2011 年，共有 98 人参加联合培养博士生的计划。截至 2011 年，全国有 1569 名教师获得赴海外读博的奖学金资助。截至 2011 年 7 月，巴基斯坦全国共有博导 2183 名。为了提高国内博士生培养质量，巴基斯坦积极从国外聘请长期或短期的博士生导师。

高校教师发展：目前巴基斯坦全国高校教师人数 29178 人，拥有博士学位的 6400 人。巴基斯坦政府意识到国内高等教育水平的落后很大程度上是由于师资水平有限的原因，因此 HEC 设立了高校教师发展项目，为国内公立大学的教师提供系统的、丰富的国内外培训机会。在国内，HEC 按照学科分类定期举办全国性质的教师培训。在国外进修方面，截至 2011 年，全国已有 1569 名教师获得赴海外读博的奖学金资助，其中 178 人获得博士学位并归国。2004 年国家还发起一项针对实力较弱大学（主要在边境地区和俾路支省）的教师读博奖学金计划。对葛马尔大学、俾路支大学等高校的高新科技、基础科学、自然科学领域教师给予出国留学读博奖学金，以平衡国内的高校教育发展不均的状况。

高校科研：巴基斯坦的高校科研水平尚不发达，基础研究设施的缺乏、科技的落后以及良好的科研环境的缺失是阻碍整体科研进步的原因。为了提高高校科研水平，高等教育委员会设置了全国高校科研津贴项目（National Research Grants Programme for Universities，NRPU）。为巴基斯坦高校中具有高水平和较强实践意义的研究项目提供经费支持。仅在 2010～2011 年度，HEC 收到 342 项申请，其中 153 项目获得资助。

巴基斯坦国内高校整体水平不算发达，但仍有个别高校在科研水平、学生质量等发面达到国际领先水平。根据英国 Quacquarelli Symonds 发布的 2012 世界大学排名，5 所巴基斯坦大学入选全球

TOP 300 排行榜。① 分别是国家科技大学（NUTS）第 108 位、卡拉奇大学（KU）第 191～200 位、阿加·汗大学（AKU）第 201～250 位、拉合尔管理学院（LUMS）第 251～300 位和拉合尔大学（UOL）第251～300 位。

巴基斯坦的著名高校有旁遮普大学、卡拉奇大学、伊斯兰堡真纳大学、白沙瓦大学国家科技大学、法蒂玛真纳医学院、拉合尔工程技术大学、费萨拉巴德农业大学等。其中旁遮普大学综合排名第一，1882 年创建于有巴基斯坦灵魂之称的拉哈尔，是亚洲排名前列的著名高校，已先后培养出 3 位诺贝尔奖获得者及许多巴基斯坦政商界杰出领袖。费萨拉巴德农业大学成立于 1906 年，是一所公立研究型综合大学，也是巴基斯坦唯一进入世界大学排名前 100 位的大学。

巴基斯坦政府鼓励高校与国外大学建立长期有效的学术交流关系，以实现博士生互访、高校教师互访以及共同合作完成科研项目。与巴基斯坦正式建立合作关系的高校有美国高校 10 多所，英、德、日、奥、澳、荷、俄罗斯等国各有 1～6 所不等。巴基斯坦与美国之间的学术交流项目比较成功。2003 年，巴基斯坦科学技术部与美国国务院签署一项科学技术合作协议，建立起促进两国的研究与教育机构在科学、技术、工程与教育领域共同发展的框架。2005 年美国国际开发总署也加入进来支持该合作项目。该项目支持美国和巴基斯坦的大学共同合作进行课题研究，课题结项年限为3 年，研究内容多集中在巴方国内急需且研究力量较薄弱的领域。2014 年 2 月 19 日，在习近平主席和巴基斯坦总统马姆努恩·侯赛因的共同见证下，中巴代表在京共同签署了《合作设立费萨拉巴德农业大学孔子学院的协议》。巴基斯坦旁遮普省的费萨拉巴德农业大学孔子学院是巴基斯坦第 3 所孔子学院，系由新疆农业大学参

---

① http：//www. pakistantoday. com. pk/2012/05/30/news/national/six － pakistani － universities － among － top － asian － universities － qs － ranking － 2012/http：// www. pakistantoday. com. pk/2012/05/30/news/national/six － pakistani － universities － among － top － asian － universities － qs － ranking － 2012/.

与合作建立。

在巴基斯坦留学的学生分为短期交流和学位学生两种。学位学生主要攻读 MBBS（医学和外科学士）、BDS（牙科学士）、BE（工程学士）、PhD（博士）等学位。2010～2011 年度巴基斯坦共接收留学生 1225 名，其中学位留学生 248 人；并分别来自世界上49 个国家。其中来自阿富汗 440 人，中国 315 人，索马里 133 人，其余分别来自土耳其、伊朗、尼泊尔、苏丹、沙特、阿联酋、约旦、泰国等国家。

九　印度高等教育概况

印度是一个有着悠久历史与丰富多样文化的国家，其高等教育的传统自古有之。但是，真正意义上的现代高等教育却是英国人所建。印度独立后，历届政府都高度重视高等教育的发展，经过多年的努力，印度建立起了庞大而复杂的高等教育体系。印度高等教育为印度培养了大批人才，在提高印度人民整体文化素质的同时，为其经济的高速发展也贡献了巨大力量。2006 年，时任印度总统卡拉姆和比哈尔邦首席部长库马尔发起复校计划，国会表决通过《那烂陀大学议案》，2009 年第四届东亚峰会亦发表《东亚峰会关于重建那烂陀大学的联合新闻声明》。由印度裔诺贝尔经济学奖得主阿马蒂亚·森执掌校长，总统则亲自挂帅总督察。印度中央政府投资 270 亿卢比，亚洲 10 多个国家集资 5 亿美元。2010 年，中国总理访印之际捐资 100 万美元。

印度高等教育包括 3 年学士课程、2 年硕士课程和 3 年博士课程。此外还有各类职业技术教育、成人教育等非正规教育。现行的印度高等教育的体制与结构如下。①行政制度：高等教育行政体制分中央政府与邦两级。中央教育行政机构为人力资源开发部，下设教育司，司下设高等教育管理局。此外，中央政府一级还设有教育研究与咨询机构，如大学拨款委员会、全国教育研究与培训委员会等。邦一级也设有专门管理教育的教育部。②大学类型：由于印度

附录4 亚非地区部分非通用语国家高等教育概况

大学的主要体制为承袭伦敦大学的大学与学院附属制，因此印度的高等机构包括大学与学院两种，此外还有一些可以授予证书（Diploma）的函授机构。大学有附属性大学、单一大学、联合大学三种，附属性大学主要管理所属学院的考试与证书颁发，大多数不承担教学科研任务；单一制大学指全权负责教学科研工作，如一些农业大学、女子大学等；联合大学指大学与其学院同处一地，共同合作从事教学科研活动。学院包括大学学院与附属学院两种。大学的学院在大学校区内，而附属学院在《大学法》规定的区域内附属某所大学，提供能够参加大学考试的课程，课程设置与教学大纲受大学认同。③内部管理结构：印度大学的内部管理结构由大学校长、大学副校长与学院院长组成。大学校长为虚职，是一种荣誉称号；大学副校长是学校的实际领导。学院院长是大学的关键组织者，负责学院的一切事务。

高等教育规模（高校数量）：印度的高等教育规模世界排名第一，其高等教育机构分为大学（University Level）、学院（College）以及类似成人教育能够授予证书的证书函授机构（Diploma-granting Institution）。根据印度人力资源部2011年的统计，截至2011年12月，印度的高等教育机构数量为：大学659所，其中中央大学159所，邦一级大学316所，私立大学191所；学院33023所。其中中央一级学院669所，邦级学院13024所，私立学院19930所；证书函授机构12748所，函授机构中没有中央一级的机构，邦立为3207所，私立为9541所。2011年，高校登记学生为2590万人，规模仅次于中国，居世界第二位。其中在校生为2170万人，本科学生规模最大，有1620万人，硕士生为220万人，博士生为10万人，证书课程学生人数约为330万人。此外还有约420万名接受远程高等教育的非在校学生。

学科与专业：印度高等教育学科主要分为普通学科与专业学科两大类。普通学科包括艺术学，理学，商学，教育学，专业课程包括，工程学医学、管理学、法学、农学、建筑学及其他。其中艺术学科包括人类学，社会学，语言学等；理学包括基础理学、家庭理学和计算机科学以及计算机应用科学。

人才培养模式：印度的高等教育指导方针指出："高等教育的总任务是传播知识、不断探索新知识、努力探测生活的意义和提高专业教育，以满足我们社会的各种职业的需要。"

印度《十一五规划》中，有关高等教育的基本原则有三点：扩大高等教育规模；追求教育质量提升和卓越；发展全纳性高等教育。

师资队伍情况：2008 年，高等教育教师情况：学院（higher secondary schools）951817 人，大学及大学附属学院教师人数为652665 人。

印度高校分附属性大学、单一性大学、联合大学以及各大学学院、附属学院等类型，其高校特色总体来说，注重应用性，注重创造性思维，特别是农业、科技等单一性大学注重职业教育。

印度著名的大学有德里大学、印度理工学院、加尔各答大学、马德拉斯大学、巴拉蒂尔大学等。各类全球大学排行榜中，印度高校无一跻身百强。2010 年，由英国著名高等教育研究机构公布的2010 年世界大学排行榜中，排在前 200 名的印度大学有 1 所，为印度孟买理工大学，排名由 2009 年的第 163 名下降到今年的第 187名。此外，德里理工大学则由 2009 年的第 181 名降至第 202 名，被挤出了前 200 名的行列。印度德里大学排名是 371 名，其在 2009年的排位中是第 291 名，整整下降了 80 名。在这份榜单中今年公布的亚洲前 200 名大学中，印度占据了 12 个席位，分别是印度孟买理工大学（IITB）排在第 36 名，坎普尔理工大学（IITK）第 37名，德里理工大学（IITD）第 39 名，马德拉斯理工大学（IITM）第 53 名，克勒各布尔理工大学（IITKGP）第 57 名，古瓦哈提理工大学（IITG）第 66 名，德里大学第 67 名，鲁尔基理工大学（IITR）第 75 名，海德拉巴大学第 81 名，孟买大学第 96 名，加尔各答大学第 99 名，普纳大学第 109 名。印度高校在世界范围内最受认可的是其理工学院，即其 IT 学科。印度理工学院（Indian Institute of Technology，简称 IIT）是由印度政府所建设和组成的七间自治工程与技术学院。在学术界具有世界声誉，被称为印度"科学皇冠上的瑰宝"，是印度最顶尖的工程教育与研究机构。

印度自20世纪末才开始向全世界开放，自2004年开始面向世界做教育推广工作。

目前，在印外国留学生以接受本科学历教育、语言学习和文科专业为主，且多数留学生为自费生，近年来随着印度软、硬件教育基础设施的进一步改善，在印外国留学生接受学历教育的水平不断提高。在印外国留学生生源主要来源于非洲及其周边国家，以读文科专业为主。1989～1990年度在印外国留学生数最多的9个国家分别是肯尼亚、尼泊尔、孟加拉、埃塞俄比亚、毛里求斯、苏丹、泰国、乌干达和不丹，而1999～2000年度在印外国留学生数最多的9个国家分别是肯尼亚、尼泊尔、孟加拉、埃塞俄比亚、毛里求斯、苏丹、泰国、乌干达和卢旺达。因此可以看出，在印外国留学生中大多数来自于西亚、印度周边的南亚、东南亚和北非等国家。目前在印度留学的中国学生不多，据不完全统计，每年约有2000人，主要集中在医学、计算机等专业。

十　斯里兰卡高等教育概况

斯里兰卡分管教育的政府部门主要有教育部和高等教育部。前者负责中小学教育工作，后者负责高等教育事务，后者下设大学教育资助委员会（University Grants Commission，简称UGC）。高教部部长全面负责国内高等教育大政方针制定及大学相关法案的执行情况。根据斯里兰卡大学法案的相关规定，1978年斯里兰卡成立大学教育资助委员会，旨在统筹高教资源，具体管理高教事务。大学教育资助委员会主要有以下五大职能：① 根据国家相关法律，规划和协调国内高等教育；②向国内各大高等教育机构划拨由国会批准的高等教育经费，并监督和控制高等教育机构的开支；③维持高等教育机构学术水平；④管理和监管国内高等教育机构；⑤监管高等教育机构的招生工作。大学教育资助委员会设主席、副主席各 1 名，其他主要成员 5 名；以上成员均由总统委任。

斯里兰卡的大学是独立法人团体，大学校长由总统提名，任期5 年；副校长由所在大学校务委员会推荐，总统委任，任期 3 年，并且连任不得超过两届。佛教是斯里兰卡的国教，斯里兰卡大学校长一般由国内德高望重的长老来担任，为名誉职位，副校长负责学校的日常行政管理，是实际的负责人。

斯里兰卡有 15 所大学，分布在 9 个省级行政区，① 分别成立于1942～2005 年。如科伦坡大学、佩拉德尼亚大学、凯拉尼亚大学、斯里贾亚瓦德纳大学、莫拉图瓦大学等，此外还有法学院、医学院、师范学院、国防学院等高等专科大学。大专院校根据每年招生名额，从高级程度考试合格者中择优录取学生。宗教教育在斯里兰卡相当兴盛。佛教、印度教、伊斯兰教和天主教等在斯里兰卡都有自己开办的学校。佛学校 561 所，传授基础文化知识和佛教常识，学生毕业后可参加大学招生考试。高等佛学院 3 所，培养佛学学者和寺院长老。学生毕业后经考试合格可获得学者称号。除大学以外，斯里兰卡目前还设有 7 所研究生院，涉及医学、农业、巴利语与佛教、考古、管理、自然科学和英语 7 个领域。此外还有 9 个研究院，涉及人力资源、斯里兰卡传统医学、计算机、图书馆与信息技术、美学等学科。斯里兰卡高校的国际排名情况比较落后，尚无一所大学进入全球前 1000 名。②

截至 2010 年，斯里兰卡高等教育机构在校学生共有 108221人，其中 15 所大学共有学生 97864 人，7 所研究生院共有学生5709 人，9 所研究院共有学生 4648 人，男女生比例是 42∶58；全国高等教育机构教职工共计 15670 人，大学、研究生院和研究院分别为 14796 人、244 人和 630 人。③ 2005～2010 年高等教育投入所占 GDP 的 比 例 分 别 为：0.50%，0.43%，0.38%，0.31%，

---

① *Sri Lanka University Statistics 2010*, University Grants Commission, Colombo, 2010, p. 1.

② http：//www. mohe. gov. lk/index. php/en/component/university/？view = rank&Itemid = 292.

③ *Sri Lanka University Statistics 2010*, University Grants Commission, Colombo, 2010, pp. 3 - 4.

0.29%，0.27%。2008～2010年研究生招生人数分别为1816人、2972人、3614人；博士生招生人数分别为813人、1799人、1966人。

斯里兰卡高等教育机构主要学科分类有：①文科：人口学，地理学，语言学，历史学，政治学，经济学，社会学，国际关系学等；②教育学科：教育心理学，人类教育学，自然科学教育学，自然技术教育学等；③法律学科：公共国际法学，隐私及比较法律学，经济法学等；④经济管理学科：会计学，财务学，管理学，商务经济学，人力资源管理学，市场经济学等；⑤医学学科：解剖学，内科学，法医与毒理学，寄生物虫学、精神病学，生化分子学，微生物学，妇产科学，药剂学等；⑥科学学科：应用科学，植物科学，动物科学，物理学，化学，核科学等；⑦农业学科：农业生物学，农业工程学，食物科技，农业经济与管理学，土壤学等；⑧工程学科：化学工程，材料学，技术管理学，电子工程学，纺织学，计算机技术，建筑学等。

高校教师发展：斯里兰卡各高校人才培养均分为本科、硕士和博士3个层次。截至2010年，斯里兰卡全国高等教育系统共有教授与副教授518名，高级讲师2105名，讲师与助教共计1718名，行政管理与教辅人员共计9259人。高教部设立了多个高校教师发展项目，为国内大学教师提供系统的、丰富的国内外培训机会；许多斯里兰卡大学教师拥有欧美国家（特别是英联邦）高校授予的学位。

斯里兰卡政府鼓励国内高等教育机构与国外高等教学和研究机构之间建立学术交流与合作关系，以实现高校教师互访、博士生互访以及共同合作完成科研项目。斯里兰卡高等教学机构大多为英联邦大学组织和国际大学组织成员。与斯里兰卡正式建立合作关系的高校有澳大利亚、加拿大、德国、中国、印度、挪威、新加坡、瑞典、英国、美国等各国高校。政府间建立教育合作的有联合国、欧盟、瑞典等国家和国际组织。

由于国内此前"猛虎组织"带来的安全隐患，斯里兰卡接收国外自费留学生较少。2009 年国内恢复和平之后，斯里兰卡重申成为国际教育中心的目标，如 2013 年 6 月表示要吸引更多的外国分校到斯里兰卡，同时想要将本地大学打造为世界一流大学。由于斯里兰卡是著名的佛教国家，佛教研究在国际上享有盛誉，因此吸引了许多来自中国、马来西亚、新加坡、日本等国家的比丘（佛教指和尚）和比丘尼到斯里兰卡高校或研究生院学习佛法。

斯里兰卡高教部向世界各大洲近 40 个国家提供斯里兰卡总统奖学金，资助到斯里兰卡高校机构留学的各国留学生，促进斯里兰卡国际教育交流。斯里兰卡总统奖学金除了全额免除学费以外，还提供往返国际机票、生活费、安置费等资助。斯里兰卡计划到 2020 年吸引 10 万名外国学生。斯里兰卡高教部部长表示："我们想要将斯里兰卡变为最具有成本效益的优质教育中心。我们以合适的价格提供优质的高等教育学位、文凭、硕士和博士学位。另外，外国留学生在斯里兰卡的花费相比较其他国家而言将会便宜很多。"世界银行 2012 年报告曾指出，对于外国学生来说，斯里兰卡在很多方面具有吸引力，例如美丽的风景、多元文化社会、英语教学的可能性、适中的价格和积极的政府。但是，世行同样指出了斯里兰卡高等教育的弱势，包括：许多校园设施不足、周期性罢工、质量方面信息不足和学术研究能力有限等问题。

十一　土耳其高等教育概况[①]

土耳其高等教育机构的主体是普通高等学校（即大学），此外还有军事高校和警察学校。公立职业高等学校（meslek yüksekokulları）和科研院所则附属于各个大学，不作为单独的高教机构存在，除此之外还有少量的私立高等职业学校。根据资金来源的不同，土耳其

---

① DOĞRAMACI, İhsan, *Türkiye' de ve Dünyada Yükseköğretim Yönetimi*, Ankara: METEKSAN A. Ş. , 2007.

附录4 亚非地区部分非通用语国家高等教育概况

的大学又可以分为国立大学（即公立大学）和基金会大学（即私立大学）两类。

从教育层次上来看，土耳其高等教育主要包括预科（通常为 2 年制）、本科（一般为 4 年制，药学、医学专业分别为 5 年制和 6 年制）、硕士研究生（通常为 2 年或 2 年半学制）和博士研究生（通常为 4 年制）4 个层次。从教育类型上看，土耳其高等教育分主要为全日制、在职教育、函授三类。[①]

土耳其高校的招生考试程序具有鲜明的特点。从考试制度来看，和我国不同的是，土耳其的高考分两个阶段进行，第一阶段的考试叫作"高等教育资格考试"（Yükseköğretime Geçiş Sınavı，缩写为 YGS），第二阶段的考试叫作"本科选派考试"（Lisans Yerleştirme Sınavı，缩写为 LYS）。YGS 考试通常在 4 月份进行，考试只有 1 场，时间 160 分钟，包括语文、数学、文综、理综 4 大科目。考生的 YGS 成绩只有达到国家划定的分数线才可报名参加下一阶段的 LYS 考试。LYS 考试通常在 6 月份进行，考试包括 5 个科目：语文及地理 I、数学、理综（理、化、生）、文综（地理 II、史、哲）、外语。5 个科目各为一场，在互不冲突的五个时段进行。和第一阶段的 YGS 考试不同的是，对于这 5 门考试，考生只需根据自己的科目优势及拟报专业的计分要求参加其中的 1~2 门。另外，从考试内容上来看，就同一科目而言，YGS 与 LYS 的试题难度分别对应教学考试大纲中要求掌握的不同层次，作为第二阶段考试的 LYS，其知识专业性和难度都大于第一阶段的 YGS。[②]

就机构数量而言，截至 2011 年，土耳其国内共有高等教育机构 182 所。其中大学 165 所（103 所公立大学，62 所私立大学），军（警）校 10 所，私立高等职业教育学校 7 所。在学生数量方面，截至 2011 年，土耳其高等教育机构中在读学生人数约为 381.7 万人，这一数字在 1984 年仅为 32.2 万人。土耳其高等教育

---

① 关于土耳其高校分类，主要参考 YÖK（2010）。
② 关于土耳其高考的相关情况主要参考 ÖSYM（2014）。

301

学生近90%集中在公立大学。从教育层次上看，总人数的近70%集中在本科层次。

在土耳其，大学正式在编的教师被称作"教学成员"（öğretim üyesi），可以认为大致与我国的"专任教师"这一说法对应，土耳其大学的"教学成员"拥有包括助理副教授（yardımcı doçent）、副教授（doçent）和教授（profesör）在内的学术职称。但无论职称高低，教学成员都必须具有博士学位。对于这些正式在编的教师，其每周在大学里的工作时间必须达到国家相关标准。在不影响教学工作的情况下，在编教师可以在校外兼职，但兼职不能超过一定时长，且必须提前取得学校方面的许可。在"教学成员"之外的教师统称为"教学助理"（öğretim yardımcısı），此类教师不要求具有博士学位，也没有职称。具体来说，教学助理人员主要包括教学职员（öğretim görevlisi）、讲师（okutman）、助教（araştırma görevlisi）等。其中，教学职员归学院领导，教授专业课，讲师归学校领导，主要教授大学英语、大学语文等公共必修课，助教则是协助教授、副教授等开展教学工作的硕士或博士在读学生。① 截至2011年，土耳其高等教育机构中具有博士学位的在编教师（包括教授、副教授、助理副教授）在教师总人数中所占比例约为41%。

从土耳其国内来看，成立于2009年的中东科技大学信息研究所大学排名实验室是目前土耳其国内最知名的大学评测机构之一，在该实验室公布的2013年度土耳其大学综合排名中，前五名依次是哈吉提派大学、中东科技大学、伊斯坦布尔大学、伊斯坦布尔科技大学、爱琴大学，另外2所名校安卡拉大学和海峡大学紧随其后分别居第6、第7位。该排名的主要参考指标包括发表论文数量、在读博士生人数、学生教师人数比等。根据该实验室2012年的评估结果，社会科学领域排名中，中东科技大学位居第一，第二名是

---

① 关于土耳其高校教师类别，主要参考维基百科 öğretim üyesi、öğretim yardımcısı 等词条。

哈吉提派大学；在理工科排名中，前两名依次是中东科技大学和伊斯坦布尔科技大学。

　　从全球来看，在世界大学的排名体系中，较有影响力的有英国泰晤士高等教育（Times Higher Education）发布的 THE 世界大学排名、上海交通大学世界一流大学研究中心发布的世界大学学术排名 ARWU 等。根据前者发布的 2013 ~ 2014 年度全球大学排名，土耳其大学中排名最靠前的 3 所是海峡大学（第 199 位）、伊斯坦布尔科技大学（第 201 ~ 225 位）、中东科技大学（第 201 ~ 225 位）。在该排名中 2 所土耳其私立大学的位置也比较靠前，分别是比尔坎特大学（第 226 ~ 250 位）和阔奇大学（第 276 ~ 300 位）。而根据上海交通大学世界一流大学研究中心发布的 2013 年世界大学学术排名，进入 500 强的唯一一所土耳其大学是伊斯坦布尔大学（第 401 ~ 500 位）。

　　从整体来看，土耳其高等教育已经形成了比较完善的体系，尤其是进入 21 世纪以来高等教育发展迅速，大学综合实力在发展中国家中也比较突出。可以看到，当前土耳其高等教育具有以下特点：大学招生具有较强的针对性和灵活性，高校在编教师学历普遍较高，私立大学与国立大学协调发展等。另外一点值得注意的是，在土耳其政府多年来谋求加入欧盟的大背景下，该国也十分重视高等教育的国际化，并做出了旨在将高等教育同欧洲接轨的具体规划。

十二　伊朗高等教育概况①

　　伊朗高校主要分为公立大学与私立大学。截至 2009 年，公立大学的数量为 103 所，私立大学多达 300 余所，在校学生人数达到

---

① 彭树智主编，王新中、冀开运著《中东国家通史 伊朗卷》，商务印书馆，2002；张振国主编《未成功的现代化：关于巴列维的"白色革命"研究》，北京大学出版社，1993；Ali Pour - Moghaddas，"Higher Education and Development in Iran，" *Higher Education*，Vol. 4，No. 3，pp. 369 - 375。

335 万人，51% 在私立教育机构，其中学生人数最为庞大的是伊斯兰自由大学。伊斯兰自由大学成立于 1981 年，是目前伊朗最大的高等教育机构，有 350 个校区；除伊朗境内还在迪拜、黎巴嫩、阿富汗、亚美尼亚等地拥有国际分支。私立大学单独设立入学考试，但远没有公立大学的入学考试竞争激烈，而且私立大学所有科目课程必须得到伊朗最高文化革命委员会的批准以及科研技术部的认可。伊朗大学校长由高等教育部任命，副校长则由校长任命。校长通常负责校内事务管理，所有公立大学的经费则由国家财政统一划拨，高等教育部下设大学拨款委员会，其成员大多由政府官员和有声望的教授构成。大学拨款委员会根据各大学的学生数量、师生比例、学术研究成果、学生入学分数等确定拨款额度。另外，国家对营利性大学和私立大学有一定的财政补贴，此举也刺激了社会力量创办私立大学的积极性。伊朗目前接受高等教育的人数大约占总人口的 5%。2008 年，研究生的人数已增至 40000，近年更是呈逐年上升的趋势。与此同时，伊朗高校师资人数也翻了一番。2009 年，教育经费投入约占国民生产总值的 4.7%。

伊朗目前的高等教育体系包括课程教育及学位资格的授予：①副学士学位：该学位课程提供 5 年整合的二、三级中等教育或 2~3 年的中学后教育资格。5 年整合教育包括 3 年的职业或技术院校的中等教育和 2 年的学院或其他同等教育机构的高等教育。学生在完成前 3 年中等教育后如选择中止学业，可获得技术高中文凭；选择继续完成 5 年教育的可获得一所技术类大学的免修学分。②学士学位课：该学位课程要求学生在大学或其他高等教育机构完成 4 年全日制 140~146 学分的学习。牙科、药剂学、兽医专业要求 6 年全日制学习，医学专业要求 7 年全日制学习。学生必须取得至少 12 分（满分 20 分）的成绩方可获得学位授予。完成 2 年课程和副学士学位的可获得非连续学士学位。伊朗各级教育体系均采用 0~20 分评价等级，高等教育体系中，本科阶段测试成绩的最低通过分数为 10 分，硕士阶段为 12 分，博士阶段为 14 分。③硕士学位：该学位课程要求学生在高等教育机构完成 30~45 学分的学习，平均成绩至少 14 分（满分 20 分），同时还必须完成一篇论文。硕士课程学时一般为 2 年。专业学位依照各个专业要求完成 190～290 学分的学习。医学专业要求 290 学分，7 个学期、一篇论文以及 9 个月的实习。④博士学位：该学位课程要求学生在高等教育机构完成 12～30 学分的学习，一项综合考试，一篇学术论文的答辩及出版，所有课程的平均成绩至少 14 分（满分 20 分）。博士课程学时一般为 3～6 年。

在出国留学方面，伊朗自 20 世纪初期就开始派遣留学生赴欧访学，法国、德国是主要的留学目的地。1926 年，第一批受政府资助的 20 名伊朗学生赴法国留学。1932 年，巴列维政府时期，110 名学生通过考试获得伊朗政府奖学金赴法国留学。此外还有大批私人资助的留学生赴法。1938 年，伊朗巴列维政府颁布法令禁止学生凭私人资助出国攻读学位。伊斯兰革命爆发后，大批伊朗人移民海外，海外的伊朗留学生人数出现激增，赴美国、加拿大留学的人数大幅上升。根据国际教育协会 2011 年度的报告，在美国的伊朗留学生人数比上一年度增加了 19%，成为 25 个主要留学生来源地。然而，近些年由于受到国际制裁的影响，为数众多的赴欧美求学的伊朗留学生时常遭遇到银行账户冻结、学生贷款取消发放、入学申请被拒等不公正待遇。

有来自全球 92 个国家的约 14000 余名学生在伊朗高校就读；如将在伊朗穆斯塔法国际大学（伦敦伊斯兰学院）就读的约 12000 余名学生计算在内，目前有 26000 千余名国际学生在伊朗高等教育体系中接受教育。随着国际形势的不断变更，中国逐渐成为伊朗留学生的又一留学目的地，中伊两国间的高等教育交流与合作也日益增加。1996 年，伊朗贝赫什提大学设立中文系并招收本科生，同时与上海外国语大学达成校际交流协议，双方互派师资。截至 2012 年，该校中文专业本科毕业生共计 127 名。2009 年，由云南大学与德黑兰大学合作的伊朗第一所孔子学院在德黑兰大学建成。2013 年，塔巴塔巴依大学文学院也开设了中文专业。随着中伊两国政治、经济、人文等各领域的交流与合作不断深入，近年来获取伊朗政府及中国政府、中国高校奖学金的伊朗留学生人数也逐年增加。

目前，伊朗政府对本土高等教育的发展愈加重视，伊朗高校的教育水准及其在亚洲、全球的认可度也稳步上升。全国高等院校发表的学术论文被国际科学索引所引用的次数也逐年有所增加。2010年的世界大学学术排名，伊朗德黑兰大学名列世界前500所知名大学，位居第401位。2011、2012年，德黑兰大学曾入选上海交通大学世界大学学术排名（ARWU）的世界前400所大学之列（301~400），其中计算机学科的排名曾进入世界前200名（151~200，2012、2013）。沙里夫科技大学也曾被时代高等教育推选为世界前350所大学行列之中，2013年泰晤士高等教育世界大学排名中，伊朗沙里夫科技大学的排名已由2011年度的301~350位升至251~275位。

十三　朝鲜高等教育概况①

截至21世纪初，朝鲜全国共有280多所正规大学，除此之外，还有约计600多所的体育、艺术类专科学校及技术专科学校。朝鲜已经形成了适合自己国情的门类齐全的高等教育结构体系：一是普通高等教育体系，即全日制教育体系；一是"边工作边学习"的成人教育体系，即脱产或业余的高等继续教育体系。普通高等教育体系按其任务，可分为综合大学、中心大学以及单科大学、高等专科学校、特殊大学、研究院和博士院等几大类。其中，综合大学、中心大学负责培养社会科学及自然科学各个领域的干部，单科大学主要培养特定领域的专业技术人员，高等专科学校主要培养生产一线的技术人才，特殊大学主要培养专业领域所需要的特殊专业人

---

① 孙文正：《学习之国——朝鲜现行教育体制的构成及主要特点》，《中国农村教育》2001年第6期，第1页；金昌浩：《朝鲜教育史3》，平壤：朝鲜社会科学出版社，1990，第212~213页；张芳：《中、韩、朝高等教育比较研究》，《语文学刊》2012年第1期，第15页；통일부：북한인민학교교육 및 학생생활，1998。

才。研究院和博士院是培养副博士和博士学位的高级专门人才的机关，主要附设在金日成综合大学、金策工业综合大学等重点大学以及各类科学院等专门从事科研工作的单位。研究院主要负责培养副博士学位的研究生，学制为 3 年，博士院主要负责培养博士学位的研究生，学制为 2 年。特殊大学主要培养政治、经济等专业领域所需要的特殊专业人才。如：培养青年干部的金星政治大学、培养外交官的国际关系大学、培养生产管理和经济领域干部的人民经济大学等。"边工作边学习"的成人高等教育体系包括工厂大学和工厂高等专科学校、农场大学、渔场大学以及高等院校附设函授部和夜授部、电视大学等。朝鲜实行中央集中统一的教育管理体制，国家负责投资和管理各级各类教育部门，劳动党中央委员会科学教育部负责对教育工作进行指导与监督。内阁教育省负责根据劳动党的方针，贯彻具体教育政策，建立科学的教育行政指导体系，保证高等学校办学规范化。

朝鲜的高校从领导和管理体系上可分为党中央所属体系和政务院教育委员会所属体系两部分。直属党中央的有培养党政干部的中央高级党校、马列主义学院、松都政治经济大学、培养经济管理干部的平壤人民经济大学、培养群众团体干部的金星政治大学及国际关系大学等。属于这个体系的还有归各道（直辖市）领导的共产大学。金日成综合大学作为全国最高学府直属于政务院；全日制单科大学则归高等教育部管辖；中央一级的师范系统大学，属于普通教育部所辖；各道（直辖市）设立的以培养地方人才为主的各单科大学——农业大学、医科大学、师范大学（培养中学教师）、教员大学（培养小学教师、幼儿园教养员）等由道（直辖市）行政委员会直接领导和管理；工厂大学则由有关厂矿企业管理，并受高等教育部间接领导。朝鲜大学并不是单纯的学术机构，而是实现以朝鲜劳动党为中心的社会主义革命的助力机构，是以培养社会各级干部为目的的技能型机构。换言之，在朝鲜，大学比起单纯的学术追求，更重视其贡献社会的实用价值。而随着大学的根本目标变成了维持社会的稳定，其教育内容和方式也呈现出与国外大学不同的特点。另外，由于朝鲜大学强调技能的特点，导致朝鲜理工科大学的比重远远高于文科大学。朝鲜的文科大学在所有大学中的比重不及10%，而理工科大学（包括医药科大学）在整体所占比重超过了70%；同时，由于过于偏重技能，朝鲜绝大部分的大学都是单科大学，而综合性大学仅有3所，其中同时包含人文社会及理工专业（包含医药科）的大学只有金日成综合大学一所。如此不平衡的比例使朝鲜社会呈现出严重偏重技能、人文学科人才紧缺的态势。

朝鲜高校的师资与教学：朝鲜大学都建有严格的教学制度，一经决定的教学计划，教师只有彻底执行的义务，而不能有任何改动的权力。为了确保教学计划的顺利进行，朝鲜各大学根据教学大纲，规定大学一般教师的教学时数，每年平均为1000学时。在朝鲜，大学教师职称有助教员、教员、上级教员、副教授和教授。原则上副教授应是准博士学位、教授应是博士学位的获得者。朝鲜大学的教学课程大致分为三大类，即，一般基础课程、专业基础课程及专业课程。一般基础课程包含全体大学都开设的必修课程以及基于专业开设的必修课，前者课程包括党革命史、党政策等课程，后者课程根据不同专业会有不同的科目。大学专业课程很重视学生讨论，一般来说，自然科学专业教师讲授与学生讨论的比例为3:1或4:1，社会科学专业则为2:1或3:1。

经过60余年的改革与发展，朝鲜普通高等教育体制已形成了自己的优势与特色。主要体现在如下四个方面：①全面的免费教育制度以及国家奖学金制度，大学生和专科学校的学生都享受国家发给的助学金；②注重高等院校的布局，根据地方情况，大批成立地方大学；③突出政治思想教育，根据党的政策要求组织教学工作，将教学内容党政策化；④理论教育与实践教育相结合，课堂教育与生产劳动相结合，注重培养应用能力。

著名高等学府有金日成综合大学、金策工业综合大学、金亨稷师范大学和人民经济大学等。

十四　韩国高等教育概况

20 世纪 70 年代初，韩国制定了"教育立国、科技兴邦"的发展战略，推行"巩固初等义务教育、普及中等教育、提高高等教育、加强职业技术教育"的方针。1966～1995 年，韩国用两个 15 年实现了高等教育毛入学率从 5% 到 15% 再到 50% 的跨越式发展。从 20 世纪 80 年代末到 21 世纪初，韩国的高等教育逐步实现了大众化，从 21 世纪初开始走上高等教育普及化的道路，在国家科技、经济和社会发展中发挥了重要作用。截至 2010 年，韩国高等教育毛入学率已达到 79%，成为世界上高教发展速度最快的国家之一。1996 年和 2006 年，韩国先后启动了旨在进一步提升高等教育的"面向 21 世纪的智力韩国计划"和"世界一流大学计划"。韩国政府共投入 1.4 万亿韩元来提高大学的研究能力，7 年间培养了大量具有硕士和博士学位的具有国际竞争力的人才。由于新培养的研究型人才在社会发展中发挥了积极作用，教育环境在很大程度上得到改善。2006 年韩国政府提出第二轮 21 世纪智力韩国计划，计划分 7 年对大学投入 2.03 万亿韩元。[①] 为了加快国内大学迈入世界级水准大学行列的步伐，韩国教育科学技术部于 2008 年 6 月底，发表了培育"世界高水平研究中心大学（World Class University，简称 WCU）计划"实施方案以加快培育世界级高水平优秀大学。2008 年，韩国政府对入选的重点高校投资韩币 1650 亿元（合 1.65 亿美元），今后 5 年内共投资 8250 亿韩元（合 8.25 亿美元），使之到 2012 年达到世界先进水平。[②]

韩国大学主要分为综合大学、产业大学、教育大学、专门大学、广播通信大学、技术大学，以及职业技术学校 7 种类型。韩国

---

① 唐小平、尹玉玲：《韩国高等教育质量保障制度探析》，《世界教育信息》2013 年第 21 期，第 38～39 页。

② 张雷生：《韩国高等教育政策改革最新动向》，《现代教育管理》2010 年第 8 期，第 112 页。

私立大学的比例约为 74.6%，国立大学约为 25.4%，近 3/4 的学生在私立大学学习。[①] 按照办学形式可以分为全日制和非全日制两种，目前大学校和学院（含大学院即研究生院）、专门大学、教育大学、高等专门学校多为全日制办学模式，产业大学、广播函授大学、虚拟大学等属于非全日制模式。按学年制划分为两类：一类是 2~3 年制的专门大学，一类是 4 年制的大学/学院。到 2008 年共有高校 405 所，研究生院 1018 所，高校学生 3267441 人，高校教师 73072 人。[②] 首尔大学是韩国的最高学府，世界著名大学、亚洲顶尖的研究型国立综合大学。在 2014~2015 年 QS 世界大学排名中，首尔大学排名全球大学第 31 位，亚洲大学第 4 位，韩国大学第 1 位。延世大学、高丽大学、韩国科学技术院和浦项工科大学等在国际上也享有较高声誉。

韩国教育部为提高大学国际化办学水平，扩大学生交流，改善大学基础设施条件，增加外国专家和教师比例，鼓励高校增加外语授课课程和"对外韩语"课程。同时，建立与国际交流相关的综合网络系统，将大学评估、财政拨款与学校的国际化发展情况直接挂钩，针对国内大学设立的海外分校建立统一的质量管理体系，与驻外使领馆、国际教育振兴院等机构之间建立合作联网系统，促进国际交流。[③] 韩国法务部 2015 年 10 月 26 日发表《留学生居留情况》报告，数据显示，截至 9 月末，在韩留学生共计 10.2117 万人，这是自 1960 年实施统计后首次突破"10 万人"大关。20 世纪 90 年代，在韩留学生不过 1000 余名，但此后借助"韩流"的影响力，一直呈现几何数级式增长。目前韩国赋予留学生的签证主要分为三类，在韩国国内攻读本科、硕士、博士课程的留学生可获得 D-2 签证，持有这类签证的在韩留学生共计 7.3909 万

① 唐小平、尹玉玲：《韩国高等教育质量保障制度探析》，《世界教育信息》2013 年第 21 期，第 38 页。
② 武鹏：《韩国高等教育发展的现状与问题》，《当代世界》2010 年第 5 期，第 44 页。
③ 张雷生：《韩国高等教育政策改革最新动向》，《现代教育管理》2010 年第 8 期，第 113 页。

人；从 2004 年开始，在韩国进行语言研修的留学生可获得 D－4－1 签证；从 2014 年开始，在韩国进行非韩语语言研修的学生可获得 D－4－7 签证。持有其他两种语言研修签证的在韩留学生人数也接近 3 万人。从国籍来看，中国大陆留学生共计 6.194 万人，比例超过 60%。越南、蒙古留学生人数分别为 6953 人和 4358 人，居第二、第三位。其次分别为：日本 2658 人、美国 1524 人。韩国教育部计划在 2020 年达到在韩留学生人数破 20 万的目标。①

十五　坦桑尼亚高等教育概况

20 世纪 80 年代中期以来，坦桑尼亚政府在进行政治和经济改革的同时，采取了一系列的政策措施，对高等教育进行了改革。主要政策措施有：建立科学技术和高等教育部；鼓励私人投资发展高等教育；高校实行费用分担政策等。再加上国际社会的支持，坦桑尼亚的高等教育取得了较快的发展。到 2006 年，坦桑尼亚高教和科学技术部直属院校共有 11 所（均属公立院校），即达累斯萨拉姆大学、穆希姆比利大学、土木建筑研究学院、索考伊农业大学、坦桑尼亚开放大学（OUT）、穆祖贝大学（MU）、桑给巴尔国立大学（SUZ）、莫希合作化和商业研究学院（MUCCBS）、达累斯萨拉姆工学院、姆贝亚技术学院（MIT）、阿鲁沙技术学院（TCA）。② 另有 9 所公立院校归高教和科技部以外的部委管辖，其中有坦桑尼亚会计学院、社会工作学院、财政管理学院、商业教育学院、国立交通学院等。2005～2006 年，坦桑尼亚有私立大学 9 所，私立大学学院 9 所，私立专科学校 2 所，均归高教和科技部管辖，其中著名的私立院校有图迈尼大学、坦桑尼亚圣·奥古斯丁大学。坦桑尼

---

① http：//www.chinanews.com/hr/2015/10－27/7591288.shtml，中国新闻网。

② Ministry of Higher Education, Science and Technology (MHEST), *List of Higher Learning Institutions* (2006), http：//www.tanzania.go.tz/educationf.html.

亚高等教育审查委员会把本国的高等院校按办学水平分为三类,即大学、大学学院和专科学校。坦桑尼亚政府提出的目标是,到 20 世纪末拥有 4 所大学(含 1 所科技大学)。① 按照坦桑尼亚教育和文化部制定的"教育和培训政策"(1995)的规定,学士学位需要 3 年的全日制学习;学士之后攻读硕士学位需要 2~3 年;硕士学位之后攻读博士学位一般需要 3 年。② 总的来看,坦桑尼亚高校学生的入学率偏低。1995 年以来,政府采取一系列积极的措施,高等院校学生入学率逐步得到提高。同时,随着中学数量和高中毕业生数量的不断增加,国内高等院校的生源也在不断扩展。1999~2000 年度,全国大学生平均入学批准率达到 52%。在 2001~2002 学年,15 所公立大专院校仅招收 2475 名学生,11 所私立大学和学院招收 787 名学生。

在坦桑尼亚的诸所高校中,最著名的当属达累斯萨拉姆大学。该校直属高教和科技部,是坦桑尼亚唯一的门类齐全的综合性大学,也是科学研究中心。该校共有 6 个校区,即主校区、穆希姆比利医学院、土木建筑研究学院、达累斯萨拉姆教育学院、姆克瓦瓦教育学院和海洋科学研究院。除海洋科学研究院外,其余 4 个学院都是独立的大学学院。

坦桑尼亚高等院校的专业设置是按学位课程计划来划分的,高校的各院系提供不同的学位课程,学生按自己所选修的学位课程计划来确定专业方向。主要学科门类有文学,分为普通文学方向和教育方向;教育学;工商学;法学;理学,下设普通理学、工程学、计算机网络、电子学、地质学、教育学等学科;医学,下设临床医学、牙科学、药学、护理学等学科;建筑学,下设建筑经济、城市和乡村规划、土地勘测、土地管理和评估、环境工程等学科。坦桑尼亚高校内部的专业设置相当宽泛,有许多交叉专业。专业设置往

① 《非洲教育概括》编写组:《非洲教育概况》,中国旅游出版社,1997,第 315 页。
② Brian Cooksey & Daniel Mkude, "Higher Education in Tanzania: A Case Study – Economic, Political and Education Sector Transformations," *WENR*, Jan./Feb. 2003, Volume 16.

往是跨系设置的，专业文凭是按研究方向设置和颁发的。例如，达累斯萨拉姆大学本部的人文和社会科学学院设有斯瓦希里语系、外国语言文学系、文学系、美术和表演艺术系、地理学系、历史学系、政治学和公共管理系、经济学系、社会学和人类学系、统计学系。[①]

师资队伍情况：建国初期，坦桑尼亚高校中的教师多为从国外聘请的外籍教员，1970 年 7 月以后，坦桑尼亚致力于大学教学人员的本土化，培养本国的高学历人才。进入 21 世纪以后，随着高校招生规模的扩大，教师数量也有了较大幅度的提高。长期以来，在坦桑尼亚的许多大学，博士、教授主要集中在几个学科，而且年龄老化。从 1994 年开始，达累斯萨拉姆大学采取了一系列措施加强师资队伍建设。因此，近年来，除穆希姆比利医学院高端人才流失严重外，达累斯萨拉姆大学各校区的教师学历水平均有很大提高，到 2006 年，达累斯萨拉姆大学本部教师全部为硕士以上学历，博士学历达到 68%；教授、副教授占 21.8%。教师学科结构方面，从达累斯萨拉姆大学本部教师专业分布情况来看，文科教师的比例很高。以 2005～2006 年度为例，人文及社会科学学院、教育学院、法学院、新闻及大众传媒学院教师共有 305 人，占全校教师（695 人）的 43.9%。达累斯萨拉姆大学其他校区教师构成与本部相似，学科结构较不均衡。

教学科研情况：21 世纪以来，坦桑尼亚高等院校开始注重科研成果，教职工在学术期刊发表的论文、在各种学术会议上提交的论文、出版的著作、承担的科研课题和申请到的研究经费，均有不同程度的提高，并保持相对稳定。以达累斯萨拉姆大学为例，近年来该校科研项目的数量有所提高，显示了该大学科研成员更加积极的活动。在科研课题稳步增加的同时，研究经费总体上也在增加。科研资金来自各种渠道，包括政府拨款和私人捐赠等。2001～2002 到 2004～2005 年度，该校科研资金的投入增长近 1.5 倍。发表论

---

① UDSM, *Prospectus*（2006/2007），2006，p. 68.

文的教职工所在院系、专业分布不均衡：机械及化学工程系、斯瓦希里语研究所、海洋科学研究院、图书馆是发表论文的大户；电子及计算机工程系、教育学院、法学院、理工学院、发展研究所等单位有大量的科研课题，但所属教师和研究人员连续5年却没有一篇研究报告发表，也几乎没有论文发表。

坦桑尼亚高等教育起步较晚，加上国民经济发展长期低迷，教育经费严重短缺，致使高等教育和技术教育存在着入学率低、办学经费严重不足、学生培养成本过高、教学资源浪费率高、男女比例失衡、大学毕业生专业水平低、艾滋病的困扰多方面的问题。

坦桑尼亚多多马大学孔子学院揭牌仪式于2013年4月28日在首都多多马举行，标志着坦桑首家孔子学院正式落成。孔子学院的成立有助于巩固和推动坦中关系，增进两国人民交流的机遇。

十六　尼日利亚高等教育概况

尼日利亚大高等教育在将近半个世纪的发展历程中，综合大学、理工学院、教育学院等各类培养人才的高等教育机构从无到有、从少到多纷纷地建立起来，学生人数急剧增加，高等教育体系也在不断完善。[①] 尼日利亚是非洲大陆最富有的国家之一，仅次于南非，该国首都拉各斯的经济增长更是显著，比东非国家肯尼亚的经济还要发达。到2007年，尼日利亚的高等教育机构达到308所，包括89所大学，57所多科技术学院，90所专科学校和单科技术学院，以及72所教育学院，其中约80%是公立院校。[②]

目前，尼日利亚的高等教育体系由综合性大学、理工学院和教育学院构成，这三大类高校之间有很大的差别。尼日利亚的综合性大学是高等教育体系中层次最高的，课程分两个层次和三

---

① 楼世洲：《尼日利亚高等教育研究》，中国社会科学出版社，2009，第39～40页。
② 丹条·特弗拉、简·奈特：《非洲高等教育国际化》，浙江大学出版社，2013，第276页。

个阶段，即本科层次的学士课程，研究生层次的硕士课程和博士课程，综合大学能够在科学和人文领域授予学士、硕士和博士学位，他们大多数是由联邦政府管理，州立大学只占30%左右。理工学院（Polytechnics）又称多科技术学院，他与单科技术学院（Institutions of Technology）一起属于技术和职业院校，开设大专和本科层次的技术和职业课程，同时授予毕业文凭、技术等级证书和职业资格证书；教育学院属于专门化的教师培训学院，它们为学生从事中小学的教学生涯做准备，教育学院一般是具有大专层次的高校，其中一些教育学院在综合大学的教育监督管理之下提供学士学位课程。除这三类高校以外，尼日利亚还有数量众多的大学预科学校，一般称文科或科学预备学校，这些学校为学生直接进入综合大学和其他各类高等教育机构做准备。①

尼日利亚大学的一般文科、社会学科、理科和工科的学士学位课程是4年，而医科和牙科的学士学位课程一般是5年，从改革的趋势看目前尼日利亚大学的学士学位课程趋向5年，医科和牙科的学位课程要持续6年。学士学位课程优异者可授予一个荣誉学位，其中有单科荣誉学位课程和联合荣誉学位课程。而一些大学也设立3年的普通教育高级证书的课程体系。尼日利亚大学的硕士课程一般是1年，由于对硕士论文要求的提高和对硕士科研能力要求的不断提高，目前绝大多数的硕士学位课程都是2年。而博士学位课程是在取得硕士学位后3年，如果是硕士1年课程后就直接攻读哲学博士学位，一般需要4年才能完成学位课程。

尼日利亚大学的本科课程体系实施完全学分制，每一门课程由1~3个教学单元组成，每个教学单元的课时数是15个小时，学生通过每个单元的课时数是15个小时，学生通过每个单元课程考试后才能获得课程学分。按照课程的学术层次分为四类。第一类是必修课（Compulsory Course）。这一类课程是大学委员会规定的大学基本课程，要求本科生必须修学和通过考试。第二类是大学自行确

---

① 楼世洲:《尼日利亚高等教育研究》，中国社会科学出版社，2009，第74~75页。

定的必修课程（University Required Course）。一般是学位必修课程，学生完成这类课程才能获得大学的学士学位。第三类是推荐课程（Required Course）。这类课程是学生必须修学但不一定要考试通过。但通过这类课程的考试可获得荣誉学位。第四类是选修课（Elective Course）。选修课有一定课程数量要求，如果不能获得最少的选修课学分则不能毕业，但选修课如果已经达到最低要求的学分，超过的课程学分不影响学业成绩，即便超额选修的课程考试未通过也是如此。

学生要取得学士学位，必须在 4 年中完成最少 128 个教学单元的课程学习，并考试通过获得相应的学分。其中所有必修课程（即国家和学校规定的第一和第二类课程）必须通过考试，不能用选修课程和推荐课程的学分替代。对于大专毕业或已经取得国家教育资格证书（NCE），继续攻读本科课程者，则需在 3 年内完成 96 个课程单元的学习和取得包括第一和第二类课程的全部学分才能获得学士学位。[①]

尼日利亚高等教育面临的主要问题如下。①文理科招生严重失衡，申请就读于文科领域的学生数约占 60%，而理工科的约占 40%，这种在文、理科招生上的失衡严重影响了高等教育的发展，特别是制约了它在促进社会发展和加快经济振兴上应具有的功能。[②]②教育经费长期不足，"尼日利亚的招生规模迅速增加，但政府对大学的生均拨款持续减少。政府划拨给大学的经常性和基础性建设费用远不及大学承担的任务所需要的费用"。[③] 办学经费不足问题首先导致了大量的大学教师资源的流失。由于办学经费的不足，尼日利亚高等教育机构的基础设施的严重不足和落后也非常突出，很多学校多年不曾购买过新的图书和期刊，实验仪器和材料也长期得不到更新，90% 以上的学校、学院和大学没有因特网，有

---

① 楼世洲：《尼日利亚高等教育研究》，中国社会科学出版社，2009，第 171~173 页。
② 楼世洲：《尼日利亚高等教育研究》，中国社会科学出版社，2009，第 142~143 页。
③ 楼世洲：《尼日利亚高等教育研究》，中国社会科学出版社，2009，第 116~117 页。

64kbps 宽带的不到 2% 。在尼日利亚最为著名的伊巴丹大学，绝大多数学生要在教师的走廊上站着上课。而且学生的住宿条件也极其恶劣，有些大学根本就没有可以让学生住宿的宿舍。①③毕业生就职就业困难，用人单位则批评大学毕业生质量差，难以胜任实际工作。④合格教师资源缺乏，对大学教师的培养并没有得到很好的重视。大学教育研究经费日益紧缩，导致一大批有经验的教授、学者从尼日利亚流到国外。在岗的大学教师长期超负荷工作，疲于应付，为生存而不求质量地加班加点的教学，放弃研究及对学生研究的指导。⑤因地区差别、贫富差别和性别因素导致受高等教育程度不平衡。

在中尼教育交流方面，苏州大学和拉各斯大学已作为合作伙伴入选中国教育部 "中非大学 20 + 20 合作计划"。中国每年都会给尼日利亚提供 100 多个政府奖学金名额。2008 年 3 月，在尼日利亚东南部阿南布拉州的纳姆迪·阿齐克韦大学和中国厦门大学合作成立了尼日利亚第一所孔子学院。2009 年 10 月 16 日，尼日利亚第二所孔子学院在拉各斯大学揭牌。

十七　肯尼亚高等教育概况②

2012 年，肯尼亚新颁布第 42 号《大学法》。为确保各类高校的教学质量和规范运行，加强高校间协调合作，适应高等教育快速发展的新局面，肯尼亚教育部在原有的高等教育委员会基础上，新成立了大学教育委员会。其主要职能是：负责监督、规范国内各类高等教育机构的教学、培训和研究工作；制定相关标准，定期对国

---

① 岑建:《尼日利亚大学发展的主要问题与改革分析》,《外国教育研究》2009 年第 8 期, 第 76 页。

② Commission For University Education, Universities Standards And Guidelines, October 2014; Gudo C. O., Olel A. Maureen, Oanda O. I., "University Expansion in Kenya and Issues of Quality Education: Challenges and Opportunities," *International Journal of Business and Social Science*, Vol. 2, No. 20, November 2011, pp. 203 – 214.

内高等教育机构的办学资质进行评估、认证；对国内外教育机构颁发的学历学位证书进行审查、认证；对国内外高校开展交流合作进行审查、备案等。

肯尼亚高等教育按照办学类型主要分为：高等职业教育、学位教育和非常规教育。高等职业教育面向中学和中等职业学校的毕业生，学制为 2~3 年。主要课程有商科、会计、外语、师范、医护、计算机、文秘、旅游、新闻、烹饪、农业技术等。学生毕业后获颁结业证书（certificate）或大专文凭（diploma）。学位教育分为：大学本科教育，学制 4~6 年；硕士研究生教育，学制 1~2 年；博士研究生教育，学制 3 年，毕业后分别授予学士、硕士和博士学位。非常规教育包括继续教育、远程教育、网络教育、开放教育、社区教育、在职教育、文化课程、信息和公共关系课程等，授课方式灵活，主要满足正规教育体系外特殊群体的学习需要。

目前，肯尼亚国内共有 22 所公立大学、17 所私立大学、9 所公办独立学院以及 5 所民办独立学院通过认证，具备办学资格。2014 年，全国高等院校在校生规模达 443783 人，是 2012 年在校生人数的近 2 倍，其中 215739 名学生就读于公立学校，公立与私立学校学生数约各占 50%。而在 2009 年，全国高等学校在校生数量仅为 122874 人，其中公立学校学生数量占 80%。

课程设置：肯尼亚高校学位课程通常由公共课、基础课和实践课组成。课程以学分计算，一门课程通常为 3 个学分。四年制本科专业通常需要修满 120 学分。文科和理科之间课程结构存在一定的差异。理科专业实践性课程比例较高，而文科专业更加重视理论性课程，多以培养学生逻辑思维和基本学术素养为目标。

师资队伍：肯尼亚高校教学科研人员共分 7 类：教学/研究助理、助教/初级研究员、讲师/研究员、高级讲师/高级研究员、副教授/副教授级研究员、教授/教授级研究员以及兼职教师。2014 年 6 月，大学教育委员会提出了教学科研人员聘任、晋升的具体条件。聘任讲师以上职称的教师都要具有博士学位并有相关的科研成果。

附录4　亚非地区部分非通用语国家高等教育概况

国际交流：内罗毕是联合国人居署和环境署总部所在地，许多国际组织办事处和外国使馆、跨国公司、媒体中心均设于此。因此，肯尼亚常驻外国人数量众多。2010 年，有 5 万多名国际学生在肯尼亚高校就读。肯尼亚各高校以其良好的环境和多元的文化积极吸引国际留学生。由于相近的教育体制和英语优势，肯尼亚与英语国家高等教育交流合作一度十分密切。联合国教科文组织的数据显示，2012 年肯尼亚共有 13573 名学生在国外留学，其中，在美国 3776 人，在英国 2235 人，在澳大利亚 1191 人。这一数字与 10 年前相比已有显著下降。这一方面是由于"9·11"事件后美国政府收紧了签证政策，另一方面，欧美国家高昂的留学费用相比东非邻国已不具优势。最多时，有超过 2 万名肯尼亚学生在乌干达学习，约 5000 名学生在坦桑尼亚学习。

21 世纪以来，肯尼亚高等教育迅猛发展，越来越多的肯尼亚人特别是社会底层的青年人有了接受高等教育从而改变命运的机会，肯尼亚高等教育快速步入大众化发展时期。但随之而来的新问题也日益凸显，特别是严重依赖财政拨款的公立院校面临诸多"成长的烦恼"。突出表现为：财政投入不足、硬件设施不足、师资力量不足、教学质量下降、学生就业困难等。①

肯尼亚重点大学有：内罗毕大学（University of Nairobi）、肯雅塔大学（Kenyatta University）、莫伊大学（Moi University）、埃格顿大学（Egerton University）。内罗毕大学是肯尼亚最大的综合性大学，主校区位于内罗毕市内，环境优美。内罗毕大学下设农业与兽医学院、建筑工程学院、生物物理学院、教育培训学院、医学院和人文社会科学学院 6 大分院，33 个院系和研究中心，371 个专业。目前在校生 79000 余名，教学科研人员 2052 名，其中包括教授 154 名、副教授 253 名，行政技术人员 5525 名。内罗毕大学与世界 260 余所高校和科研院所建立了合作关系，累计培养毕业生 174033 人。

---

① 刘丽平、任凯强：《肯尼亚高等教育发展及面临的困境》，《现代教育科学》2012 年第 4 期，第 136~139 页。

在最新公布的 2015～2016 年度《泰晤士高等教育》杂志和 QS 世界大学排行榜中，内罗毕大学分列非洲高校第 12 位和第 17 位，也是肯尼亚唯一跻身世界前 800 名的大学。

中国与肯尼亚在高等教育交流合作领域成果丰硕。两国于1980 年 9 月签署文化合作协定，1994 年签订高等教育合作议定书。特别是 2006 年中非合作论坛北京峰会提出建立"政治上平等互信，经济上合作共赢，文化上交流互鉴"的中非新型战略伙伴关系以来，两国高校和科研机构在互派留学生、汉语推广、联合研究等领域的交流合作日益密切。自 1982 年以来，中国政府开始向肯尼亚提供奖学金名额。2008 年起，中国政府将奖学金名额由每年 40 人增加到 80 人，涵盖学士、硕士、博士等各阶段，专业涉及自然科学、法律、经济、信息技术、医学等多个学科。目前有 200 多名肯尼亚留学生通过各类奖学金在中国的高校学习。2007 年、2011 年、2012 年，中国国家留学基金委秘书处曾组织国内众多高校在内罗毕大学举办"中国教育展"。2005 年 12 月 19 日，非洲第一家孔子学院——内罗毕大学孔子学院挂牌成立。此后，2009 年 6 月、2013 年 12 月和 2015 年 3 月，肯雅塔大学孔子学院、埃格顿大学孔子学院和莫伊大学孔子学院相继挂牌成立。其中，埃格顿大学孔子学院是全球第一家以农业为特色的孔子学院，莫伊大学孔子学院是全球第一家以纺织工业技术和服装设计为特色的孔子学院。在联合研究方面，2010～2012 年，由北京大学考古文博学院和肯尼亚国立博物馆实施的中肯联合考古项目在肯尼亚东部马林迪地区展开，该项目对于探寻古马林迪王国历史和郑和船队遗迹、深化 12～16世纪中国与东非交往史的认识、加强"一带一路"战略研究等方面具有重要意义，是中肯两国联合研究取得的重要标志性成果。

十八 其他亚非非通用语种国家高等教育概况

1. 蒙古国

蒙古国约有 300 万人口，实行国家普及免费普通教育的制度。

全国有全日制普通教育学校 751 所，63 所专业培训中心；有高校 113 所，其中国立高校 16 所，主要有国立大学、科学技术大学、教育大学等，私立高校 92 所，主要有伊赫扎萨克大学、奥特根腾格尔大学等，另有 5 所为国外高校分校。根据政府间文化教育科学合作协定，蒙古与包括中国在内的 50 多个国家交换留学生。蒙古国的官方语言为蒙古语。

2. 阿富汗

阿富汗实行 12 年义务教育。阿教育事业受到战争严重破坏，教育水平落后，师资力量薄弱，缺少基本教育设施和经费。截至 2014 年，阿富汗共有十余所高等院校。喀布尔大学是全国最高学府，1946 年创建。赫拉特大学是阿西部教育中心，2002 年 8 月复校，有学生 3100 多人，包括 700 余名女生。阿富汗有少量留学生在华学习。2008 年 1 月，阿富汗首家孔子学院在喀布尔大学成立。2010 年 3 月阿总统卡尔扎伊访华期间，中方宣布 2011 年起，每年为阿方提供 50 个政府奖学金名额。2008 年，中国在喀布尔大学建立孔子学院。阿富汗的官方语言为普什图语和达里语。

3. 孟加拉国

孟加拉国学制为小学 5 年、中学 7 年、大学 4 年。政府重视教育，规定 8 年级以下女生享受免费和义务教育。孟加拉国适龄学生入学率为 57%，教师人数 17 万；全国识字率为 62.66%，其中男性为 65.94%，女性为 58.69%，成人识字率为 54.80%。截至 2014 年，孟加拉国有国立大学 21 所，私立大学 53 所，国立医学院 13 所，普通学院 1225 所，工艺学校 77 所，伊斯兰学校 8410 所，专业培训学院 64 所，中学 17386 所，小学 78000 所。主要高校有达卡大学、孟加拉工程技术大学、拉吉沙希大学等。中孟自 1976 年开始互派留学生。截至 2014 年，中国通过政府渠道接受孟方 428 名奖学金留学生。2006 年中国在孟加拉的南北大学设立孔子学院，2009 年在山度玛丽亚大学建立孔子课堂。孟加拉的官方语言是孟加拉语。

4. 尼泊尔

截至 2012 年，尼泊尔共有 3.3 万所公立小学，1.3 万所公立初中，8000 多所公立高中，在校学生 740 多万。尼泊尔有 5 所大学，分别为特里布文大学、马亨德拉梵文大学、加德满都大学、博卡拉大学和普尔阪查尔大学。其中特里布文大学下设 61 所直属分院、4 座研究中心和 134 所私立分院。德满都大学是尼泊尔著名的综合性大学，有着良好的学术声誉，也是尼目前最具实力和发展前景的大学，与 50 多所国外大学建有校际交流与合作关系。2007 年，该校与我国河北经贸大学合作创建尼泊尔首家孔子学院，由十几位中国志愿者老师任教，引发当地汉语热，许多尼泊尔人积极地学习汉语，希望能有机会与中国进行商业来往或者到中国留学；同年，该校首次获赠由中国国际图书贸易总公司精选的 1042 册、672 种涉及中国历史、文化与汉语教学等方面的大批量图书。中国每年向尼提供 100 个政府奖学金名额。尼泊尔的官方语言是尼泊尔语。

5. 不丹

截至 2009 年，不丹全国有各类学校 1651 所，教员 8418 名，在校学生 197832 名。适龄儿童入学率为 92%。国民识字率约为 53%（2005 年）。1961 年起学校实行双语制，不丹语"宗卡"为必修课。2003 年 6 月建立了全国第一所大学——不丹皇家大学。不丹注重和强调职业技术教育，以适应社会需要。不丹的官方语言是宗卡语和英语。

6. 马尔代夫[①]

马尔代夫的文化教育实行免费教育，截至 2011 年底，马尔代夫成人识字率为 97%。截至 2012 年，马尔代夫全国共有在校学生 73798 人，教师 6856。有 229 所学校，其中公立学校 219 所，私立学校 10 所。马尔代夫国立大学是马唯一大学。各环礁设有一个教育中心，主要向成年人提供非正规文化教育。马尔代夫的官方语言是迪维希语。

---

① 杨依军、谭晶晶：《李源潮会见出席亚洲政党丝绸之路专题会议的外国客人》，《人民日报》2015 年 10 月 16 日，第 3 版。

附录4　亚非地区部分非通用语国家高等教育概况

7. 菲律宾①

截至 2006 年，菲律宾共有中、小学 44302 所，小学生入学率达 91%，中学生入学率 60%。高等教育主要由私人控制。共有高等教育机构 1599 所，在校生约 244 万人。高等院校主要有菲律宾大学、阿特尼奥大学、东方大学、远东大学、圣托马斯大学等。2013 年，菲律宾教育预算为 2927 亿比索。菲律宾的官方语言是菲律宾语和英语。

8. 土库曼斯坦

截至 2012 年 2 月，土库曼斯坦高校共有 21 所，其中大学 4 所，学院 17 所。比较著名的大学有：国立马赫杜姆库里大学、农业学院、土库曼—土耳其大学、政治学院、语言学院、军事学院、财经大学、信息通信学院、旅游学院等，主要分布在首都阿什哈巴德。另外 4 个州也设有高校，如，达韶古兹的农业经济学院、土库曼巴什的城市教育大学等。目前，在土库曼斯坦高校开设有 40 多个专业，有 240 多个研究方向。值得一提的是，有许多专业和研究方向是近几年才开设的。

近年来，土库曼斯坦高校的数量和招生数量逐年上升。据从土库曼斯坦教育部获悉，全国高校数量由 2006 年的 16 所增加到 2011 年的 21 所。同时，2011 年高校入学率与 2006 年相比，增加了 1.4 倍多。在土库曼斯坦教育部的监管下，国内各高校具有自主招生权。高校自主招生体现在高校自行组织，自主命题、自主选拔，采取公平定额招生方式，保证高等院校的生源。从 2008 年 3 月，土库曼斯坦开始恢复研究生教育，培养高层次科技人才。土库曼斯坦国内现共有 35 个科研院所，即 21 个科研所，13 所高校附属的研究机构和 1 个土库曼斯坦科学院历史哲学系。研究生专业涉及 22 个学科，有近百名专家。2012 年 2 月 28 日，土库曼斯坦博

---

① 付志刚：《中国企业去年在菲取得不俗业绩》，《光明日报》2015 年 10 月 3 日，第 3 版；张明：《菲律宾总统赞中国主办 APEC 会议"完美无缺"》，2014 年 11 月 12 日，中新网。

士和硕士研究生入学考试结束。目前，在土库曼斯坦国内大约有1000 名在学硕士生和博士生。

2013 年 9 月 3 日，国家主席习近平对土库曼斯坦进行国事访问期间签署《联合声明》，两国决定建立战略伙伴关系。其中提出，双方将继续扩大教育领域合作，加强在互派留学生、语言教学等方面的合作；中方将根据土方需要，进一步增加土库曼斯坦来华留学生的中国政府奖学金名额。土库曼斯坦的官方语言是土库曼语。

9. 格鲁吉亚①

2007～2008 学年，格鲁吉亚全国有中小学 2462 所，大学 156 所（其中国立 19 所、私立 137 所），国立中等职业技术学校 69 所、私立中等职业技术学校 71 所。2007～2008 年中等职业技术学校在校生 1.7 万人，大学在校生 11.21 万人。格鲁吉亚高等教育在苏联时期即建立了完整的学科体系并达到很高的水平。格鲁吉亚现有公立高校 19 所，其中 11 所在第比利斯市。主要高等院校有第比利斯国立大学、第比利斯国立工业大学、第比利斯国立医学院和国立美术学院等。格鲁吉亚近几年来大学人数减少较多，教师人数也逐年减少。现有全日制大学生 4 万余人（1992 年为 8 万余人）。近几年又对一些院校和学科进行了改建以适应社会政治、经济发展的需要。如新建了巴统海洋学院、国际关系学院、国际经济学院，在格鲁吉亚技术大学里新设了人文技术学院，在多所学校中设立了商业经济、管理等专业。格鲁吉亚的官方语言是格鲁吉亚语。

10. 塔吉克斯坦②

2011 年，塔吉克斯坦实际教育经费约占国内生产总值的4.7%。全国学前教育机构共 485 所，市立机构 339 所，私立机构 146 所，学前儿童人数 5.75 万。中小学校 3817 所，其中小学 1455 所，中学 2220 所，私立学校 135 所，补习夜校 7 所，在校学生共

---

① 杨恕：《格鲁吉亚教育科技现状》，《东欧中亚研究》1997 年第 5 期。
② 谢亚宏、陈效卫：《中企助塔吉克斯坦开创产业新篇 当地将彻底告别水泥依赖进口的局面》，《人民日报》2015 年 10 月 14 日，第 21 版；《外媒：中企将在塔吉克斯坦一座新城市建造"中国城"》，2015 年 10 月 22 日，参考消息网。

169.1 万人，教师 9.61 万人。截至 2014 年，塔全国现有各类高等学校 33 所（包括分校），教师 8231 人，女性教师 2562 人。全国在校大学生 15.6291 万人，女生比例为 29%，其中 2008～2009 学年招收新生 3.0324 万人，毕业生 2.1293 万人，研究生 1161 人。主要高等院校有：塔吉克斯坦国立大学（1948 年建立，4 个大系、80 个专业，在校生 1.8 万人）、塔吉克斯坦技术大学（在校生 1.2 万人）、塔吉克斯坦师范大学（在校生 1.2 万人）、斯拉夫大学（1993 年俄、塔联合建立，在校生 0.38 万人）、胡占德大学（1997 年建立，在校生 1.3 万人）、塔吉克斯坦经济学院（在校生 1 万人）、塔吉克斯坦农业大学（在校生 0.74 万人）、塔吉克斯坦医科大学（在校生 0.54 万人）、库尔干秋别国立大学（在校生 1.2 万人）、库利亚布国立大学（在校生 0.78 万人）、霍罗格国立大学（在校生 0.48 万人）等。塔现有各类科学研究机构 56 所，其中杜尚别 42 所，科研人员共 3735 人，在读研究生 1161 人，女性 436 人。中等职业技术学校（包括分校）52 所，在校学生 3.4134 万人。塔吉克斯坦的官方语言是塔吉克语。

11. 亚美尼亚

亚美尼亚普通中小学实行免费教育，大学对国家计划内的学生实行免费教育。教育体制包括学前教育、普通中小学教育、职业技术教育、中等专业教育和高等教育。2002 年，教育经费占预算的 9.56%。2001～2002 学年度，全国共有中等专业学校 75 所，学生 25000 人；高等学校 16 所，学生 45000 人。另有 29 所非国立学校，学生 9000 人。主要院校有埃里温国立大学、埃里温工学院等。埃里温国立大学创立于 1919 年。2001～2002 学年度该学校共有 10500 名在校生，1200 名教师。

2004 年中方首次向亚美尼亚派出奖学金留学生并继续接收留学生来华学习。其后两国互派留学生合作日趋活跃、规模不断扩大。2008 年 3 月，中亚双方签署关于合作建设"布留索夫"埃里温国立语言大学孔子学院教育文化中心的协议。2009 年 2 月，亚美尼亚埃里温布留索夫国立语言大学与中国山西大学共建孔子学院揭牌。两国教育合作的法律基础不断完善，两国政府已签署关于相互承认学历学位证书的协议。亚美尼亚的官方语言是亚美尼亚语。

12. 阿塞拜疆

阿塞拜疆教育体制分为学前教育、普通中小学教育、职业技术教育、中等专业教育和高等教育。截至 2013 年的数据显示，该国有全日制普通学校 4539 所，学生 136.49 万人；中等专业学校 74 所，学生 7.91 万人；国立高等院校 37 所，学生 11.79 万人；私立高等院校 16 所，学生 2.13 万人。该国著名高校有：巴库国立大学，创立于 1919 年，建有 17 个系、2 个研究所、4 个博物馆和 3 个图书馆，在校学生约 13000 人，教师约 2300 人；阿塞拜疆国家石油学院，创立于 1920 年，建有 24 个专业、7 个系、63 个教研室和 18 个科学实验室，在校学生约 7000 人，教师约 1000 人。阿塞拜疆的官方语言是阿塞拜疆语。

13. 哈萨克斯坦[①]

哈萨克斯坦各类高等教育院校 144 所，其中国家级大学 9 所，国立大学 32 所，国有参股大学 14 所，私立大学 75 所。哈萨克斯坦有职业技术学校 866 所，在校学生 61 万人，教职人员 3.9 万人；高校在校学生总人数为 63.4 万人，教职人员 3.8 万人。

2013 年 9 月，习近平主席首次访哈并在纳扎尔巴耶夫大学提出共建丝绸之路经济带重大倡议，拉开中国同沿线国家共建"一带一路"的宏伟蓝图。这是中国在自身经济蓬勃发展和各国经贸往来不断深入的大背景下提出的合作倡议，具有丰富的战略内涵和鲜明的时代特色，也反映了欧亚大陆各国的合作心声和利益诉求。中方先后在哈设立 4 所孔子学院，2014 年首次在哈举办中国高教展，并积极推动共办舞蹈学校、武术学校。哈萨克斯坦的官方语言是哈萨克语。

14. 乌兹别克斯坦

乌国实行 11 年义务教育制，教育经费约占国家预算的 10%。

---

① 宋文富：《"一带一路"的有力文化行动》，《光明日报》2015 年 10 月 2 日，第 7 版；赵忠秀：《迈向亚洲最大留学目的地国：新中国来华留学综述》，2015 年 7 月 21 日，神州学人网站。

现有 60 多所大学，在校生近 20 万人，大学教师近 2 万多人；有450 多所中等专业学校，在校生近 30 万人；有 1 万多所中小学，在校生 560 万人。全国各类学校教师总数 46 万人。有来自 20 多个国家的 300 多名留学生就读于乌各大高校。著名高校有：世界经济与外交大学、国立塔什干大学、塔什干综合技术大学、塔什干医科大学、东方学院等。

中乌人文合作日益密切，乌兹别克斯坦国立东方学院、国立世界语言大学、世界经济与外交大学、国立塔什干大学、撒马尔罕外语学院等多所高校开设了中文课程。2005 年塔什干建立了第一所孔子学院，2013 年第二所孔子学院在撒马尔罕开始筹建。乌兹别克斯坦的官方语言是乌兹别克语。

15. 吉尔吉斯斯坦①

吉尔吉斯斯坦全国共有各类学校近 2200 所，在校生共计约108 万人，教师约 7.2 万人。其中中等专业学校 80 多所，在校生约 4.3 万人。高等院校 49 所，在校生约 25 万人。著名高校有吉尔吉斯斯坦国立大学、吉美中亚大学、比什凯克人文大学、吉俄斯拉夫大学、奥什大学等。

2015 年 5 月 14 日，吉尔吉斯斯坦首都比什凯克第 31 中学孔子课堂揭牌，这是吉尔吉斯斯坦国立民族大学孔子学院下设的第 9 个孔子课堂，也是吉全国范围内第 18 个孔子课堂。孔子课堂除进行汉语教学外，还开展小型研讨会、比赛、文化培训等与中国文化相关的活动。吉尔吉斯斯坦的官方语言是吉尔吉斯语。

16. 埃塞俄比亚②

"埃革阵"执政后，将发展教育、提高国民文化素质和培养技

---

① 陈瑶：《吉尔吉斯斯坦外长称赞孔子学院增进与中国友好》，2015 年 5 月 14 日，新华网；赵忆宁：《吉尔吉斯斯坦第一副总理：非常愿意与中国合作》，《21 世纪经济报道》2015 年 5 月 12 日；陈浩、南如卓玛：《中国硕士任教中亚：文化体验课受追捧 汉语热升温》，2015 年 11 月 24 日，中新网。

② 孙广勇、刘慧等：《从贸易大国迈向贸易强国》，《人民日报》2015 年 10 月 27 日，第21 版。

术人才作为政府工作重点之一。全国实行 10 年义务教育制，包括小学 8 年、初中 2 年。共有小学 2.1 万所，在校生超过 1400 万人，教师约 21.6 万人。综合性大学数量已从 2 所增至 21 所。适龄儿童入学率达 90%，中学和大学入学率分别为 28% 和 17%。成年男性识字率为 50%，女性为 23%。目前，埃塞公立大学入学人数已达 79000 人。

虽然中埃两国贸易合作愈加紧密，但目前在中国懂得阿姆哈拉语的人寥寥无几。2013 年 11 月 9 日，来自埃塞俄比亚的教师亚姆斯拉奇·阿亚莱乌站在北外的讲台上，首次向 20 余名中国学生教授埃塞官方语言阿姆哈拉语。这也是中国学生第一次在大学课堂上学习阿姆哈拉语。埃塞驻华大使塔斯法耶·伊尔马·萨博表示，中国学生现在可以学到阿姆哈拉语了；虽然人数不多，但这是一个良好的开始。①

17. 南非

截至 2013 年，南非有大学 21 所，学生 40.2 万人；理工学院 15 所，学生 20.3 万人；教育学院和技术学院 157 所，学生 15 万人；中小学 27850 所，学生 1214 万人。除此之外，南非还有数百个私立机构。全国有教师 36.6 万人。2006 年成人识字率 82%，接受过高等教育的人口占总人口的比例约为 9.1%。2007～2008 财年教育支出 1055 亿兰特，占政府财政总支出的 18%。南非的著名大学有：金山大学、比勒陀利亚大学、南非大学、开普敦大学（2013QS 世界大学最新排名 101～200 段第 54 位）、祖鲁兰大学等。

南非是一个传统的英联邦体系国家，和澳大利亚一样，它的教育与西方国家是融为一体的，在世界上处于先进的水平行列。南非高等教育机构的学历和学位被世界大多数国家承认。它的高校毕业生在世界上备受欢迎与关注。南非的大学教育保持着与欧美同步的教育水准，拥有纯正的英语环境和有效的英语培训机构，医科大学独有特色。如开普敦大学，是世界上最美丽的校园之一，又以其医

---

① 杨舟：《"一带一路"呼唤小语种人才》，2015 年 12 月 20 日，新华国际客户端。

学院第一次成功地进行人工心脏移植手术而著称。职业技术教育机构包括中等专业学校、技术中心、技术高中和工业培训中心以及高等技术教育学院等。大学基本的学历是学士学位，其后是硕士学位和博士学位，同时还颁发大量的本科生与研究生的文凭与证书。攻读学士学位一般需要 3 年，定向于特殊职业的学位需要 4 年，综合专业的学士学位。获得学士学位后，通常再读 1 年，便可以得到荣誉学士学位。荣誉学士学位定向于某一学科。取得硕士学位后方可攻读博士，博士学位至少要上 2 年的课程，并且完成论文之后才可授予。南非的大学一年分成 2 个学期，每年的 1 月底和 7 月份为新学期，而每个学期又分成 2 个小的学期，每年的 4 月初和 10 月初分别有 1 周左右的假期。

截至 2003 年，来自世界 87 个国家和地区的 3 万名国际留学生在这里的大学学习。其中，中国留学生约 3000 人。

南非是与中国建立友好城市最多、设立孔子学院最多、吸引中国游客最多和接收中国留学生最多的非洲国家。南非的官方语言是英语、南非荷兰语、祖鲁语等。

18. 索马里

索马里教育事业落后。20 世纪 70 年代初，西亚德政府重视发展教育事业，开展扫盲运动，使识字率从独立前的 2% 提高到 60%。1991 年内战以来，学校几乎全部关闭，文盲率剧增，达 76%。在联合国教科文组织及其他一些非政府组织的帮助下，许多地区开始重建小学。1998 年 9 月，阿瓦多地区的阿茂德大学建成，成为索马里 1991 年以来开学的首家大学。索马里兰位于索马里西北部，历史上被称为"英属索马里兰"，1991 年宣布独立，成立"索马里兰共和国"，控制了索马里 18 个省中的 5 个，首都哈尔格萨。其后，邦特兰和西南索马里也先后宣布独立。但这三个"国家"都没获得国际社会的承认，在现在的世界地图上，它们依然是同一个完整的索马里。索马里兰"首都"哈尔格萨也拥有一所大学。索马里的官方语言是索马里语。

主要参考文献

陈昌贵:《人才外流与回归》,湖北教育出版社,1996。

陈可淼:《教育外事工作历史沿革及现行政策》,北京师范大学出版社,1998。

陈学飞:《高等教育国际化:跨世纪的大趋势》,福建教育出版社,2002。

陈学飞:《留学教育的成本与收益:我国改革开放以来公派留学效益研究》,教育科学出版社,2003。

成汉平:《全球化背景下再论非通用语专业有序发展的重要性与必要性——以越南语专业为例》,《红河学院学报》2013年第5期。

成同社:《非通用语种人才的复合培养》,《光明日报》2006年2月22日。

程光泉:《全球化理论谱系》,湖南人民出版社,2002。

程希:《当代中国留学生研究》,香港社会科学出版有限公司,2003。

程希:《改革开放30年中国留学生派出政策回顾》,《徐州师大学报(哲社版)》2009年第4期。

程希:《改革开放以来中国政府选派留学生的政策沿革》,《华侨华人历史研究》1999年第1期。

国家教委留学生司:《出国留学工作文件汇编(1978~1991年)》,群众出版社,1992。

主要参考文献

《国家中长期教育改革和发展规划纲要（2010～2020年)》，2010年3月1日。

郝平：《非通用语专业教学改革的探索与实践》，《中国教育报》2007年2月9日。

郝平：《在留学人员回国服务工作部际联席会议上的讲话》（2011年3月11日），2011年4月15日，人力资源和社会保障部网站。

何传启：《现代化研究的十种理论》，《中国社会科学报》2015年5月29日。

贺文萍：《中非教育交流与合作概述》，《西亚非洲》2007年第3期。

黄新宪：《中国留学教育问题》，湖南教育出版社，1995。

黄秀莲：《外语非通用语人才开放式培养》，北京大学出版社，2004。

《简政放权，开弓没有回头箭》，《人民日报》2013年5月15日。

姜景奎：《外语非通用语种教学和研究论》，北京大学出版社，2006。

《教育部2016年工作要点》，2016年2月5日，教育部网站。

教育部、外交部：《关于进一步做好在外留学人员工作的意见》，《中国教育报》2012年7月6日。

金健能：《中国与非洲的人力资源合作》，《西亚非洲》2007年第3期。

李克强：《简政放权 转变职能 创新管理 激发市场创造活力和发展内生动力》，2013年5月13日，新华网。

李克强：《紧密结合"一带一路"推动国际产能合作》，2015年6月19日，央视。

李茂林：《我国高校非通用语专业建设的现状梳理与特征分

析——以国内九大传统外语类高校和教育部直属高校为例》，《大学（研究版）》2014 年第 5 期。

李滔：《中华留学教育史录——1949 年以后》，高等教育出版社，2000。

李永杰：《首届全国东南亚语种专业学科建设研讨会召开；复合、应用型人才成为全新培养目标》，《中国社会科学报》2015 年 5 月 14 日。

李宇明：《"一带一路"需要语言铺路》，《人民日报》2015 年 9 月 22 日。

梁敏和、郑华生、丁超：《我国地方高等学校外语非通用语种现状调查报告》，《外语非通用语种教学与研究论》，北京大学出版社，2006。

梁敏和、郑华生、李枭鹰：《我国地方高校外语非通用语种专业结构调整与发展的基本路向》，《外语非通用语种教学与研究论》，北京大学出版社，2006。

刘鸿武：《当代中非关系与亚非文明复兴浪潮》，《世界经济与政治》2008 年第 9 期。

刘鸣：《以世界体系理论与全球化理论解读国际体系转型》，《现代国际关系》2009 年第 1 期。

柳斌杰：《跨越数字鸿沟　创造亚洲新文明》，《人民日报》2015 年 6 月 29 日。

楼世洲、徐辉：《新时期中非教育合作的发展与转型》，《教育研究》2012 年第 10 期。

陆经生：《大学非通用语种专业人才培养策略和实践》，《中国大学教学》2012 年第 11 期。

苗丹国：《出国留学工作手册》，北京语言文化大学出版社，2001。

苗丹国：《出国留学六十年——当代中国的出国留学政策与吸

引在外留学人员回国政策的形成变革与发展》，中央文献出版社，2010。

苗丹国：《出国留学与留学外交》，《世界教育信息》2015 年第 22 期。

苗丹国：《赴西土意以印印新马泰俄白乌日韩朝 15 国留学状况调查报告》，《出国留学工作研究》2012 年第 4 期。

苗丹国：《人才国际化与中国留学人才安全》，《中国教育报》2006 年 8 月 30 日。

苗丹国：《如何看待中国出国留学现状——对当前若干留学问题的观察与思考》，《中国教育报》2014 年 1 月 17 日。

苗丹国：《我国自费留学人才群体的成长历程与时代特征》，《中国人才发展报告（2012 卷）》，社会科学文献出版社，2012。

苗丹国：《新中国六十年留学大事概览（1949～2009）》，现代出版社，2010。

苗丹国、杨晓京：《改革开放初期出国留学政策的形成与调整》，《广东社会科学》2008 年第 5 期。

苗丹国、杨晓京、管秀兰：《我国自费出国留学事业的时代特征、基本经验与政策建议》，《世界教育信息》2012 年第 11 期。

苗丹国：《中国出国留学政策的沿革与培养和吸引留学人才的政策取向》，《中国人才前沿 No.2》，社会科学文献出版社，2006。

苗丹国：《中国留学安全战略构建》，《中国高教研究》2012 年第 8 期。

苗丹国：《中国留学人才发展报告（2009）》，机械工业出版社，2009。

苗丹国：《中国在外留学人员留学安全现状与安全留学保障》，《世界教育信息》2011 年第 9 期。

闵惠泉：《国际关系与语言文化》，中国传媒大学出版社，2003。

牛长松：《中国与非洲教育合作的新范式》，《比较教育研究》2010 年第 4 期。

《欧美同学会成立百年　习近平发表讲话》，2013 年 10 月 21 日，新华网。

潘晨光：《中国人才发展 60 年》，社会科学文献出版社，2009。

潘晨光：《中国人才政策的新进展》，《中国人才发展报告 No. 2》，社会科学文献出版社，2005。

潘克建：《全球化背景下非通用语本科专业课程设置和教学》，《东南亚纵横》2004 年第 12 期。

《清华经管学院院长钱颖一谈教育：素质差距巨大》，2015 年 3 月 2 日，腾讯教育。

孙晓萌：《中国的非洲本土语言教学五十年：使命与挑战》，《西亚非洲》2010 年第 5 期。

田正平：《中外教育交流史》，广东教育出版社，2004。

王建华：《高等教育大众化与国际化》，《浙江统计》2006 年第 7 期。

王明杰、郑一山：《西方人力资本理论研究综述》，《中国行政管理》2006 年第 8 期。

王雪萍：《当代中国留学政策研究》，世界知识出版社，2009。

王毅：《办好人民满意的外交》，《人民日报》2013 年 10 月 15 日。

卫道治：《中外教育交流史》，湖南教育出版社，1998。

魏祖钰：《关于新时期留学人才回国服务和为国服务工作的几点思考》，《出国留学工作研究》，2006。

习近平：《加强对改革重大问题调查研究，提高全面深化改革决策科学性》，《中国青年报》2013 年 7 月 25 日。

《习近平谈治国理政》，外文出版社，2015。

主要参考文献

许青青、刘红艳：《中国已培养十余万精通东南亚语人才》，2015年5月8日，中国网。

杨黎明：《高等教育大众化理论的产生、发展及意义》，《高教研究》2008年第3期。

杨晓京：《非通用语人才培养及发展对策研究》，《中国人才前沿No.4》，社会科学文献出版社，2009。

杨晓京：《构建我国高等院校培养和吸引留学人才的战略平台》，《中国高教研究》2004年第7期。

杨晓京、苗丹国：《出国留学教育决策的战略性调整与政策取向》，《清华大学教育研究》2004年第3期。

杨晓京、苗丹国：《中国在亚洲非通用语国家留学生现状调查》，《世界教育信息》2013年第6期。

杨晓京、佟加蒙：《中国非通用语人才培养现状及发展对策研究》，《世界教育信息》2008年第5期。

杨晓京：《新中国出国留学教育政策的演变过程及对策研究》，《全国出国留学工作研究会论文集》，北京大学出版社，2002。

杨晓京：《亚非学院非通用语人才培养国际化的实践与思考》，《北京外国语大学亚非学院创建50周年论文集》，五洲出版社，2011。

杨新育：《国家公派留学与创新型人才培养》，《中国人才发展报告No.5》，社会科学文献出版社，2008。

于继海：《齐心协力发挥优势　留学研究再创新成果》，《出国留学工作研究》2008年第4期。

于继海：《中国出国留学生人数居世界之首　安全问题凸显》，2012年10月30日，中新网。

袁贵仁：《推动教育事业科学发展　努力办好人民满意的教育》，《光明日报》2012年9月21日。

张颖：《公共外交：为大国形象"增香添彩"》，《中国教育报》2013 年 5 月 10 日。

郑锡伟：《外语非通用语本科人才跨国培养模式探析》，《广西民族大学学报》2007 年第 5 期。

《中国与非洲国家教育交流与合作》，北京大学出版社，2005。

周一、张鹤：《科学发展公派留学事业　促进高层次人才培养服务国家发展战略——访国家留学基金管理委员会秘书长刘京辉》，《世界教育信息》2009 年第 9 期。

朱荣贤：《现代化理论研究综述》，《学术论坛》2005 年第 10 期。

后　记

本书作为教育部人文社会科学研究规划基金项目"中国向亚非地区派遣非通用语留学生状况与战略研究"课题（批准号：12YJAZH175）的研究成果，在几年的研究过程中，得到了许多单位和个人的大力支持和积极配合，为本课题的完成做出了贡献。

在本课题的研究过程中，教育部国际司留学政策研究资深专家苗丹国研究员在课题的理论构建，中国亚非非通用语留学政策、派遣状况的历史发展、对策研究，部分亚非国家高等教育情况以及调查问卷的设计等方面提出了很多真知灼见的建议，并提供了大量相关数据和文字资料，同时承担了以上相关部分的撰写工作，对于深化本课题的研究做出了重要贡献。

国家留学基金委原副秘书长杨新育，教育部外指委非通用语种类专业指导委员会副主任委员、中国非通用语教学研究会会长、解放军外国语学院钟智翔教授、北京外国语大学孙晓萌教授、顾小存教授，中国留学服务中心魏祖钰等多位专家、学者对课题的相关问题提出了重要的意见和建议，为课题研究的顺利开展提供了较大帮助。

在北京外国语大学亚非学院、上海外国语大学东方语学院、广东外语外贸大学东方语言文化学院、天津外国语大学亚非语学院、大连外国语大学韩国语系、云南民族大学东南亚学院的有关领导、教师、辅导员以及留学人员的共同努力下完成了调查问卷数据采集工作，为本课题研究提供了最基础的原始数据。

在本课题关于亚非国家高等教育情况的调研工作中，北京外国语大学亚非学院给予大力支持（以下排名不分先后），钟珊（越南）、李小元（老挝）、李轩志（柬埔寨）、赵瑾（缅甸）、尚颖颖（泰国）、邵颖（马来西亚）、王丹丹（印度尼西亚）、周袁（巴基斯坦）、马仲武（斯里兰卡）、李亚兰（印度）、周晓蕾（朝鲜）、关博（土耳其）、王莹（伊朗）、魏媛媛（坦桑尼亚）、杨梦蝶（尼日利亚）、赵磊（肯尼亚）等承担了亚非地区相关国家高等教育基本情况的研究和撰写工作。

任筱可、郭奕冲利用专业统计软件对调查问卷基础数据进行了录入、统计、校验和初步分析工作，为研究的客观性提供了可靠的数据分析基础。刘玉华承担了留学生访谈的组织和材料搜集整理工作。傅聪聪参与了问卷设计的初步工作。金京善、宋怡田、王嘉、何璟为联系部分学校参与问卷调查、江欣杨为本课题研究数据后期整理和资料翻译、马潇潇为调查问卷测试等工作提供了支持和帮助。亚非学院泰语、波斯语、朝鲜语、印地语、老挝语、缅甸语、马来语、斯瓦希里语等专业的部分学生参与了留学访谈工作。以上人员为本课题的研究和最终完成做出了积极的贡献。

任何一项涉及较多方面的研究课题的开展，都需要得到相关单位、学术同行以及有关人员的大力支持，特别是对于首次涉及在全国范围内对亚非非通用语留学状况的调查研究，涉及面广、调查难度大，存在许多困难，但正是由于有上述单位和个人的鼎力支持，这个课题项目才得以较好完成。

在本课题的研究成果即将付梓之际，衷心感谢以上各单位、各位同仁、课题组全体成员以及所有为本课题做出过贡献的人员所给予的帮助和支持。

希望本书的研究成果有助于对亚非非通用语学生留学状况问题，进而对亚非非通用语人才培养问题的研究起到一定推动作用。

作　者
2016 年 2 月

图书在版编目（CIP）数据

亚非地区留学研究：中国派遣亚非非通用语留学生
状况与人才战略研究 / 杨晓京等著 . --北京：社会科
学文献出版社，2016.7
（亚非研究文库）
ISBN 978 - 7 - 5097 - 9238 - 4

Ⅰ.①亚… Ⅱ.①杨… Ⅲ.①留学教育 - 调查研究 -
非洲 ②高等学校 - 外语 - 人才培养 - 研究 - 中国 Ⅳ.
①G649.408②H3 - 4

中国版本图书馆 CIP 数据核字（2016）第 119047 号

·亚非研究文库·

亚非地区留学研究
———中国派遣亚非非通用语留学生状况与人才战略研究

著　　者 / 杨晓京　等

出 版 人 / 谢寿光
项目统筹 / 高明秀　沈　艺
责任编辑 / 王晓卿　何晋东

出　　版 / 社会科学文献出版社·当代世界出版分社（010）59367004
　　　　　　地址：北京市北三环中路甲 29 号院华龙大厦　邮编：100029
　　　　　　网址：www.ssap.com.cn
发　　行 / 市场营销中心（010）59367081　59367018
印　　装 / 三河市尚艺印装有限公司

规　　格 / 开本：787mm × 1092mm　1/16
　　　　　　印 张：22　字 数：313 千字
版　　次 / 2016 年 7 月第 1 版　2016 年 7 月第 1 次印刷
书　　号 / ISBN 978 - 7 - 5097 - 9238 - 4
定　　价 / 69.00 元

本书如有印装质量问题，请与读者服务中心（010 - 59367028）联系